U0154530

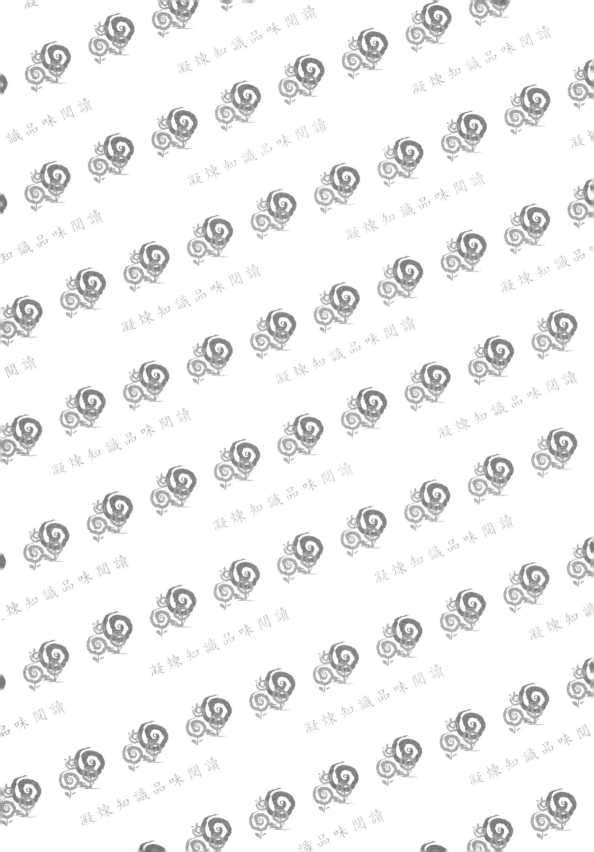

智慧財產行政
程序與救濟

|修訂第四版|

林洲富｜著

五南圖書出版公司 印行

四版序

　　本著緣於2009年8月初版付梓，原意係作為有志研讀智慧財產行政程序與救濟之參考書籍，近年陸續委請五南圖書公司出版智慧財產權法、專利法、著作權法、商標法、營業秘密與競業禁止、公平交易法、智慧財產刑事案例式等8本案例式專書，以建構完整之智慧財產法案例式教科書。因智慧財產法院管轄有關智慧財產之民事、刑事及行政訴訟事件，作者現為智慧財產法院法官，為使智慧財產案例式叢書可涵蓋智慧財產之民事、刑事及行政等程序法與實體法，得作為學習與實務入門之參考書籍。本書自上次出版迄今已逾4年，作者基於專利、商標及著作行政審判之實務經驗與研究所之教學心得，茲就內文再度進行修正與勘誤，並增列論述著作權之行政程序、最新學說理論、實務見解及例題解析等內容，務必使本書增訂4版，減少繆誤與增進參考價值。承蒙法界先進之厚愛，對拙著多所指正錯誤與惠賜寶貴意見，倘有未周詳處，敬請各界賢達不吝指教。

林洲富

謹識於智慧財產及商業法院

2021年8月1日

自 序

　　智慧財產權法為近年來熱門與新興之法律顯學,其所涉及之層面甚為廣泛與複雜,專利權與商標權為智慧財產權領域之一環,其取得必須向智慧財產局之專責機關申請,經專責機關審查程序,以決定是否作成核准或核駁之行政處分。而專利權或商標權得否受確實之保障,其與行政救濟制度有密切之關聯,倘審查程序能確實與公平行之,則行政救濟之比率可降低。是研究專利權與商標權不僅應知悉實體法之規範內容外,對於有關行政程序與救濟等程序法之法制,亦應加以探討。筆者有幸在法律研究所教授智慧財產行政程序與行政救濟等課程,藉由教學相長之機會,將實務與理論相互結合,期盼將專利法或商標法理論應用於行政程序與行政救濟之具體事件。準此,本於教學與實務之工作經驗,謹參考國內、外學說及實務見解,試以案例之方式,說明及分析法律之原則,將專利與商標之行政程序與救濟理論,轉化成實用之學科,俾於有志研習者易於瞭解,期能增進學習之效果。進而,茲將拙著定名為「智慧財產行政與程序救濟－案例式」,因筆者學識不足,所論自有疏誤之處,敬祈賢達法碩,不吝賜教,至為感幸。

林洲富

2008年11月30日

于臺灣臺中地方法院

目　錄

第一編
專利行政程序與救濟

專利自申請至准駁之行政程序，在專利專責機關有審查與再審查程序之分，就專利權之審查與授與是否合法、適當，可藉由舉發制度，以匡正專利專責機關之審查缺失。專利之申請是否獲准，取決於審查。而專利權得否受確實之保障，其與行政救濟制度有密切之關聯，倘審查程序能確實與公平行之，則行政救濟之比率自可降低。

第一章　專利之申請

　　專利制度之內容主要有專利之授與、專利之實施及專利之保護等三部分。而專利之取得，須依法向主管機關提出申請，經專利審查程序後，以決定是否授與專利。

第一節　專利權之取得

　　專利法為國內法，採屬地主義原則，欲取得世界各國之專利，原則上應向各國專利申請，並取得專利權，始受各國專利法制之保護。故刊登廣告聲稱其商品具有世界專利，誠屬不實之內容。因專利僅在獲准之國家或地區內有效，而不及於其他國家或地區，故必須在各國各別申請及接受審查後，分別取得專利權，自無所謂世界專利制度。權利人雖已取得多國之專利，亦不應使用世界性專利之文字，作為吸引相關消費者購買之宣傳。準此，建立專利之國際保護制度，國際組織及國際化條約成為重要之主角，各國專利法經由實體法之規範，使各國關於專利之保護趨於一致，而於程序方面，專利程序亦得於申請國以外之國家適用，達成專利保護之國際化[1]。

例題1

　　甲所有之新型專利經智慧財產局審查核准，並公告在案，其於專利有效期間。試問乙於大陸地區製造及銷售之物品，侵害該新型專利，除於大陸地區販賣外，並銷售至臺灣地區與其他國家，甲並未於其他國家或地區取得專利權，甲就乙侵害專利權之行為，有何救濟途徑？

---

[1] 林洲富，專利法──案例式，五南圖書出版股份有限公司，2020年11月，9版1刷，頁71。

例題2

　　A大學主張其所有「基因重組技術」於美國取得發明專利權在案，詎B公司未經其同意，竟在臺灣使用該基因重組技術，其已侵害A大學所有美國專利權。試問A大學得否主張受我國專利法之保護？理由為何？

例題3

　　丙以「包衣方式延緩釋出消滅過氧化氫成分，使隱形眼鏡清潔消毒較安全之技術」之方法，已取得美國專利為由，向經濟部智慧財產局申請方法專利。試問智慧財產局應否授與專利權？理由為何？

壹、獨立原則與屬地主義

一、獨立原則

　　專利法具有國際性，是現今世界各國大多採用專利制度，對於發明或創作加以保護，以促進科技產業之發展。惟各國是否授與專利權，提供保護之範圍及受侵害之救濟方法，實涉及該國之產業科技水準、立法政策及司法制度等因素。因國家授與專利權及保護專利權，實為國家公權力之行使表徵，原則上，專利權所及之領域具有地域性（territorial），以授與專利權之國家之主權所及為限，專利權除有一定之保護期限外，亦具有嚴格之區域性，僅能於本國領域內生效，其為屬地主義，無法於領域外發生效力，是專利法為國內法，並非國際法，即「一國一專利權」，此為專利權獨立原則（principle of independence of patent）[2]。例如，行為人乙雖曾於

---

[2]　有關工業財產權保護之巴黎公約（The Paris Convention for the Protection of Industrial Property）第4條之2(1)規定，同盟國國民所申請之專利，不論是否屬

大陸地區製造及販賣甲於臺灣地區取得新型專利權之自行車墊桿，惟甲於大陸地區並未取得專利權，其無法獲得大陸地區之專利法保護。倘甲於臺灣地區起訴請求行為人負損害賠償責任，因大陸地區並非我國專利權之效力所及，甲之請求顯無理由，法院得不必對被控侵權物品，進行技術判斷之鑑定。同理，前於我國已取得之專利，除非向美國商標專利局（USPTO）專利申請，並授與專利權人，否則專利權人不得在美國行使專利權而排除於美國國內對其專利之侵害[3]。

二、屬地主義

　　因各國對於專利之保護均採屬地主義，專利僅在其註冊之國家始有效，其效力各自獨立存在。不同人得於不同國家就相同專利取得註冊，故於他國註冊之專利，並非當然得於我國取得註冊。準此，專利註冊不僅為專利保護之要件，亦可以公示方式作為於註冊國取得專利權之證據。例如，專利申請人雖主張義大利、英國、美國及歐盟均准許申請人之專利註冊云云。然各國國情與法制有別，自不得僅執此作為智慧財產局應准註冊之依據。

於同盟國之他國，就同一發明所取得之專利權，彼此互相獨立，此為專利獨立原則。

[3] 35 U.S.C. § 154(a) (1): Every patent shall contain a short title of the invention and a grant to the patentee, his heirs or assigns, of the right to exclude others from making, using, offering for sale, or selling the invention throughout the United States or importing the invention into the United States, and, if the invention is a process, of the right to exclude others from using, offering for sale or selling throughout the United States, or importing into the United States, products made by that process, referring to the specification for the particulars thereof.

貳、取得方式

一、先申請主義

專利權之取得，原則上以申請案提出之先後決定之，此為先申請主義（first-to-file）。我國採先申請主義，即同一發明有二以上之專利申請案時，僅得就其最先申請者准予發明專利。但後申請者所主張之優先權日早於先申請者之申請日者，以主張優先權日者准予發明專利（專利法第31條第1項）。申請日或優先權日為同日者，應通知申請人協議定之，協議不成時，均不予發明專利；其申請人為同一人時，應通知申請人限期擇一申請，屆期未擇一申請者，均不予發明專利（第2項）。各申請人為協議時，專利專責機關應指定相當期間通知申請人申報協議結果，屆期未申報者，視為協議不成（第3項）。相同創作分別申請發明專利及新型專利者，準用之（第4項）。

二、先發明主義

專利應經申請程序，而取得專利以發明先後決定專利權之授與。故同一發明有二以上之專利申請案時，僅得授與最先發明者專利權，此為先發明主義（first-to-invent），美國於2011年之前採先發明主義，2011年10月後改採先申請主義。

參、例題解析

一、屬地主義

（一）一國一專利權

國家授與專利權及保護專利權，實為國家公權力之行使表徵，是專利權所及之領域，以授與專利權之國家之主權所及為限，作為專利權所保護之範圍，採屬地保護原則。是專利權人所取得之專利權，僅能得到授與該項權利之國家法律保護，在專利權所依法授與之國家內始有效力，在授

與專利權之國家以外地域，該專利權則不發生法律效力。如例題1所示，甲之創作雖取得我國專利權之保護，然未於大陸地區或他國已取得專利權，自不受其他國家或地區之專利法之保護。如例題2所示，「基因重組技術」固於美國取得專利權，惟其專利權僅於美國範圍內發生效力，其不及其他國家或地區。是A大學主張B公司未經其同意，在臺灣地區使用該基因重組技術，雖已侵害該大學所有美國專利權，然不受我國專利法之保護[4]。

（二）專利權人之權利

新型專利權人，除本法另有規定者外，專有排除他人未經其同意而製造、為販賣之要約、販賣、使用或為上述目的而進口該新型專利物品之權（專利法第58條第1項、第2項、第120條）。準此，新型專利權人，專有排除他人未經其同意，以製造、販賣之要約、販賣、使用為目的而進口該新型專利物品之權。如例題1所示，乙以在臺灣地區以使用、販賣為目的，而自大陸地區輸入侵權物品，甲得依據我國專利法之規定主張專利權。而於臺灣地區從事販賣之經銷商或零售商，亦成為專利侵害之侵權行為人，甲得對販賣者主張專利權[5]。

二、例題3解析 —— 依據內國法審查

申請人丙雖以「包衣方式延緩釋出消滅過氧化氫成分，使隱形眼鏡清潔消毒較安全之技藝」之方法，雖已見於美國RE32672、39296、45681號等專利案，惟各國專利法制不同，審查標準亦異，自不得以在外國獲准專利，作為應核准專利之依據。準此，申請人丙縱使於外國取得專利，智慧

---

[4] 劉江彬編著，袁孝平、李宜珊、陳小梨、羅萬信、李光申、黃三榮著，異種移植專利案，智慧財產法律與管理案例評析(2)，政大科技政策與法律研究中心，2004年11月，頁209。

[5] 林洲富，法官辦理民事事件參考手冊15，專利侵權行為損害賠償事件，司法院，2006年12月，頁221至222。

財產局應依據我國之技術水準及審查標準，認定是否具備產業上利用性、新穎性及進步性等專利要件，作為核准專利之基準[6]。

肆、相關實務見解─設計專利申請

原告雖主張世界主要國家設計專利申請案，均未規定將設計名稱記載於圖式，此有損我國專利制度之國際形象云云。然專利制度採屬地主義與獨立原則，審查我國設計專利申請案，自應以我國專利法規為審查基準甚明，足認原告主張洵非正當[7]。

第二節　專利申請權人

所謂專利申請權，係指依專利法申請專利之權利（專利法第5條第1項）。而申請權人並不以自然人為限，包含法人在內。專利申請權人，除本法另有規定或契約另有約定外，指發明人、新型創作人、設計人或其受讓人或繼承人（第2項）。職是，專利申請權之取得分為原始取得與繼受取得。原始取得之事由亦有二：完成發明創作之取得與因僱傭關係而取得[8]。

例題4

甲明知A物為乙所發明，未經乙同意，竟竊取發明A物之內容，據此向經濟部智慧財產局申請A物之發明專利，經智慧財產局核准公告在案。試問發明人乙有何救濟途徑？依據為何？

---

[6] 最高行政法院83年度判字第1976號行政判決。

[7] 智慧財產法院102年度行專訴字第129號、103年度行專訴字第34號行政判決。

[8] 林洲富，專利法─案例式，五南圖書出版股份有限公司，2020年11月，9版1刷，頁76。

例題5

　　丙受僱於丁公司期間，丙於非職務上完成B發明方法，丁公司未經丙同意，竟持丙所研發之B發明方法，向智慧財產局申請方法發明專利，經核准公告在案。試問受雇人丙有何救濟途徑？依據為何？

壹、專利申請權人之範圍

　　依據契約理論，欲取得專利權，必須經專利申請權人向國家提起授與專利權之申請。而何人有專利申請權，應依據專利法規定。依據專利法第5條第2項規定，專利申請權人，除本法另有規定或契約另有約定外，指發明人、創作人、設計人或其受讓人或繼承人。換言之，所謂專利申請權，應係指任何具有中華民國國籍之國民或符合專利法第4條互相保護（reciprocal protection）之國家國民[9]，自認本人係物品或方法之發明人、創作人、設計人或其受讓人或繼承人者，均得依專利法之相關規定提出專利之申請。

貳、僱傭或委聘關係

　　發明人及創作人從事研發之結果，其當然歸屬該研發人所有。惟因僱傭關係或委聘關係涉及多數人之關係，其研發結果並非屬純個人所成，其必須明文規範，以避免爭議，故我國專利法第7條至第8條分別規定專利申

---

[9] 專利法第4條規定：外國人所屬之國家與中華民國如未共同參加保護專利之國際條約或無相互保護專利之條約、協定或由團體、機構互訂經主管機關核准保護專利之協議，或對中華民國國民申請專利，不予受理者，其專利申請，得不予受理。

請權之主體。

一、職務上之發明創作

原則上，受雇人於職務上所完成之發明、新型或設計，其專利申請權及專利權屬於雇用人，雇用人應支付受雇人適當之報酬。例外情形，係契約另有約定者，從其約定（專利法第7條第1項）。所稱職務上之發明、新型或設計，指受雇人於僱傭關係中之工作所完成之發明、新型或設計、（第2項）。

二、非職務上之發明創作

受雇人雖在僱傭關係存續中完成發明或創作，惟該發明或創作並非基於僱傭關係之工作所完成者，是受雇人於非職務上所完成之發明或創作，其專利申請權及專利權屬於受雇人，是雇用人非該專利之申請權人（專利法第8條第1項前段），縱使雇用人事先經由契約之約定，剝奪或要求受雇人事先放棄，該約定亦屬無效（專利法第9條）。惟受雇人之發明係利用雇用人之資源或經驗者，雇用人得於支付合理之報酬後，於該事業實施該發明，其性質屬「法定之非專屬授權」（專利法第8條第1項前段）。專利法對於非職務上完成發明或創作之情形，課以受雇人有通知義務，即受雇人完成非職務上之發明、新型或新式樣，應即以書面通知雇用人，倘有必要並應告知創作之過程（第2項）。雇用人於前項書面通知到達後6個月內，未向受雇人為反對之表示者，不得主張該發明係職務上之發明，即發生失權效果（第3項）。反之，雇用人為反對之表示，亦不因其反對之表示，而使該發明成為職務上之發明，其究竟是否屬於職務上之發明，仍應視其是否符合職務上發明之要件而決定之，如該發明顯與受雇人之職務上之工作無關，縱使雇用人反對，其專利申請權與專利權仍屬受雇人所有[10]。

---

[10] 廖建彥，專利法上受雇人發明權益歸屬之研究，中國文化大學法律學研究所碩

三、委聘關係之發明創作

原則上，一方出資聘請他人從事研究開發者，其專利申請權及專利權之歸屬依雙方契約約定。例外情形，契約未約定者，屬於發明人、創作人或設計人。但出資人得實施其發明、新型或設計（專利法第7條第3項）。

四、申請變更權利

雇用人或受雇人對第7條及第8條所定權利之歸屬有爭執而達成協議者，得附具證明文件，向專利專責機關申請變更權利人名義。專利專責機關認有必要時，得通知當事人附具依其他法令取得之調解、仲裁或判決文件（專利法第10條）。例如，雇用人或受雇人對專利法第7條及第8條所定專利權之歸屬有爭執時，其屬為民事私權糾紛事件，非得由原處分機關或訴願機關認定，縱使原處分機關認為系爭專利權為原告所有，倘參加人對此不服而有爭議，自應由民事訴訟程序確定私權歸屬後，真正權利人再執法院判決向專利專責機關申請核發專利證書，不得藉由行政訴訟程序確定專利權歸屬[11]。

參、例題解析

一、例題4解析 —— 舉發期間

發明或創作為非專利申請權人請准專利，經專利申請權人於該專利案公告之日起2年內申請舉發，並於舉發撤銷確定之日起2個月內申請者，以非專利申請權人之申請日為專利申請權人之申請日（專利法第35條第1項、第120條、第142條第1項）。是依法或依約為專利申請權人，自得依據專利法之相關規定，向智慧財產局提出專利申請。反之，倘具有專利申請權之人，認原申請人並非該專利申請物品或方法之發明人或創作人，自

士論文，2001年6月，頁222至223。
[11] 智慧財產法院97年度行專訴字第48號行政判決。

應依專利法之規定，自公告之日起2年內，備具舉發書，附具證明文件，向智慧財產局提起舉發，循行政爭訟方式救濟之。準此，發明人甲得主張乙非A物之發明人，而受雇人丙得主張B方法發明為非職務上所完成者，各主張竊取人乙或雇用人丁非專利申請權人，應於該專利案公告之日起2年內向智慧財產局申請舉發。

二、例題5解析——撤銷專利權

除專利權申請人甲或丙得申請舉發外，利害關係人認為竊取人乙或雇用人丁非A物品或B方法之發明人時，亦得以乙或丁非發明專利申請權人，申請智慧財產局應依舉發或依職權撤銷其發明專利權，並限期追繳證書，無法追回者，應公告註銷（專利法第71條第1項第3款、第2項、第119條第1項第3款、第2項、第141條第1項第3款、第2項）。

肆、相關實務見解—非發明專利申請權人

發明專利權人為非發明專利申請權人者，專利專責機關應依舉發或依職權撤銷其發明專利權，並限期追繳證書，無法追回者，應公告註銷（專利法第71條第1項第3款）。參加人以螺絲發明專利權人非發明專利申請權人，向智慧財產局提起舉發，智慧財產局作成舉發成立之處分，發明專利權人不服提起訴願，經濟部作成駁回決定，原告不服訴願決定，向智慧財產法院提起撤銷訴訟。準此，原告起訴主張其為螺絲發明專利申請權人，螺絲發明專利是否有應撤銷專利權之情事，自應以核准審定時所適用之專利法規為判斷基準。是智慧財產法院應審酌參加人是否於與原告往來電子郵件及簽訂契約期間，將相關螺絲資訊揭露予原告知悉？螺絲發明專利是否源自原告之研究計畫，經修正後而申請螺絲發明專利。法院首應就專利與舉發證據為技術分析比對；繼而認定系爭專利與參加人之專利技術有無

實質相同；最後判斷有無違反專利法第71條第1項第3款規定[12]。

第三節　專利代理人

專利申請權人申請專利與辦理有關事項，固得自行處理，然申請專利文件及法律程序涉及專業知識，未必為專利申請人所熟悉，故得委任專利代理人為之[13]。

例題6

甲前在智慧財產局擔任A設計物品之專利審查員，經其審查結果，智慧財產局作成授與設計專利之行政處分，嗣後甲離職在乙專利事務所擔任專利師，丙以A設計物品專利之專利權人非設計專利申請權人，委任甲擔任代理人向智慧財產局申請舉發。試問甲是否得於該舉發案件中擔任丙之代理人？理由為何？

壹、專利代理人之資格

一、積極要件

申請人申請專利及辦理有關專利事項，得委任代理人辦理之（專利法第11條第1項）。在中華民國境內，無住所或營業所者，申請專利及辦理專利有關事項，應委任代理人辦理之（第2項）。代理人除法令另有規定外，以專利師為限（第3項）。專利師之資格及管理，另以法律定之（第4項）。我國於2007年6月14日立法院三讀通過制定專利師法，並陸續於

---

[12] 智慧財產法院103年度行專訴字第94號行政判決。

[13] 林洲富，專利法—案例式，五南圖書出版股份有限公司，2019年7月，8版1刷，頁82。

2007年7月11日修正公布全文40條、2009年5月27日修正公布第4條、第37條、第40條；2015年7月1日修正公布第5條至第9條、第25條、第32條、第33條、第36條、第39條、第40條條文；增訂第12條之1、第32條之1、第33條之1、第37條之1至第37條之4條文；刪除第35條條文；並自公布後6個月施行。而制定本法之目的，在於以維護專利申請人之權益，強化從事專利業務專業人員之管理（專利師法第1條）。最近於2018年11月21日修正第4條、第37條及第40條條文。

二、消極要件

(一)專利師

有下列各款情事之一者，不得充任專利師；已充任者，撤銷或廢止其專利師證書：1.因業務上有關之犯罪行為，受本國法院或外國法院1年有期徒刑以上刑之裁判確定；但受緩刑之宣告或因過失犯罪，不在此限；2.受本法所定除名處分；3.依專門職業及技術人員考試法規定，經撤銷考試及格資格；4.受監護或輔助宣告尚未撤銷；5.受破產之宣告尚未復權（專利師法第4條第1項）。

(二)專利代理人

有下列各款情事之一者，不得擔任專利代理人；已擔任專利代理人者，撤銷或廢止其專利代理人證書：1.因業務上有關之犯罪行為，受1年有期徒刑以上刑之裁判確定；但受緩刑之宣告或因過失犯罪者，不在此限；2.受監護或輔助宣告尚未撤銷；3.受破產之宣告尚未復權；4.據以領得專利代理人證書之資格，經依法律撤銷或廢止（專利師法第37條）。

三、專利師之業務範圍

專利師之業務範圍如後：(一)專利之申請事項；(二)專利之異議、舉發事項；(三)專利權之讓與、信託、質權設定、授權實施之登記及強制授權事項；(四)專利訴願、行政訴訟事項；(五)專利侵害鑑定事項；(六)專利

諮詢事項；(七)其他依專利法令規定之專利業務（專利師法第9條）。專利事務涉及專業知識，故為提升申請專利案件之品質，俾於智慧財產局之管理。故專業受任申請專利與辦理相關事項者，原則上以專利師為限。

四、迴避原因

專利師受委任後，應忠實執行受任事務；如因懈怠或疏忽，致委任人受損害者，應負賠償責任（專利師法第11條）。而為避免發生利益衝突之情事，專利師對於下列案件，不得執行其業務，此為專利代理人之迴避原因：(一)本人或同一事務所之專利師，曾受委任人之相對人委任辦理同一案件；(二)曾在行政機關或法院任職期間處理之案件；(三)曾受行政機關或法院委任辦理之相關案件（專利師法第10條）。

貳、例題解析─專利代理人之迴避

因甲前在智慧財產局擔任A設計物品之專利審查員，嗣後甲在乙專利事務所擔任專利師，自不得代理A設計物品專利之舉發案（專利師法第10條第2款）。倘甲接受丙之委任，而擔任A設計物品專利之舉發案代理人，應付智慧財產局所設之專利師懲戒委員會懲戒（專利師法第25條第1款、第26條、第31條）。

參、相關實務見解─參與面詢程序事件

所謂專利面詢程序，乃主管機關審查人員為辦理發明、新型及設計專利之審查、舉發審查、延長發明專利權舉發及依職權撤銷專利權之處理，為瞭解案情及迅速確實審查專利案之需而為。故專利案之面詢，既在求程序之順暢進行，並無排除其他有助案情瞭解之人士參與程序，所以參與專利案面詢，顯非專利代理人本諸專業始得進行之業務，其與專利師法第9條第1款至第7款列舉業務涉及專利權得喪變更及實施範圍，應本諸專利專

業始得進行之業務有別。準此，參與面詢程序並非專利師法第9條所定之專利業務，非專利師得參與之[14]。

第四節　專利申請日

專利申請日之認定，關乎先申請主義之適用、專利要件之取得、界定專利期間及發明專利申請案之早期公開制的適用，是影響申請人之專利權甚鉅。為保障發明人或創作人之權益，專利制度賦予發明人或創作人主張優先權日之權利，使專利申請人得在其他國家之專利申請享有較早之申請日[15]。

例題7

美國人甲與英國人乙為A物品專利之共同發明人，渠等先於2021年6月11日在日本共同提出申請案，嗣於同年10月11日向我國申請發明專利。試問甲與乙於我國主張優先權，經濟部智慧財產局應如何處理？以何日作為專利申請日？

例題8

丙前後提出具有相同技術內容之發明專利申請，均經智慧財產局審查核准，並公告在案；前者為「拖把擠壓脫水裝置」，後者為「拖把擠乾器」。試問丙是否擁有二個發明專利權？智慧財產局應如何處理？

---

[14] 最高行政法院99年度判字第773號行政判決。

[15] 林洲富，專利法—案例式，五南圖書出版股份有限公司，2020年11月，9版1刷，頁84。

壹、單一性原則

一、單一性之定義

(一)數發明應分別提出申請

　　所謂單一性，係指專利申請應具備一發明一申請、一新型一專利及一設計一專利之原則（專利法第33條第1項、第120條、第129條第1項）。詳言之，對於同一發明、創作或設計，僅得提出一項專利申請，不得有重複專利之情事，同一發明應置於同一專利申請提出，不得於另一專利案提出。職是，數個發明、創作或設計應分別提出申請。

(二)廣義發明或新型之概念

　　2個以上發明或新型，屬於一個廣義發明（a single general inventive concept）或新型概念者，得於一申請案中提出申請（專利法第33條第2項、第120條）。同一人有2個以上近似之設計，得申請設計專利及其衍生設計專利（專利法第127條第1項）。本法所稱屬於一個廣義發明或新型概念者，指2個以上之發明或新型，而於技術上相互關聯（專利法施行細則第27條第1項、第45條）。前開技術上相互關聯之發明或新型，應包含1個或多個相同或相對應，且對於先前技術有所貢獻之特定技術特徵（special technical features）（第2項）。例如，申請專利範圍之請求項有三：(一)一種燈絲A；(二)一種以燈絲A製成之燈泡B；(三)一種探照燈，裝有以燈絲A製成之燈泡B及旋轉C。就先前技術而言，燈絲A具備專利要件。因第一至三請求項均具有特定技術特徵燈絲A，故該等請求項間具有單一性[16]。

二、違反單一性效果

　　同一發明、新型或設計有二以上之專利申請時，申請人為同一人時，

---

[16] 林國塘，智慧財產專業法官培訓課程—專利審查基準及實務發明及新型，經濟部智慧財產局，2006年3月，頁33。

應通知申請人限期擇一申請，屆期未擇一申請者，均不予專利。而申請人非同一人時，各聲請人應為協議，專利專責機關應指定相當期間通知申請人申報協議結果，屆期未申報者，視為協議不成（專利法第31條第2項、第3項、第120條、第128條第2項、第3項）[17]。倘專利之申請，違反單一性之要件，專利專責機關應為不予專利之審定（專利法第46條、第120條、第134條）。

三、判斷單一性標準

　　判斷發明或創作之單一性，得就下列事項加以比對與檢討，為綜合考慮：(一)發明或創作之技術目的；(二)為達成技術目的，其具體之發明或創作之技術手段；(三)發明或創作所產生之效果。因物品之發明與其方法之發明，分屬兩個不同之發明，是發明之對象為物品或方法，應分別認定發明之保護標的。技術功能或效果不同時，會構成另一發明或創作。同理，技術功能或效果雖相同，倘欲達成之技術方法相異者，則構成另一發明或創作[18]。

貳、申請日

一、文件備齊日

　　申請發明專利，由專利申請權人備具申請書、說明書、申請專利範圍、摘要及必要之圖式，向專利專責機關申請之（專利法第25條第1項）。申請發明專利，以申請書、說明書、申請專利範圍及必要之圖式，齊備之日為申請日（第2項）。

---

[17] 專利法第31條第4項規定：同一發明或創作分別申請發明專利及新型專利者，準用前3項規定。

[18] 楊崇森，專利法理論與應用，三民書局股份有限公司，2003年7月，頁210至211。

二、補正日

　　說明書、申請專利範圍及必要之圖式未於申請時提出中文本，而以外文本提出，且於專利專責機關指定期間內補正中文本者，以外文本提出之日為申請日（專利法第25條第3項）。未於前項指定期間內補正中文本者，其申請案不予受理。而在處分前補正者，以補正之日為申請日，外文本視為未提出（第4項）。

三、申請日之追溯

　　發明為非專利申請權人請准專利，經專利申請權人於該專利案公告之日起2年內申請舉發，並於舉發撤銷確定之日起2個月內申請者，以非專利申請權人之申請日為專利申請權人之申請日（專利法第35條第1項）。

四、生物材料寄存之申請日

　　申請生物材料或利用生物材料之發明專利，申請人最遲應於申請日將該生物材料寄存於專利專責機關指定之國內寄存機構，並於申請書上載明寄存機構、寄存日期及寄存號碼。但該生物材料為所屬技術領域中，具有通常知識者易於獲得時，不須寄存（專利法第27條第1項）。

參、申請案之分割與改請

一、分割申請

　　請求項所主張之申請專利範圍，必須滿足單一性之要件，專利權申請人違反單一性之要件，即專利申請之發明、新型或設計，實質上為二個以上之發明、新型或設計時，經專利專責機關通知，或據申請人申請，得為分割之申請（專利法第34條第1項、第107條第1項、第130條第1項）。例如，申請專利範圍之請求項有三：(一)一種化合物X；(二)一種製備化合

物X之方法；(三)一種化合物X作為清潔劑之應用[19]。就先前技術而言，化合物X不具備專利要件。因請求項1不具備專件，經修正說明書即刪除請求項1後，倘請求項2、3間之相同技術特徵仍為化合物X時，因已不屬於特定技術特徵，在無其他相同或相對應之技術特徵之情況，請求項2、3間不具單一性，不得合併為一申請案而提起申請，在不發生重複專利之條件下，申請人得分割原申請案請求項2、3，提出分割申請[20]。分割後之申請案，不得超出原申請案申請時說明書、申請專利範圍或圖式所揭露之範圍（專利法第34條第4項）。

二、改請申請

　　發明與新型均屬利用自然法則之技術思想創作，同一技術內容之差異處，在於進步性之程度。新型與設計之專利標的，均有包括物品之形狀創作。準此，申請發明或設計專利後改請新型專利者，或申請新型專利後改請發明專利者，以原申請案之申請日為改請案之申請日（專利法第108條第1項）。改請之申請，有下列情事之一者，不得為之：(一)原申請案准予專利之審定書、處分書送達後；(二)原申請案為發明或設計，其於不予專利之審定書送達後逾2個月；(三)原申請案為新型，於不予專利之處分書送達後逾30日（第2項）。改請後之申請案，不得超出原申請案申請時說明書、申請專利範圍或圖式所揭露之範圍（第3項）。發明或新型改為設計亦同（專利法第132條）。

---

[19] 本件申請案屬於用途發明之方法發明申請。

[20] 林國塘，智慧財產專業法官培訓課程—專利審查基準及實務發明及新型，經濟部智慧財產局，2006年3月，頁34。

肆、優先權

一、優先權之定義

　　所謂優先權，係指申請人就相同發明或創作，於提出第一次申請案後，在特定期間內向其他國家提出專利申請案時，得主張以第一次申請案之申請日作為優先權日，作為審查是否符合專利要件之基準日。優先權原則（The principle of priority）係源自保護工業財產權之巴黎公約（Pairs Convention）第4條。主張優先權者，其專利要件之審查，以優先權日為準（專利法第28條第4項）。

二、優先權之要件

（一）申請人

　　申請人需為中華民國國民、世界貿易組織（WTO）會員之國民及與我國相互承認優先權之外國人。至於外國申請人雖非WTO會員之國民且其所屬國家與我國無相互承認優先權者，惟於WTO會員或互惠國領域內，設有住所或營業所者，亦得主張優先權（專利法第28條第3項）。

（二）申請案

　　申請人就相同發明在WTO會員或與中華民國相互承認優先權之外國第一次依法申請專利（專利法第28條第1項）。目前與我國有互惠原則之國家，包含所有WTO之會員國。

（三）優先權期間

　　發明或新型申請人須於第一次申請專利之日起12個月內，設計應於6個月內向中華民國申請專利者，得主張優先權（專利法第28條第1項、第142條第2項）。申請人於一申請案中主張二項以上優先權時，其優先權期間之計算日，以最早之優先權日為準（專利法第28條第2項）。

（四）申請案同一

　　前後申請案之內容需為相同，始得主張優先權。否則，非同一申請

案，則無主張優先權之必要性。例如，甲先於日本申請A發明專利，嗣後於我國申請A發明專利，因前後申請案之內容有異，不得主張有優先權。

三、優先權之種類

優先權分為國際優先權（專利法第28條）與國內優先權（專利法第30條）兩種類型。所謂國內優先權，係指申請人基於其在中華民國先申請之發明或新型專利案，再提出專利之申請者，得就先申請案申請時說明書、申請專利範圍或圖式所載之發明或新型，主張優先權（專利法第30條本文）。

四、檢送優先權證明文件期間為不變期間

依第28條規定主張優先權者，應於申請專利同時聲明下列事項：(一)第1次申請之申請日；(二)受理該申請之國家或世界貿易組織會員；(三)第1次申請之申請案號數（專利法第29條第1項）。申請人應於最早之優先權日後16個月內，檢送經前項國家或世界貿易組織會員證明受理之申請文件（第2項）。準此，專利申請人檢送優先權證明文件之期間，應自最早之優先權日後16個月內送至專利業務專責機關，倘未於期限內檢送，依法發生喪失優先權之效果，該期間性質係有關申請優先權之實體要件規定，其為行使專利申請權之公法上實體權利期間，並非程序上應為一定訴訟行為之期間，其與訴訟法上之法定期間無涉[21]。

伍、例題解析

一、例題7解析——優先權之要件

我國、美國、英國及日本均為世界貿易組織會員，均互相承認優先權，美國人甲與英國人乙第一次於2021年6月11日在日本共同提出發明申

---

[21] 智慧財產法院101年度行專訴字第80號行政判決。

請案，渠等於12個月內，即同年10月11日向我國申請發明專利，自得於我國主張優先權，智慧財產局對於甲與乙優先權之主張應與受理，於審查該申請案之專利要件，應以優先權日2020年6月11日為基準。

二、例題8解析——禁止重複專利原則

(一)重複專利

　　所謂重複專利，係指專利專責機關對於兩個以上而具有相同技術內容之專利申請，均分別授與專利權。基於一發明一專利之原則、專利之排他權與我國採先申請主義，一項發明或創作僅能授與一項專利權，故禁止重複專利之情事，此原則稱為「禁止重複專利原則」[22]。是不論發明、新型或設計之專利申請，均以最先申請者准予專利。至於二人以上有同一之發明或創作，各別專利申請時，除應分辨其申請之先後外，並應就其所申請之專利，是否同一加以審酌，倘兩件以上之發明或創作，雖能達相同之功能，惟其方法及效果均不相同，依據均等論之原則，即可排除其同一性，屬不同之專利申請案[23]。

(二)應撤銷後申請之專利權

　　專利專責機關先後對於重複提出之發明專利申請，均核准專利時，則有違先申請主義，即相同發明有二以上之專利申請時，不論提出專利申請人，是否為同一申請人，僅得就其最先申請者准予發明專利（專利法第31條第1項）[24]。是專利專責機關應依舉發或依職權撤銷後申請之專利權（專利法第71條第1項第1款）[25]。準此，丙先以「拖把擠壓脫水裝置」取得專利，嗣後持相同之發明，再以「拖把擠乾器」申請發明專利，並經核准公

---

[22] 先申請主義可避免重複發明及有利舉證之優點。

[23] 最高行政法院69年度判字第816號行政判決。

[24] 專利法第120條規定，新型專利準用之。

[25] 專利法第119條第1項第1款規定：專利專責機關應依舉發撤銷後申請之新型專利權。

告在案。是第三人得以「拖把擠壓脫水裝置」發明專利申請在先，對之提出舉發。經智慧財產局審查兩案之專利說明書與圖式，認為丙之申請案，包括本體擠壓桿、齒桿、桿體、齒輪、作動桿及套蓋等元件，其各組成元件之構造、組合方式、關係位置及組合之空間型態，均與引證即丙之專利之結構圖式相同，而引證申請日期較本案之申請日期為早，故審定結果認為舉發成立，應撤銷丙申請在後之發明專利[26]。

參、相關實務見解──主張優先權

專利權人前於2002年3月25日以「自行車用之傳動鏈」向經濟部智慧財產局申請發明專利，申請專利範圍共24項，嗣修正為22項，並以2001年3月29日及12月25日向德國申請之專利案，即申請案號10115628.6及10159773.8主張優先權，智慧財產局以之為申請日，並編為第91105756號審查，作成准予專利處分，並公告及發給發明第198800號專利證書[27]。

第五節　專利說明書

專利說明書為專利申請之必備文件，其內容必須包括專利名稱、專利摘要、專利說明及申請專利範圍。其中以申請專利範圍或請求項為最重要之部分，因記載技術內容及其特徵，故其為技術文書，專利審查人員依照專利說明書之內容，進行檢索及判斷專利要件。經專利審定賦予專利權後，則具有促進產業發展及界定專利權之保護範圍之功能。因申請專利範圍為界定專利權保護範圍之依據，國家賦予專利權後，申請專利範圍為專利權人據以主張其專利權之依據，具有法律效果，故專利說明書亦有法

---

[26] 最高行政法院77年度判字第1442號行政判決。
[27] 智慧財產法院103年度行專訴字第29號行政判決。

律文書之性質。至於申請專利範圍（claim）或稱請求項[28]，依據記載之形式，得將請求項分為獨立項及附屬項。不論為獨立項或附屬項，均為單獨存在之權利請求項[29]。

例題9

甲為發明專利之專利權人，乙以該發明專利有舉發原因，向智慧財產局提起舉發。試問甲是否得於舉發程序更正該發明之申請專利範圍？智慧財產局應如何審查？

例題10

手搖鈴之發明專利，其申請專利範圍請求項有五[30]：(一)請求項1為一種手搖鈴，具有長圓柱型之手柄，手柄之一端崁入於鐘形罩頂端之圓筒凹穴內，罩體內之頂面設有一掛環，掛環下藉柔軟線材連接有一水滴形狀之錘體者：(二)請求項2如請求項1之手搖鈴，其中之手柄有波浪形之表面：(三)請求項3如請求項1之手搖鈴，其中罩體內部壁面上設有數條環形凸肋：(四)請求項4如請求項2或3之手搖鈴，其中柔軟線材為彈簧者：(五)請求項5如請求項1、2或3之手搖鈴，其中圓筒凹穴側邊上開設有一孔洞，得以一螺絲鎖緊，加強手柄之一端與凹穴內之連接。試問上開請求項，何者為獨立項或從屬項？

---

[28] 所謂請求項（claim），係指專利權人請求保護之專利權項目或範圍。

[29] 影響申請專利範圍之因素有：上下位概念、連接詞、必要元件數目、機能語言（means for＋function）、獨立項與附屬項、請求標的之範疇（物或方法）、開拓性發明與再發明。例如，開拓性發明與再發明相比，開拓性發明係前所未有之全新創作，其進步性較高，受到重疊之先前技術限制可能性較小，其解釋專利權範圍較大。

[30] 李鎂，新專利法講義補充資料，經濟部智慧財產局，2004年10月1日，頁1。

壹、專利說明書之功能

　　所謂專利說明書（specification），係指發明人或創作人，將其發明或新型之技術內容，向專利專責機關專利申請時，應提出之申請文件（application transmittal form），其為界定專利申請權範圍或請求項之技術與法律文書。

一、發明或創作說明

　　專利制度給與發明人或創作人申請取得專利權之目的，在於保護其發明或創作免於第三人未經許可而擅自實施，亦確保發明人或創作人取得其發明創作之市場價值，使回收投資及獲得相當報酬。發明人或創作人為取得專利權，其申請專利權時，必須以文字界定所請求之發明或創作，敘述發明或創作之內容及其製造、使用發明或創作之方法與步驟，記載該等內容之文書稱為專利說明書。此為書面說明要件，確定申請時已擁有申請專利範圍所請求之發明或創作[31]。經由專利說明書之充分揭露，得公開其發明或新型之技術內容，使其所屬技術領域中具有通常知識之人士，能因而瞭解發明或新型之技術內容並據以實施，以促進產業之發展，此為可實施性要件，為取得專利所需交付之對價（專利法第26條第1項、第120條）。

二、界定專利權之保護範圍

　　申請專利範圍或請求項應界定申請專利之發明或新型；其得包括一項以上之請求項，各請求項應以明確、簡潔之方式記載，且必須為說明書所支持（專利法第26條第2項、第120條）。設計之說明書及圖式應明確且充分揭露，使該設計所屬技藝領域中具有通常知識者，能瞭解其內容，並可據以實現（專利法第126條第1項）。因專利說明書明確界定發明或創作之

---

[31] 鄭中人，專利說明書記載不明確之法律效果—評最高行政法院91年度判字第2422號判決，月旦法學雜誌，126期，2005年11月，頁221。

技術特徵與範圍,故為技術文件。因其具有保護專利之法律效果,亦為法律文件。

貳、專利說明書之內容

專利說明書係發明人或創作人,將其發明或新型之技術內容,向專利專責機關專利申請時,應提出之申請文件,其為界定專利申請權範圍之技術與法律文書。說明書,應載明發明名稱、發明說明、摘要及申請專利範圍(專利法施行細則第16條第1項)。

一、發明名稱

發明名稱或新型名稱(title of the invention or new model)主要作用在於製作專利索引、專利目錄、專利分類及專利檢索等專利調查之初步參考,故其所用以描述之文字詞句,必須能簡要及能反映發明或新型之特質(專利法施行細則第16條第1項第1款)。例如,工具之磁吸裝置改良。再者,發明或新型名稱,應與其申請專利範圍內容相符,不得冠以無關之文字,並簡短與明確。準此,發明或新型名稱除能指定專利申請之標的外,並應反映其所屬範疇(專利法施行細則第16條第4項)。

二、專利摘要

(一)發明或新型內容之概要

發明或新型摘要(abstract of the invention or utility model)之目的,在使閱讀者能從中迅速知悉發明或新型之技術內容要點,同時作為學術文獻分類或專利檢索之參考。故要有效率閱讀專利說明書,得先閱讀摘要,再參閱圖式(指定代表圖)、發明或創作。發明或新型摘要,應敘明發明或新型所揭露內容之概要(abstract of the disclosure),並以所欲解決之技術問題、解決問題之技術手段及主要用途為限,其字數以不超過250字為原則,有化學式者,應揭示最能顯示發明特徵之化學式(專利法施行細則第

21條第1項）。發明或新型摘要，不得記載商業性宣傳詞句（第2項）。

(二)本案代表圖

　　發明或創作摘要中，通常會記載本案代表圖為第幾圖，本案代表圖之元件代表符號簡單說明（專利法施行細則第21條第4項）。例如，創作名稱為「工具之磁吸裝置改良」，本創作係提供一種工具之磁吸裝置改良，特別針對現有磁吸裝置於組裝或操作時易受應力擠壓破裂所衍生之缺失進行改良者。其結構設計上，主要係以塑膠射出成型技術於磁石外表包覆一層塑膠外殼，並使該外殼相對於磁吸部位具有較薄之厚度，以維持良好之磁吸效能，而在其塞置段後端形成有縮徑導正部，以利於磁吸裝置能準確塞置組設於工具預設之容置中，配合塑膠外殼周緣預設之隙槽，賦予適當壓縮裕度，將可使磁吸裝置能與工具容置槽取得緊密之定位效果，據以獲致穩固之結合關係，並藉塑膠外殼之適當緩衝性，使磁石與工具間不致產生剛性應力擠壓作用。準此，可有效避免磁石受損，大幅降低其產品不良率者。

三、發明說明

　　專利說明之目的，在於說明發明或新型所屬之技術領域、先前技術之範圍發明或新型內容、發明或新型之實施方式，是專利說明得作為確認申請專利範圍之參考。故專利說明應明確且充分揭露，使該發明所屬技術領域中，具有通常知識者，能瞭解其內容，並可據以實施（專利法第26條第1項）。詳言之，發明或新型說明，除其名稱外，應敘明下列事項（專利法施行細則第17條第1項）：

(一)發明或新型所屬之技術領域

　　所謂發明或新型所屬之技術領域，應為專利申請之發明或新型所屬或直接應用之具體技術領域（專利法施行細則第17條第1項第2款）。具體之技術領域通常與發明在國際專利分類表中，可能被指定之最低階分類有關。例如，自行車轉向裝置之改良發明，由於轉向裝置僅能應用於自行車

領域，故自行車轉向裝置為具體之技術領域。本項發明所屬之技術領域應記載：「本發明係有關一種自行車，尤其是一種自行車轉向裝置」；或者「本發明係有關一種自行車轉向裝置」[32]。

(二)先前技術之範圍

說明書應就申請人所知之先前技術（prior art）加以記載，並得檢送該先前技術之相關資料，此為引證文件（專利法施行細則第17條第1項第3款）[33]。換言之，發明或新型說明中應記載申請人所知之先前技術，並客觀指出技術手段所欲解決而存在於先前技術之問題或缺失，其記載內容儘可能引述先前技術文獻之名稱，並得檢送先前技術之相關資料，俾於瞭解專利申請之發明與先前技術間之關係，據以進行專利檢索與審查。

(三)發明或新型內容[34]

1.所欲解決之問題

發明或新型之內容，應說明發明或新型所欲解決之技術問題、解決問題之技術手段及對照先前技術之功效（專利法施行細則第17條第1項第4款）。而所欲解決之問題，係指專利申請之發明或新型所要解決先前技術中存在之問題。

2.解決問題之技術手段

所謂技術手段者，係指申請人為達到解決問題之功效，所採取之技術方案，其為技術特徵所構成，故技術手段為發明或新型說明之核心（專利法施行細則第17條第1項第4款中段）。為符合充分揭露及可據以實施之要件，說明應明確，並充分記載技術手段之技術特徵。換言之，技術手段之記載至少應反映申請專利範圍中，獨立項所有技術特徵及附屬項中所附加

---

[32] 經濟部智慧財產局，專利審查基準，2004年版，頁2-1-5。

[33] 專利專責機關實體審查專利申請時，係自先前技術或先申請案中檢索出相關之文件，加以比對、判斷專利申請之發明或創作是否具備專利要件，而該被引用之相關文件稱為引證文件。

[34] 經濟部智慧財產局，專利審查基準，2004年版，頁2-1-7。

技術特徵。

　　3.對照先前技術之功效

　　對照先前技術功效者，係指實施發明或新型內容中之技術手段，所直接產生之技術效果（專利法施行細則第17條第1項第4款後段）。換言之，構成技術手段之技術特徵，所直接產生之技術效果。對照先前技術之功效，係作為認定專利申請之發明是否具進步性之重要依據。記載技術手段所產生之功效時，應以明確與客觀之方式敘明技術手段、發明或新型說明中所載先前技術之間之差異，表現出技術手段對照先前技術間，其有利之功效（advantageous effect），並敘明為達成發明或新型目的，其技術手段如何解決所載問題之內容。

(四)圖式簡單說明

　　發明或新型其有圖式者，應以簡明之文字（brief description of the invention or new model），依據圖式之圖號順序說明圖式，並依圖號或符號順序列出圖式之主要符號並加以說明（專利法施行細則第17條第1項第5款、第7款）。倘有多幅圖式者，應就所有圖式說明之。為方便索引，應註明圖號索引。圖式簡單說明通常會對主要元件加以說明，亦稱主要元件說明，而圖式部分有結構示意圖、立體圖及剖面圖。

(五)實施方式

　　所謂實施方式，係因發明或新型之技術內容，通常不易以概括之要點清楚表達。故實施方式記載一個以上之實施方式，必要時得以實施例說明；有圖式者，應參照圖式加以說明（專利法施行細則第17條第1項第6款）。是專利說明書應以實際具體化之實施型態或實施發明創作之最佳方式為例，加以說明之。準此，申請發明專利或新型之詳細說明，為發明或新型說明之重要部分。實施方式除有助明確及充分揭露技術內容外，亦能藉此瞭解及實施發明或新型，其對於支持及認定申請專利範圍，有重要之關鍵作用。經由實施例及圖式之說明，使熟悉該項技術領域之人或所屬技術領域中具有通常知識者，得掌握發明或新型之特質，包括實施發明或新

型之組件的形狀、構造、功能、使用及相互間之關係,知悉發明或新型之技術內容,並據以實施。

四、申請專利範圍

專利說明書最重要之部分係申請專利範圍(claim)或稱請求項。因申請專利範圍為審查是否具有可專利性之主要依據,其為界定專利權保護範圍之依據,專利權之授與或撤銷均屬專利專責機關之職權。準此,國家賦予專利權後,專利權均應視為有效,此稱專利權之有效性。故侵害鑑定時,不得就專利權之有效性進行判斷,僅能認定被控侵權物品或方法有無讀入或落入申請專利範圍。當事人對於專利權之有效性或申請專利範圍之牴觸與否,其等有爭執時,應經由舉發程序解決[35]。申請專利範圍或請求項亦為專利權人據以主張其專利權之依據,此為專利權之保護範圍及專利可執行性之界限。

(一)可專利性與可執行性之界限

可專利性之界限,由專利專責機關依申請專利範圍之字面意義,加以認定。申請專利範圍之構成要件數目與可專利性成正比。再者,可執行性之界限,除字面意義外,亦包含均等論所及範圍,應由司法機關判斷,解釋申請專利範圍係法官之職權,解釋範圍以申請專利範圍或請求項為準。一般而言,構成要件較多者,可專利性雖較高,然可執行性則較低,是易申請專利者,其專利權之保護範圍較小。

(二)請求項之記載

申請專利範圍應具體明確地敘述發明或新型之必要技術內容或特質,暨構成要件間之相互關係。故申請專利範圍應界定申請專利之發明;其得包括一項以上之請求項,各請求項應以明確、簡潔之方式記載,且必須為

---

[35] 申請專利範圍就申請案而言,屬可專利性之界限。嗣國家賦予專利權後,申請專利範圍係指其有效性。

說明書所支持（專利法第26條第2項）。準此，申請專利範圍或請求項之內容必須符合如後要件。

1.明確性

判斷申請專利範圍或請求項之記載是否明確，得參酌下列事項：(1)發明或新型之說明，其所揭露之內容；(2)申請時之通常知識；(3)該發明或新型所屬技術領域中具有通常知識者，而於申請當時對申請專利範圍之認知。

2.簡潔性

申請專利範圍應以簡潔之方式記載，係要求申請專利範圍每一請求項之記載應簡潔。例如，一件申請案不得有兩項以上實質相同及屬同一範疇之請求項（專利法第33條、第120條）。

3.說明及圖式所支持

申請專利範圍必須為發明或新型之說明及圖式所支持，其要求申請專利範圍中每一請求項所記載之申請標的，必須是該發明或新型所屬技術領域中具有通常知識者，自發明或新型說明所揭露之內容，利用例行之實驗或分析方法即可實施者，無需過度實驗或研究。

參、例題解析[36]

一、例題9解析——申請更正

(一)維護專利有效性

專利權人於他人以其專利包含先前技術而提出舉發，或於專利侵害民事訴訟中抗辯專利有應撤銷原因，得申請更正專利說明書、申請專利範圍或圖式，以減縮申請專利範圍之方式維護專利有效性[37]。而發明專利權人

---

[36] 林洲富，法官辦理民事事件參考手冊15，專利侵權行為損害賠償事件，司法院，2006年12月，頁259至262。

[37] 林洲富，智慧財產權之有效性與侵權判斷，司法院研究年報，29輯，4篇，2012年12月，頁47。

申請更正專利說明書、申請專利範圍或圖式，僅得就下列事項為之：1.請求項之刪除；2.申請專利範圍之減縮；3.誤記或誤譯之訂正；4.不明瞭記載之釋明（專利法第67條第1項）。更正，除誤譯之訂正外，不得逾申請時說明書、申請專利範圍或圖式所揭露之範圍（第2項）。依第25條第3項規定，說明書、申請專利範圍及圖式以外文本提出者，其誤譯之訂正，不得超出申請時外文本所揭露之範圍（第3項）[38]。更正專利說明書、申請專利範圍或圖式，不得實質擴大或變更公告時之申請專利範圍（第4項）。

(二)舉發與更正之審查

　　舉發案件審查期間，有更正案者，應合併審查及合併審定；其經專利專責機關審查認應准予更正時，應將更正說明書、申請專利範圍或圖式之副本送達舉發人（專利法第77條第1項）。申言之，專利權人提出更正案者，無論係於舉發前或舉發後提出；亦不問該更正案係單獨提出或併於舉發答辯時所提出之更正，為平衡舉發人與專利權人攻擊防禦方法之行使，均將更正案與舉發案合併審查及合併審定，俾於紛爭一次解決。因更正之提出常與舉發理由有關，倘經審查認為將准予更正者，則舉發審查之標的已有變動，故應將更正說明書、申請專利範圍或圖式送交舉發人，使其有陳述意見之機會。

二、例題10解析——請求項之類型

(一)獨立項

　　手搖鈴之發明專利之請求項1，係敘明專利申請之標的及其實施之必要技術特徵，其為獨立項（專利法施行細則第18條第2項）。因其包含專利申請標的「一種手搖鈴」，為具有長圓柱型之手柄，該手柄之一端崁入

---

[38] 專利法第25條第3項規定：說明書、申請專利範圍及必要之圖式未於申請時提出中文本，而以外文本提出，且於專利專責機關指定期間內補正中文本者，以外文本提出之日為申請日。

於鐘形罩頂端之圓筒凹穴內，罩體內頂面設有一掛環，掛環下藉柔軟線材連接有一水滴形狀之錘體者，其係必要技術特徵。

(二)附屬項

附屬項應敘明所依附之項號及申請標的，並敘明所依附請求項外之技術特徵。而於解釋附屬項時，應包含所依附請求項之所有技術特徵（專利法施行細則第18條第3項）。請求項2係依附請求項1，並附加手柄有波浪形之表面之技術特徵，其為詳述式之附屬項。請求項3係依附請求項1，並附加罩體內部壁面上設有數條環形凸肋之技術特徵，其與請求項2相同，均屬獨立項之詳述性附屬項。

(三)多項附屬項

依附於二項以上之附屬項為多項附屬項，應以選擇式為之。而附屬項僅得依附在前之獨立項或附屬項（專利法施行細則第18條第4項）。請求項4依附請求項2或3，並附加柔軟線材為彈簧之技術特徵，其為多項附屬項。而請求項5依附請求項1、2或3，並附加圓筒凹穴側邊上開設有一孔洞，得以一螺絲鎖緊，加強手柄之一端與凹穴內之連接之技術特徵，亦為多項附屬項。準此，請求項1至3，僅有單一之構造。而請求項4、5，分別有二種及三種構造。

肆、相關實務見解—設計應充分揭露

設計說明書及圖式應明確且充分揭露，使設計所屬技藝領域中具有通常知識者，能瞭解其內容，並可據以實現（專利法第126條第1項）。本件專利之申請專利權範圍，如附圖所示「瓶身」設計，申請專利之圖式，完全不見瓶蓋之其他視角外觀，無法使相同技藝領域中具有通常知識者，瞭解瓶蓋之確實設計外觀，其違反專利法第126條規定，圖式揭露不明確[39]。

---

[39] 智慧財產法院97年度行專訴字第86號行政判決。

第二章　專利審查制度

　　專利權之取得，程序上可分先申請主義與先發明主義；而就實體內容之審查，亦可分形式審查主義與實體審查主義。我國採先申請先註冊主義，發明專利與設計專利採實體審查主義，而新型專利採形式審查主義。

第一節　審查申請案

　　經濟部智慧財產局為審查申請案所制定之專利審查基準，其為業務處理方式，論其法律性質為行政規則，所為非直接對外發生法規範效力之一般、抽象之規定（行政程序法第159條）。行政規則為規範機關內部秩序與運作之行政內部規範，有效下達之行政規則，具有拘束訂定機關、其下級機關及屬官之效力（行政程序法第161條）。準此，專利審查基準具有拘束智慧財產局及所屬專利審查員之效力[1]。

例題1

　　甲申請發明專利欲取得技術市場之獨占地位，其為防止他人仿用，故於申請書上對於關鍵之技術內容與特徵，均語焉不詳或有意不揭露之。試問專利審查人員應如何處理？依據為何？

例題2

　　乙明知某物品之技術為丙所發明，未經丙同意，竟主張某物品之技術為其所發明，據此向智慧財產局申請物品發明專利，經智慧財產局核准公告在案。試問發明人丙有何救濟途徑？依據為何？

---

[1] 林洲富，專利法—案例式，五南圖書出版股份有限公司，2020年11月，9版1刷，頁189。

壹、審查人員

專利專責機關對於發明專利申請案之實體審查,應指定專利審查人員審查之(專利法第36條)。專利審查人員之資格,以法律定之(專利法第15條第3項)。我國審查人員採內審與外審雙軌制。內審制由專利專責機關之正式編制之審查人員擔任審查工作;而外審制由專利專責機關以外之學者審查。

貳、審查程序

一、先程序後實體

專利專責機關收受申請案後,審查人員應先進行程序審查,倘有欠缺者,應先命補正,不補正者,則駁回其申請。程序審查合法後,繼而就申請案進行實體審查。

二、實體審查

(一)審查行為

專利專責機關於審查發明專利時,得依申請或依職權通知申請人限期為下列各款之行為:1.至專利專責機關面詢;2.為必要之實驗、補送模型或樣品,倘專利專責機關認有必要時,得至現場或指定地點勘驗(專利法第42條)。

(二)限期修正

專利專責機關於審查發明專利時,除本法另有規定外,得依申請或依職權通知申請人限期修正說明書、申請專利範圍或圖式(專利法第43條第1項)。修正說明書、申請專利範圍或圖式,除誤譯之訂正外,不得逾申請時說明書、申請專利範圍或圖式所揭露之範圍(第2項)。在專利專責機關就申請案已進行實體審查後,為避免申請人迭次提出修正致延宕審查

時程，倘專利專責機關已依第46條第2項規定，通知申請人申復者，申請人僅得於審查意見通知函所載之指定期間內提出修正（第3項）[2]。

（三）最後通知

1.目的

有鑑於申請人於接獲審查意見通知函後，倘許其任意變更申請專利範圍，不僅審查人員需對該變更後之申請專利範圍，重新進行檢索與審查，致造成程序延宕，且對依審查意見通知函內容，作適當修正之其他申請案亦有欠公平。故專利專責機關認有必要時，得為最後通知。申請人接獲最後通知後，所提出之申復或修正內容，不能任意變動已審查過之申請專利範圍，避免浪費原已投入之審查程序，以達迅速審查之效果，兼能保持各申請案間之公平性。職是，其經最後通知者，申請專利範圍之修正，申請人僅得於通知之期間內，就下列事項為之：(1)請求項之刪除；(2)申請專利範圍之減縮；(3)誤記之訂正；(4)不明瞭記載之釋明（第4項）。違反第3項、第4項之規定者，專利專責機關得於審定書敘明其事由，逕為審定（第5項）。

2.審查人員依個案情形認定

申請案於專利專責機關初審或再審查階段，在個案上通知申復或修正雖不以1次為限。然申請案已發給審查意見通知函，倘申請人收到審查意見通知函後，未提出申復或修正，或其所提之申復或修正完全無法克服先前審查理由者，此時再為通知並無實益，審查人員將逕予審定，不再發給最後通知。反之，申請人所提出之申復或修正內容有部分為審查人員所接受，而仍有部分無法克服先前審查理由，或修正後有其他不准專利之情

---

[2] 專利法第46條第1項規定：發明專利申請案違反第21條至第24條、第26條、第31條、第32條第1項、第3項、第33條、第34條第4項、第43條第2項、第44條第2項、第3項或第108條第3項規定者，應為不予專利之審定。第2項：專利專責機關為前項審定前，應通知申請人限期申復；屆期未申復者，逕為不予專利之審定。

事，須再進一步修正時，審查人員會再發給通知，為避免延宕審查程序，審查人員認為有限縮修正範圍之必要時，將會發給最後通知。因最後通知係審查人員認為有必要再為通知時，始會發給最後通知，是否發給將由審查人員依個案情形具體認定，倘其為最後通知，應於通知格式上載明之。

三、審定書

申請案經審查後，應作成審定書送達申請人。經審查不予專利者，審定書應備具理由。審定書應由專利審查人員具名。再審查、更正、舉發、專利權期間延長及專利權期間舉發之審定書，亦同（專利法第45條）。

四、不予專利審定

發明專利申請案違反第21條至第24條、第26條、第31條、第32條第1項、第3項、第33條、第34條第4項、第43條第2項、第44條第2項、第3項或第108條第3項規定者，應為不予專利之審定（專利法第46條第1項）。專利專責機關為前項審定前，應通知申請人限期申復；屆期未申復者，逕為不予專利之審定（第2項）。

五、專利公告

申請專利之發明經審查確認無不予專利之情事者，應予專利，並應將申請專利範圍及圖式公告之。經公告之專利案，任何人均得申請閱覽、抄錄、攝影或影印其審定書、說明書、申請專利範圍、摘要、圖式及全部檔案資料。但專利專責機關依法應予保密者，不在此限（專利法第47條）。

六、再審查

(一)再審查之申請

發明專利申請人對於不予專利之審定有不服者，得於審定書送達後2個月內備具理由書，申請再審查。因申請程序不合法或申請人不適格而不受理或駁回者，得逕依法提起行政救濟（專利法第48條）。再審查時，專

利專責機關應指定未曾審查原案之專利審查人員審查，並作成審定書送達申請人（專利法第50條）。

(二)再審查之修正與通知

申請案經依第46條第2項規定，為不予專利之審定者，其於再審查時，仍得修正說明書、申請專利範圍或圖式（專利法第49條第1項）。申請案經審查發給最後通知，而為不予專利之審定者，其於再審查時所為之修正，仍受第43條第4項各款規定之限制（第2項前段）。除非再審查理由係爭執初審階段發給最後通知為不當者，經專利專責機關審酌認為有理由，將再發審查意見通知函通知申請人修正，解除初審階段發給最後通知之限制。有鑑於初審階段，已給予申請人修正之機會，且申請人於申請再審查時，原得對應初審審定不予專利之事由進行修正，為避免申請人於再審查程序中，迭經提出修正，致延宕再審查程序，得逕予發給最後通知情事如後：1.再審查理由仍無法克服初審審定不予專利之事由者，不論初審階段是否曾核發最後通知；2.再審查時所為之修正，仍無法克服初審審定不予專利之事由者，不論初審階段是否曾核發最後通知；3.在初審階段曾核發最後通知，且未經專利專責機關解除其限制者，倘其於再審查時所為之修正，違反第43條第4項各款規定（第3項）。

參、例題解析

一、例題1解析——充分揭露原則

(一)授與專利權之要件

專利制度之基本原則在於以技術公開換取獨占之專利權，故對於專利說明書中之技術揭露或開示的完整明確性，具有極高之要求，必須達到熟悉該行業之有關人士，得依據其說明加以實施之程度，故必須將技術內容加以具體化與客觀化之說明。其理由在於鼓勵專利技術之公開，避免重複研發或投資相同之技術，造成有限之社會資源無謂消耗。準此，依據我國

專利法規定，專利說明書未能達到充分揭露之要求，除不得授與專利權外，縱使授與專利權，亦成為智慧財權局撤銷專利權之事由。足見發明或創作欲申請取得專利權，除應具備產業上利用性、新穎性及進步性等專利三性之要求外，亦需於專利說明書中充分揭露專利技術內容，始得授與專利權。

(二)可實施專利說明書所揭露之發明或創作

所謂充分揭露者（sufficient disclosure），係指發明或創作之說明應明確，並充分揭露其發明或創作之技術內容，使該發明所屬技術領域中具有通常知識者，能瞭解其內容，並據其說明加以實施。換言之，專利說明書應包括發明或創作之文字敘述及其製造、使用方法、程序等說明，使熟悉該行業之有關人士，得依據以該完整、清晰及正確之說明內容，即可實施專利說明書所揭露之發明或創作。準此，申請人甲於說明書上對於關鍵之技術內容與特徵，均語焉不詳或有意不揭露之，專利審查人員應不予專利之審定[3]。

二、例題2解析──非發明人申請專利

利害關係人認專利申請權人並非專利之發明人、創作人或設計人時，得依據發明、新型或設計專利權人為非發明、新型或設計之專利申請權人，請求智慧財產局應依舉發或依職權撤銷其發明、新型或設計專利權，並限期追繳證書，無法追回者，應公告註銷（專利法第71條第1項第3款、第2項、第119條第1項第3款、第2項、第141條第1項第3款、第2項）。準此，發明人丙得以乙非發明人，並非專利申請權人為由，向智慧財產局提起舉發（專利法第5條第2項）。

---

[3] 林洲富，專利侵害之民事救濟制度，國立中正大學法律學研究所博士論文，2007年1月，頁241。

肆、相關實務見解—審定書理由未明確

經濟部智慧財產局之行政處分，雖認定專利案之獨立項欠缺專利要件而不予專利，惟就專利案申請專利範圍其他各附屬項是否具備可專利性，審定理由有未說明之情事，則專利案之該等附屬項，是否具備專利要件，無法自處分之書面記載得知，是原處分顯有理由不備之違法情形，應可加以認定[4]。

第二節　實體審查制

我國發明與設計申請均採實體審查制，而為使發明專利申請人於提起申請後之一定期間內前，先行瞭解申請技術有無市場價值與投資商機，以決定是否申請實體審查以取得專利權，而採行早期公開制，得於發明專利核准公告前，使第三人知悉新技術內容，避免重複研發之情形，有益於產業技術之發展，該制度並有減輕專利專責機關實體審查工作負擔之功能。再者，對發明專利申請案採取實體審查制者，多採延後請求審查制度，即關於發明專利申請案是否具備實質之專利要件，專利專責機關必須依專利申請人或第三人之請求，始得為之。

例題3

發明專利應先進行形式審查，形式審查合法後，始由申請人或第三人申請進行實質審查。試問早期公開制度為何僅適用於發明專利？早期公開有何優點？

---

[4] 智慧財產法院97年度行專訴字第44號行政判決。

壹、實質審查主義之定義

　　所謂實質審查主義，係指對專利申請案之審查，除應審查其形式要件是否具備外，亦應就專利申請案之實質專利要件，加以判斷，經形式要件與實質專利要件之審查，且無不得准予專利之事由時，專利專責機關始得授與專利申請案專利權。

貳、發明專利之早期公開制度

一、發明專利申請案之公開

　　為配合發明專利之審查制度，專利專責機關對於發明專利申請應指定審查委員進行實體審查（專利法第36條）。專利專責機關接到發明專利申請文件後，經審查認為符合規定程式，並無不予公開之情事者，自申請日起18個月後，應將該申請案公開之，此為早期公開制度（laid-open）（專利法第37條第1項）。發明專利申請案不予公開之事由有三：(一)自申請日起15個月內撤回者；(二)涉及國防機密或其他國家安全之機密者；(三)妨害公共秩序或善良風俗者（第3項）。原則上經撤回之案件，已不繫屬於專利專責機關，雖可不予公開。然自申請日起逾15個月，始申請撤回，因專利專責機關準備公開所進行之作業大致已完成，作業已不及抽回，故仍予以公開[5]。

二、補償金請求權

　　專利申請人亦得藉由早期公開制度，對於使用其技術者，請求補償金，以填補申請人自公開技術內容起至核准審定公告前之損失，此為暫時性之保護措施。換言之，發明專利申請人對於申請案公開後，曾經以書面通知發明專利申請內容，而於通知後公告前，就該發明仍繼續為商業上實

---

[5]　經濟部智慧財產局，專利法逐條釋義，2008年8月，頁101。

施之人，得於發明專利申請案公告後，請求適當之補償金（專利法第41條第1項）。對於明知發明專利申請已經公開，於公告前就該發明仍繼續為商業上實施之人，專利申請人亦得為補償金之請求（第2項）。該補償金（pecuniary compensation）請求權，自公告之日起，2年間不行使而消滅（第4項）。

三、請求實審制度

依據專利法第38條第1項規定，發明專利申請之實體審查，須依據申請人之申請始進行審查，不得依職權為之。其請求實審有一定期限之限制，此為本制度之特徵。任何人自發明專利申請日起3年內，均得向專利專責機關申請實體審查。逾3年期間申請實體審查者，該發明專利申請，視為撤回（第4項）。簡言之，無人申請，即無實體審查。而任何人提出實體審查之申請，不得撤回（第3項）。提出實體審查者，應檢附申請書，不得以口頭為之（專利法第39條第1項）。專利專責機關應將申請審查之事實，刊載於專利公報（第2項）。倘係申請人以外之人提出審查請求，專利專責機關應通知申請人，使申請人有所準備（第3項）。

四、優先審查制度

為配合早期公開制度及保護專利申請人發明專利申請公開後，使專利專責機關早日確定是否准駁專利申請，以保護專利申請權人。倘有非專利申請人為商業上之實施者，專利專責機關得依申請優先審查之（專利法第40條第1項）。

參、例題解析─早期公開制度適用對象與優點

早期公開制度之適用對象僅限於發明專利申請案，新型與設計之專利技術層次較低，且產品之市場有效生命週期亦較短，故不適用早期公開制度。在提起發明申請後，專利專責機關僅先作程序審查，倘符合規定，並

無不予公開之情事者,自申請日起18個月後,應將該申請案公開之。對於申請人而言,其於提起申請後起18個月內,先行瞭解申請技術有無市場價值與投資商機,以決定是否申請實體審查,以取得專利權。就第三人以觀,其知悉新技術內容,並得向智慧財產局提出實體審查之申請,以確定該申請案是否得獲准專利,進而修正發明或研發方向,避免資源浪費,其有益於產業技術之發展。

肆、相關實務見解——請求實體審查之期間

原告於2011年9月2日補正專利申請文件,應以補正日為申請日(專利法第25條第2項)。自2011年9月2日起算至原告於2014年8月14日提出實體審查申請日止,尚未逾專利法第38條第1項之3年法定期間。原處分以原告已逾此3年期間,而將申請案視為撤回而不受理原告實體審查之申請,其於法無據。訴願決定予以維持,自有未合。原告聲明求為撤銷訴願決定及原處分,洵屬合法有據,應予准許[6]。

第三節　形式審查制

有鑑於知識經濟時代,各種技術或產品之生命週期趨向短期化,為使研發成果迅速投入市場行銷之需要,我國修法將新型專利之審查,由實體審查制改採為形式審查制,使申請人得以在較短之期間內,迅速地取得專利權。因在授與專利權前,未經實體審查之程序,導致專利權內容處於相當之不確定之狀態,倘專利權人利用此不安定之權利,不當濫用專利權,將妨害產業上之正常發展及競爭秩序。準此,專利法有兩種救濟方法:公眾審查制與技術報告。

---

[6] 智慧財產法院104年度行專訴字第26號行政判決。

例題4

　　發明與新型均為利用自然法則技術思想之發明或創作，試問發明與新型之區別為何？試就進步性、專利保護期間、審查主義及其配套措施等事項，說明有關內容。

壹、形式審查主義之定義

　　所謂形式審查主義或稱登記主義，係指專利專責機關對專利之申請，僅對其是否具備法定之形式要件加以審查，而不審查專利之實質要件，我國對於新型專利申請案之審查係採此主義。智慧財產局已為新型專利之核准處分後，其審查程序即告終結，即非在形式審查新型專利時之階段，申請人不得再依專利法第109條申請修正說明書、申請專利範圍或圖式[7]。

貳、技術報告

一、形式審查之配套

(一)確認專利權之有效性

　　因新型專利採形式審查主義，事先對於新型專利申請案，不進行前案檢索及未為專利實體要件審查，故設計技術報告制度，以救濟有效而未經確認之新型專利所生之不確定性。是新型專利技術報告（technical evaluation report）在功能上具有公眾審查之性質，其藉由公眾向專利專責機關申請技術報告，使任何人行使公眾審查權時，瞭解其有無提出舉發之必要性[8]。故對於申請技術報告之資格，不應限制其資格，應使任何人均

---

[7]　智慧財產法院107年度行專訴字第90號行政判決。
[8]　新型專利技術報告書於日本稱為實用新案技術評價書。

得向專利專責機關申請，以釐清該新型專利是否合於專利要件之疑義。原則上，經形式審查之新型專利，其實體要件存在與否，係由當事人判斷之。倘當事人難以判斷其與先前技術文獻間，是否具備實體要件時，得向智慧財產局申請新型專利技術報告，作為客觀判斷之依據[9]。準此，申請之新型專利經公告後，為確認專利權之有效性（validity），申請專利之新型經公告後，任何人得向專利專責機關申請新型專利技術報告（專利法第115條第1項）。

(二)任何人均得申請新型專利技術報告

專利專責機關對於新型專利技術報告之申請，應就第120條準用第22條第1項第1款、第2項、第23條、第31條規定之情事，作成新型專利技術報告（專利法第115條第4項）。倘申請新型專利技術報告，敘明有非專利權人為商業上之實施，並檢附有關證明文件者，專利專責機關應於6個月內完成新型專利技術報告（第5項）。新型專利技術報告之申請，其於新型專利權當然消滅後，仍得為之（第6項）。因新型專利權消滅後，其與權利相關之損害賠償請求權、不當得利請求權等，仍有可能發生或存在，因行使此等權利時，有必要參考新型專利之技術報告。發明初審或再審查之審定書，僅得作成一次決定，而任何人均得申請新型專利技術報告，故得依據多次申請而製作多份之技術報告。

二、技術報告之內容

技術報告應參考請求項所說明之先前技術文獻，並對專利權之有效性加以評價，其係智慧財產局核發之先前技術檢索報告，其檢索範圍包括[10]：(一)是否符合先申請主義要件；(二)是否符合新穎性要件；(三)是否符合進步性要件。技術報告得作為客觀調查先前技術之結果，其對於調查

---

[9] 智慧財產局，「新型專利技術報告」答客問，智慧財產權月刊，88期，2006年4月，頁110。
[10] 徐宏昇，高科技專利法，翰蘆圖書出版有限公司，2003年7月，頁144。

能力不足或同一技術領域之相關人士，形成有益之資訊[11]。故智慧財產局應將申請新型專利技術報告之事實，刊載於專利公報，使相關利害關係人得適時知悉（專利法第115條第2項）。因新型專利技術報告之申請，必須刊載專利公報，故為保護利害關係人之權益，明定對於新型專利技術報告之申請，不得撤回（第7項）。而智慧財產局應指定專利審查人員作成新型專利技術報告，經由專利審查人員具名，以示負責（第3項）[12]。新型專利技術報告，須對每一請求項進行比對，不論有無可專利性，均須提示引用文獻，且當比對某一請求項時，必須明白指出引用文獻之某部分，以作為判斷之依據[13]。智慧財產局出具之技術報告，係將各請求項比對結果區分六代碼，詳如表1-2-1所示。

三、技術報告之性質

(一)保護規範理論

1.第三人效力處分

倘行政處分不僅對於相對人發生效力，其效果並及於相對人以外之人者，該行政處分稱為第三人效力處分，其可分為：(1)對第三人產生授益效果之行政處分；(2)對第三人產生負擔效果之行政。第三人欲訴請撤銷其不利之行政處分，僅主張行政處分違法尚有不足。更重要者，應證明其權利或法律利益受到行政處分之侵害，倘非權利或法律利益之損害，僅為反射利益受到侵害，其並無請求法律救濟可言[14]。如何判斷是否為權利或法律

---

[11] 楊崇森，專利法理論與應用，三民書局股份有限公司，2003年7月，頁381。

[12] 因新型專利採形式審查，故原審查人員於嗣後之新型專利案件，不論係技術報告書或舉發案，均無須迴避。

[13] 智慧財產局，「新型專利技術報告」答客問，智慧財產權月刊，88期，2006年4月，頁112。

[14] 最高行政法院71年度第124號、50年度判字第36號、53年度判字第30號、54年度判字第278號、55年度判字第30號行政判決；行政法院71年10月份庭長評事聯席會議。其針對商標法所稱利害關係人之界定，以認定是否得續行訴願及行

表1-2-1　技術報告書之比對項目

代碼	比對項目結果
一	表示無新穎性（專利法第22條第1項第1款）
二	表示無進步性（專利法第22條第2項）
三	表示與其所列申請在先而在申請後始公開或公告之發明或新型專利申請案所附說明書或圖式載明之內容相同（專利法第23條）[15]
四	表示所列申請日前提出之申請案相關發明或新型相同（專利法第31條）
五	表示所列同日提出之申請案相關發明或新型相同（專利法第31條）
六	表示無法發現足以否定其新穎性等要件之先前技術文獻（專利法第31條）

利益受侵害，依據保護規範理論，認為行政處分所違背之法規，是否於保護公益外，亦同時追求保護私人之目的，則該權利受損者，自得提起訴願與行政訴訟[16]。

2.民眾爭訟

就專利事件而言，除利害關係人外，專利法亦允許任何人對核准之專利提起舉發，此在學理上稱為民眾爭訟，其與利害關係人提起爭訟之情形有別。因賦予專利權之行政處分對於利害關係人而言，其性質係對專利權人為授益處分之同時，亦產生對於第三人負擔之效果，故利害關係人得對

政訴訟。商標法上之利害關係，係指對現尚存在之權利或合法利益有影響關係者而言，一般消費大眾或個人所受商標法之利益，係反射利益之結果，而非本於其權利或合法利益所發生，不得以有利害關係之人或利害關係人自居，對於審定商標提出異議或就註冊商標申請評定。商標有欺罔公眾或致公眾誤信之虞，其一般之競爭同業，能否對之提出異議或申請評定，應就具體案件審認其就系爭商標之存廢有無商標法上之利害關係，暨該項關係有無依商標法由法院加以保護之價值及必要定之。

[15] 專利法第23條規定，擬制新穎性之要件。

[16] 大法官釋字第469號解釋：法律規定之內容非僅屬授與國家機關推行公共事務之權限，其目的係為保護人民生命、身體及財產等法益，人民得行使公法上請求權，以資保護其利益。

該第三人效力處分提起舉發，作為救濟之手段[17]。對於智慧財產局就審查舉發所作成之行政處分不服者，僅有利害關係人得提起訴願（訴願法第1條、第18條）。其應先向經濟部訴願會提起訴願。對於訴願決定不服者，認為其權利或法律上利益受損害者，始具有原告當事人適格要件，得向智慧財產及商業法院提起行政訴訟（智慧財產及商業法院組織法第3條第3款；智慧財產案件審理法第31條第1項第1款）。

（二）法律諮詢意見

1.非行政處分

專利專責機關所出具之新型專利技術報告，性質上應屬專利專責機關對任何人依據專利法第115條對已公告之新型專利，詢問有關同法第22條第1項第1款、第2項、第23條或第31條規定之情事[18]。專利專責機關依據法定義務所提供之法律諮詢意見，對新穎性與進步性加以判斷[19]。依據保護規範理論以觀，該法律諮詢之意見，並非保護專利權人或其他任何人為目的，亦不至於損害私人之權益，其對專利專責機關、申請人、新型專利權人並不直接發生拘束力，故技術報告書非屬行政處分[20]。日本、德國、韓

---

[17] 吳庚，行政法之理論與實用，三民書局股份有限公司，1999年6月，增訂5版，頁316至317。

[18] 專利法第31條第1項規定：同一發明有二以上之專利申請案時，僅得就其最先申請者准予發明專利。但後申請者所主張之優先權日早於先申請者之申請日者，不在此限。第2項規定：前項申請日、優先權日為同日者，應通知申請人協議定之，協議不成時，均不予發明專利；其申請人為同一人時，應通知申請人限期擇一申請，屆期未擇一申請者，均不予發明專利。第3項規定：各申請人為協議時，專利專責機關應指定相當期間通知申請人申報協議結果，屆期未申報者，視為協議不成。第4項規定：同一發明或創作分別申請發明專利及新型專利者，準用前3項規定。

[19] 周仕筠，新型專利形式審查回顧與現況分析，智慧財產權月刊，80期，2005年8月，頁34。

[20] 陳國成，專利行政訴訟之研究，司法院研究年報，25輯，18篇，2005年11月，頁137。

國及中國大陸法制均為此模式[21]。換言之，任何人雖均得依據專利法第115條之規定，向專利專責機關請求技術報告書，惟對於專利專責機關所做成之技術報告，係屬專利專責機關所出具而不具拘束力之報告，僅作為關係人權利行使或技術利用之參考，其非行政處分，其不得作為行政爭訟之標的[22]。

2.本文見解

技術報告既然經專利專責機關本於職權所出具，倘該技術報告將合法之專利權評價為不合法，易使申請人憂心將被追索責任，導致怯於行使權利，對申請人將造成某種程度之不利效果，對該新型專利後續之權利行使有重大影響。是本文認為應有如後兩種救濟方式：

(1)程序參與權

專利專責機關認為技術評估不具新型專利權之新穎性或進步性時，應使專利權人在技術報告核發前，有表達意見之機會，以求新型專利技術報告之妥適性，此為程序參與權之賦予，乃行政民主化之表徵。

(2)不利益救濟

參諸韓國法制將新型專利技術評價制度，設計為類似事後審查制度，專責機關依據申請進行新型專利技術評價後，對於評價結果為權利有效之判斷，對於申請人並無不利，自不得提起不服；反之，評價結果為權利無效之判斷，得依據行政救濟之方式，請求撤銷該無效之判斷[23]。

---

[21] 黃文儀，我國與日本新型技術報告制度之比較，智慧財產權月刊，63期，2004年，3月，頁33。

[22] 專利法第115條修正理由，認為技術報告書僅作為關係人權利行使或技術利用之參考，其非行政處分。

[23] 王錦寬，韓國新型專利改採註冊制，智慧財產權月刊，14期，2000年2月，62頁。王美花，韓國專利制度現況與新型不審查制介紹，智慧財產權月刊，15期，2000年3月，頁57至58。李鎂，新型專利形式審查制度下的一些政策抉擇，智慧財產專業法官培訓課程，司法院司法人員研習所，2006年3月，頁8至9。

（三）無法循行政程序救濟

技術報告非行政處分，請求者或專利權人，對於技術報告書之評價結果，縱有不利之結果，其僅有反射利益之受損，專利法並未賦予申訴機會或行政救濟之途徑。任何人就已公告之新型專利或申請中之新型專利案，對專利專責機關提供與該專利案有關之資料，僅作為技術報告書之參考，對提供資料者而言，亦無救濟之方法[24]。

（四）提示技術報告之效果

1.防範新型專利權人濫用權利

新型專利權人行使該權利時，倘未提示新型專利技術報告、不得進行警告（專利法第116條）。其立法目的在於防範新型專利權人濫用其權利，導致影響第三人對於技術之利用與開發，其並非限制人民之訴訟權利。故縱使新型專利權人未提示新型專利技術報告，亦得對於被控侵權行為人提出民事訴訟，法院就未提示新型專利技術報告之事件，亦應受理之[25]。然新型專利人未申請技術報告書或委請專業機構出具專業意見，導致其行使權利時，無法提示技術報告作為警告，倘無其他事證，證明第三人實施專利權之行為，具有故意或過失時；或者專利權人未證明其具備專利要件，雖得進入訴訟程序，惟亦無法請求損害賠償。

2.損害賠償責任之認定

新型專利權人之專利權遭撤銷時，就其於撤銷前，對他人因行使新型專利權所致損害，應負賠償之責。例外情形，係基於新型專利技術報告之內容，且已盡相當注意而行使權利者，自得免責（專利法第117條）。換言之，新型專利權人申請技術報告，得作為新型專利權遭撤銷時，對他人

---

[24] 周仕筠，新型專利形式審查，智慧財產權月刊，63期，2004年3月，頁23至24。

[25] 專利法第116條立法理由。本條規定係參照日本實用新案法而來，我國大法官會議釋字第507號解釋亦有論述。

因行使新型專利權所致之損害，主張無過失不負賠償責任之證據資料[26]。反之，新型專利僅經形式審查即取得專利權，為防止權利人不當行使權利，致他人遭受損害，應要求專利權人審慎行使權利。新型專利權人行使權利後，倘該新型專利被撤銷，而專利權人未盡相當之注意，應對他人所受之損害負賠償責任。所謂已盡相當之注意者，係指審慎徵詢過相關專業人士之意見，如律師、專業人士、專利代理人。而對其權利內容有相當之確信後，始行使權利者，自不宜遽行課以民事責任[27]。

四、司法或行政機關不受技術報告拘束

因新型專利技術報告僅為法律諮詢意見文書而非行政處分，對於專利專責機關所做成之技術報告，僅作為關係人行使權利或技術利用之參考，不得作為行政爭訟之標的，故專利專責機關作成專利舉發成立與否之處分，自不受新型專利技術報告之拘束。再者，授予專利或專利舉發之行政處分，是否合法或適當，固得經由被告之自我省察與其上級機關經濟部之行政權監督，惟行政自我控制有時容有不周詳處，必須藉由法院對專利業務專責機關之行政行為作事後之審查，以司法審查之方式，確保法治國家依法行政之目的。故法院應就專利是否有應撤銷事由，自為判斷，不受專利專責機關之行政處分或技術報告書所拘束[28]。

參、例題解析─發明與新型之區別

發明專利與新型專利雖均為利用自然法則技術思想之發明或創作，所保護之標的均屬技術成果。惟兩者於專利要件之進步性、專利保護期間及

---

[26] 陳國成，專利行政訴訟之研究，司法院研究年報，25輯，18篇，2005年11月，頁137。

[27] 專利侵害鑑定要點，司法院，2005年版，頁6。目前智慧財產局出具技術報告書之時間約為8個月。

[28] 智慧財產法院101年度行專訴字第95號行政判決。

專利審查主義，有所不同。

一、進步性之差異

(一)進步程度判斷不易

　　發明專利與新型專利均係利用自然法則技術思想之創作，不論是判斷發明專利或新型專利是否具備進步性時，均應比對發明或新型所屬技術領域與先前技術之差異，整體研判發明或新型技術手段之選擇與結合，是否為熟習該項技術者或該項技術領域中具有通常知識者，所能輕易完成者，始得論斷其是否具備進步性之要件。發明與新型於進步性程度有高低之區分，即發明專係為技術層次較高之創作，而新型專利之技術層次較低，其差別在於發明或創作之進步性之程度。故對進步性之判斷，難免涉及對技術完成難易之主觀評價與判斷。準此，以進步性之高低程度，區別申請案屬於發明或新型專利，對於專利專責機關之審查而言，顯屬不易，並亦流於主觀認定，其對於申請人而言，是難以處理之問題。

(二)申請人之選擇

　　進步性之程度是否符合發明之要件，或者僅限於新型之要件，就目前專利實務以觀，難有一明確之區別標準。職是，新修正專利法將新型專利改為形式審查制度，而發明專利仍採實質審查制度，以區分兩者之保護強度及審查機制，故申請人自得依據其需求，決定係申請發明專利或新型專利。

二、專利權之保護期間不同

　　發明專利為技術層次較高之創作，自應授予較長之專利保護年限，依據專利法第52條第3項規定，發明專利權期限，自申請日起算20年屆滿。反之，新型專利之技術層次較低，所受到專利保護年限則較發明專利為短，依據專利法第114條規定，新型專利權期限，自申請日起算10年屆滿。準此，尚欲獲得較長期間之專利保護，以申請發明專利為佳，因發明專利保護期限為新型專利之2倍。

三、專利審查主義不同

(一)實體審查與形式審查

　　發明專利採實體審查制,專利專責機關對於發明專利申請應指定專利審查人員為實體審查(專利法第36條)。其審查則為逐項審查,發明專利於審查期間,專利專責機關與申請人間,得經由書面或口頭方式,進行諮商。反觀,新型專利採取形式審查制(專利法第112條)[29]。不審查專利實質要件,審查人員不須為前案檢索或提出引證,故通常於申請日起4至6個月後,即可獲得專利權,其取得專利權之時間較發明專利為快速,發明人或創作人得迅速將其創作投入市場。準此,採取形式審查之優點,有迅速取得保護、提供暫時性保護、成本較低廉及節省審查人力等優點[30]。

(二)申請技術報告書之主體與期間

　　申請專利之新型經公告後,任何人均得申請技術報告書(專利法第115條第1項)。並無申請時間之限制,新型專利權消滅後,亦可為之。新型專利之技術報告書,係採行逐項評價之方式進行,就申請之評價範圍,得依據專利法第22條第1項第1款、第2項、第23條或第31條規定,單獨請求之。申請者無須就全案申請逐項評價,雖得請求部分逐項評價。然專利專責機關為求技術報告書內容之完整性,縱使申請人僅提出部分逐項評

---

[29] 專利法第112條規定:新型專利申請案,經形式審查認有下列各款情事之一,應為不予專利之處分:1.新型非屬物品形狀、構造或組合者;2.違反第105條規定者;3.違反第120條準用第26條第4項規定之揭露方式者;4.違反第120條準用第33條規定者;5.說明書、申請專利範圍或圖式未揭露必要事項,或其揭露明顯不清楚者;修正,明顯超出申請時說明書、申請專利範圍或圖式所揭露之範圍者。專利法第105條規定:新型有妨害公共秩序或善良風俗者,不予新型專利。

[30] 謝銘洋,新型、新式樣專利採取形式審查之發展趨勢,律師雜誌,237期,1999年6月,頁40。

價，其亦得採行全案申請逐項評價[31]。因形式審查制之目的，在於使申請人早日取得權利，故形式審查之範圍，儘量限縮於明顯不符合新型專利權保護目的之事項，詳如表1-2-2所示（專利法第112條）。

表1-2-2　形式審查項目

編　號	審查項目
一	申請標的適格性
二	有無妨害公共秩序、善良風俗或衛生
三	說明書、圖式之記載是否符合法定程式[32]
四	有無符合單一性規定[33]
五	說明書或圖式是否記載必要事項或其記載是否明顯不清楚

(三)專利專責職權撤銷新型專利決定之範圍

　　因智慧財產局就新型專利申請案審查之職權，已限縮至專利法第96條及第97條所列事項，縱使嗣後發現該權利，有其他不符實體要件之情事，亦難認定核准新型專利權之行政處分，有何違法情事。雖有實務認為不符合專利實體要件之授與新型專利的行政處分，智慧財產局得本於職權撤銷該違法行政處分（行政程序法第117條至第121條）[34]。然智慧財產局所為行政處分合法時，自不得依據職權任意撤銷之。況智慧財產局審查新型專利權時，並無權審查專利實體要件，自不得於事後，以欠缺新穎性、進步性等專利實體要件，撤銷專利權。準此，本文認為智慧財產局職權撤銷新型專利權，必須限縮專利法第112條所列事項，因該等項目為專利專責機關應審查之法定要件，倘於審查時未依法為之，導致不應核准專利權而誤

---

[31] 周仕筠，新型專利形式審查，智慧財產權月刊，63期，2004年3月，頁17至19。

[32] 新型專利書應如何記載，主要規定於專利法施行細則。

[33] 新型單一性原則，係指一新型一申請。

[34] 臺北高等行政法院91年度判字第374號行政判決。

以核准，該授與專利權之行政處分為違法之行政處分，自得依據行政程序法之相關規定，依職權撤銷之。至於任何人認為新型專利有不應核准專利之事由，應依專利法第119條規定提起舉發，智慧財產局始得撤銷該新型專利權。

四、實質審查制度之配套措施

(一)早期公開制度

早期公開制度，得於發明專利核准公告前，使第三人知悉新技術內容，避免重複研發之情形，有益於產業技術之發展。早期公開僅限於發明專利申請，而新型及設計之專利申請，因其等技術層級較低及產品生命週期較短，不適合採用早期公開制度。

(二)補償金請求權

發明專利申請人亦得藉由早期公開制度，對於使用其技術者，請求補償金，以填補申請人自公開技術內容起至核准審定公告前之損失，此為暫時性之保護措施。

(三)請求實審制度

1.申請人

發明專利申請無申請實質審查，即無審查，此與新型專利申請必須經實體審查，兩者有所不同。而任何人提出實體審查之發明專利申請，則不得撤回（專利法第38條第3項）。因案件已公開，撤回後再以原案提出申請時，將喪失新穎性。而提出實質審查者，應檢附申請書，不得以口頭為之（專利法第39條第1項）。專利專責機關應將申請審查之事實，刊載於專利公報（第2項）。倘係申請人以外之人提出審查請求，專利專責機關應通知申請人，使申請人有所準備（第3項）。

2.申請期間

申請人逾3年期間申請實體審查，該發明專利申請，視為撤回。因該發明專利申請自申請日起18個月後公開之，已喪失新穎性。準此，原申請

人再以原案提出申請時，專利專責機關應以不符合新穎性之專利要件，駁回其申請。因新型專利之申請採形式審查制度，故並無請求實體審查之必要，此與發明專利不同。

(四)優先審查制度

　　為配合早期公開制度及保護專利申請人發明專利申請公開後，使專利責權機關早日確定是否准駁專利申請，減少權利之不確定性。倘有非專利申請人就公開之發明專利申請案為商業上實施者，專利專責機關得依申請優先審查之（專利法第40條第1項）。因新型專利之申請採形式審查制度，通常於申請日起4至6個月後，即可獲得專利權，其取得專利權之時間較發明專利為快速，並無優先審查之迫切性。

肆、相關實務見解──撤銷新型專利之準據法

　　新型專利申請日為2011年2月23日，經濟部智慧財產局於2011年6月13日形式審查核准新型專利，其是否有應撤銷專利權之舉發事由，自應以新型專利形式審查核准處分時，適用之2010年8月25日修正公布、2010年9月12日施行之專利法規為斷[35]。

第四節　　舉　　發

　　專利權有如後舉發事由時，應撤銷之：(一)違反專利法第12條第1項，專利申請權為共有者，應由全體共有人提出申請之規定；(二)違反專利法第21條至第24條關於專利申請應具備專利要件之要求；(三)違反專利法第26條專利說明書應詳實記載之充分揭露要求；(四)違反專利法第31條關於先申請主義之規定；(五)違反專利法第34條第4項、第43條第2項、第44第

---

[35] 智慧財產法院104年度行專訴字第25號行政判決。

2項、第3項、第67條第2項至第4項、第108條第3項，專利說明書、申請專利範圍或圖式之修正、更正、分割申請案或改請申請案，不得逾越申請時說明書、申請專利範圍或圖式等規定。此等專利權之核發、授與自始既屬不當。倘事後發現有此情形，自當撤銷其專利權，而專利權經撤銷者，則專利侵害之民事訴訟亦將失所附麗，自無任何專利侵權行為成立之可言。

例題5

下列之情形均已取得發明專利權在案，其是否構成撤銷專利權之事由，導致專利權不存在[36]：(一)甲、乙共同發明A物品，甲未經乙之同意，單獨持該發明物品向智慧財產局申請物品發明專利；(二)丙發明一種國文之教學方法，其特徵在於使學習者容易背誦唐詩三百首；(三)丁之申請專利範圍記載以吸收紫外線之塑膠膜包覆整個地球表面，以防止臭氧層減少，而取得方法專利；(四)戊發明之省力型腳踏車之主要技術內容，為專利申請日時之先前技術所涵蓋；(五)己取得省電型檯燈之發明，為該發明所屬技術領域中具有通常知識之製造燈具業，依據專利申請時之先前技術所能輕易完成者；(六)B發明物品之技術內容，已為他人申請在先之專利說明書或圖式所揭露；(七)庚發明一種預防感冒之方法；(八)辛發明一種數位型照相機，依據其專利說明書所揭露之技術內容，無法使製造該相關類型之業者，依據該行業領域所屬技術之通常知識者，加以實施或利用；(九)同一發明有二個專利申請，智慧財產局准予後申請者提出之發明專利申請；(十)專利說明書修正，逾越申請時原說明書或圖式所揭露之範圍，智慧財產局不查，而准予專利在案；(十一)C國不授與我國人民專利，而C國人民於我國取得專利權；(十二)非發明專利申請權人取得發明專利權。

---

[36] 林洲富，法官辦理民事事件參考手冊(15)—專利侵權行為損害賠償事件，司法院，2006年12月，頁387至395。

例題6

　　甲以新型專利侵害為由，對乙提出民事訴訟，而乙於訴訟前檢具相關資料提起舉發。兩造涉訟逾10年，專利侵權事件之民事確定判決認定乙確有侵害甲之專利權在案。智慧財產局審查舉發結果，以本件新型專利權已屆滿10年期間而失效，且本件專利權所致損害賠償之民事訴訟，業經終審法院判決確定，具有不可廢棄性之確定力，認定乙已無因系爭專利權之撤銷而有可回復法律上利益可言，而為舉發不成立之行政處分。試問乙有何救濟方法[37]？理由為何？

例題7

　　舉發案繫屬審查期間，專利更正應與舉發合併審查及審定。倘智慧財產局准予更正時，並為舉發成立之審定，專利權人就舉發成立之處分表示不服，提起行政救濟時。試問是否允許舉發人就准予更正之部分單獨提起救濟？理由為何？

壹、舉發制度之目的

一、公眾審查制度

　　因專利專責機關審查專利申請，係以提出專利申請當時之技術水平為判斷基準，審酌該專利申請時之先前技術，是否具備核准專利之專利要件。而先前技術則包括專利申請技術有關之任何資料，基於專利檢索與審查時間之有限，專利審查人員無法查明當時所有之公開及公知之技術或文獻。準此，專利權之審查及授與是否合法及適當，即有其不確定處，是實

---

[37] 林洲富，前揭註書，頁383至387。

施專利制度之設置公眾審查制度之目的，在於救濟專利專責機關之審查不足。所謂撤銷專利權決定者，係指經專利專責機關授與專利權後，嗣後發現不具備專利權之要件，而撤銷原授與專利之行政處分[38]。

二、舉發申請書

　　舉發人應備具申請書，載明舉發聲明、理由，並檢附證據（專利法第73條第1項）。專利權有二以上之請求項者，得就部分請求項提起舉發（第2項）。舉發聲明，提起後雖不得變更或追加，然得減縮（第3項）。舉發人補提理由或證據，固應於舉發後1個月內為之，惟在舉發審定前提出者，仍應審酌之（第4項）。專利專責機關於舉發審查時，在舉發聲明範圍內，得依職權審酌舉發人未提出之理由及證據，並應通知專利權人限期答辯；屆期未答辯者，逕予審查（專利法第75條）[39]。

貳、舉發撤銷事由

　　依據我國專利法第71條第1項、第119條第1項及第141條第1項規定，有下列情事之一者，專利專責機關應依舉發或依職權撤銷其發明、新型或設計專利權，並限期追繳證書，無法追回者，應公告註銷：

一、專利申請案非全體共有人提出申請

　　專利申請權為共有者，應由全體共有人提出申請（專利法第12條第1項）。利害關係人得依據本款事由提起舉發（專利法第71條第2項、第119條第2項、第141條第2項）。因本件專利申請案，違反第12條第1項規定之專利申請權為共有者，應由全體共有人提起申請，其符合撤銷專利權之事由。

---

[38] 智慧財產法院107年度行專訴字第32號行政判決。
[39] 最高行政法院105年度判字第546號行政判決。

二、不符發明、新型或設計定義

發明者，指利用自然法則之技術思想之創作（專利法第21條）。新型，指利用自然法則之技術思想，對物品之形狀、構造或組合之創作（專利法第104條）。再者，所謂設計者，係指對物品之全部或部分之形狀、花紋、色彩或其結合，透過視覺訴求之創作（專利法第121條第1項）。應用於物品之電腦圖像及圖形化使用者介面，亦得依本法申請設計專利（第2項）。

三、不具備專利要件

發明或新型專利要件應具備專利法第22條之產業利用性、新穎性、進步性及不得有第23條之擬制喪失新穎性[40]。再者，設計專利要件應具備專利法第122條之產業利用性、新穎性、創作性及不得有第123條之擬制喪失新穎性。

四、非專利保護客體

專利法第24條、第105條及第124條規定非專利保護之客體。申言之，不予發明專利者有：(一)動、植物及生產動、植物之主要生物學方法。但微生物學之生產方法，不在此限；(二)人類或動物之診斷、治療或外科手術方法；(三)妨害公共秩序或善良風俗者。而新型有妨害公共秩序或善良風俗者，不予新型專利。再者，不予設計專利有：(一)純功能性之物品造形；(二)純藝術創作；(三)積體電路電路布局及電子電路布局；(四)物品妨害公共秩序或善良風俗者。

五、不符充分揭露要件

發明或新型專利申請人於申請專利時，應載明發明名稱、發明創作說明、摘要及申請專利範圍或圖式。發明或新型創作說明應明確且充分揭

---

[40] 智慧財產法院107年度行專訴字第46號行政判決。

露，使發明所屬技術或技藝領域中具有通常知識者，能瞭解其內容，並可據以實施。再者，設計之說明書及圖式應明確且充分揭露，使設計所屬技藝領域中具有通常知識者，能瞭解其內容，並可據以實現。職是，違反揭露要件者，應撤銷其專利（專利法第26條、第120條、第126條）。

六、違反先申請主義

同一發明、新型或設計有二個專利申請，智慧財產局僅得就其最先申請者，准予專利（專利法第31條、第120條、第128條）。倘竟准予後申請者發明專利，顯然違反先申請主義原則，專利專責機關不應授與後申請者專利權（專利法第46條），而為撤銷專利權之事由之一，任何人均得提起舉發。

七、修正或更正逾越原申請案範圍

專利說明書、申請專利範圍或圖式之修正或更正，不得逾越申請時說明書、申請專利範圍或圖式（專利法第43條第4項、第44條第2項、第3項、第67條第2項至第4項、第120條、第133條第2項、第139條第2項至第4項）。違反規定者，專利專責機關不應將專利權授予後提起專利申請者，其應撤銷已核准之專利權，任何人均得提起舉發。

八、分割或改請逾越原申請案範圍

（一）分割逾越原申請案範圍

申請專利之發明、新型或設計，實質上為二個以上之發明或新型時，經專利專責機關通知，或據申請人申請，得為分割之申請（專利法第34條第1項、第107條第1項、第130條第1項）。分割後之申請案，不得超出原申請案申請時說明書、申請專利範圍或圖式所揭露之範圍（專利法第34條第4項、第120條、第142條第1項）。違反上揭規定，專利專責機關不應將專利權授與後提起專利申請者，其應撤銷已核准之專利權，任何人均得提起舉發（專利法第71條第1項、第119條第1項、第141條第1項）。

(二)改請逾越原申請案範圍

　　申請發明或設計專利後改請新型專利者，或申請新型專利後改請發明專利者，以原申請案之申請日為改請案之申請日（專利法第108條第1項）。改請後之申請案，不得超出原申請案申請時說明書、申請專利範圍或圖式 所揭露之範圍（第3項）。申請發明或新型專利後改請設計專利者，以原申請案之申請日為改請案之申請日（專利法第132條第1項）。改請後之申請案，不得超出原申請案申請時說明書、申請專利範圍或圖式所揭露之範圍（第3項）。違反規定者，專利專責機關不應將專利權授與後提起專利申請者，其應撤銷已核准之專利權，任何人均得提起舉發（專利法第71條第1項、第119條第1項、第141條第1項）。

九、不符合互惠原則

　　我國專利法採專利保護之互惠原則，倘他國不保護我國人民之專利，基於平等互惠之原則，我國亦無須保護該國人民（專利法第4條）。準此，違反互惠原則者，任何人均得提起舉發（專利法第71條第1項第2款、第119條第1項第2款、第141條第1項第2款）。

十、非專利申請權人

　　所謂專利申請權，指得依本法專利申請之權利（專利法第5條第1項）。原則上為鼓勵研究、創作或設計成果，僅有發明人、創作人、設計人或其受讓人或繼承人得成為研究、創作或設計成果之專利申請權人。例外情形，除專利法另有規定或契約另有約定外，第三人始得成為專利申請權人。倘非發明專利申請權人取得發明專利權，符合第71條第1項第3款、第119條第1項第3款、第141條第1項第3款規定之撤銷事由。利害關係人得向智慧財產局提起舉發，請求撤銷專利權（專利法第71條第2項、第119條第2項、第141條第2項）。

參、舉發之效力

一、舉發期限

　　專利權之舉發，原則上固應有效專利權期間為之，然專利權存續期間所形成之法律效力，不因其期滿而消滅。例外情形，係利害關係人對於專利權之撤銷有可回復之法律上利益者，得於專利權期滿或當然消滅後，提起舉發（專利法第72條）。

二、一事不再理

　　有下列情事之一，任何人對同一專利權，不得就同一事實以同一證據再為舉發：(一)他舉發案曾就同一事實以同一證據提起舉發，經審查不成立者；(二)依智慧財產案件審理法第33條規定，向智慧財產法院提出之新證據審理認無理由者（專利法第81條、第120條、第142條第1項）[41]。

三、溯及效力

　　專利權經撤銷後，有下列情形之一者，即為撤銷確定：(一)未依法提起行政救濟者；(二)經提起行政救濟經駁回確定者。專利權經撤銷確定者，專利權之效力，視為自始即不存在（專利法第82條第2項、第3項、第120條、第142條第1項）。

---

[41] 智慧財產案件審理法第33條規定：同一撤銷或廢止理由提出之新證據，智慧財產法院仍應審酌之。智慧財產專責機關就前項新證據應提出答辯書狀，表明他造關於該證據之主張有無理由。

肆、例題解析

一、例題5解析 —— 舉發撤銷之事由

(一)專利申請權為共有

甲、乙共同發明A物品，其專利申請權為共有（專利法第5條第2項）。甲未經乙同意，自行持該發明物品向智慧財產局申請物品發明專利，經核准公告專利權，乙得以利害關係人（interested party）身分，向智慧財產局提起舉發，請求撤銷專利權（專利法第71條第2項）。

(二)非利用自然法則

丙發明一種國文之教學方法，其特徵在於使學習者容易背誦唐詩三百首。因教學活動本身係有關人類之推理力及記憶力之精神活動，並非自然界固有規律所產生之技術思想之創作，其不具備技術性（technical character），其固然得提升學習者背誦詩詞之能力，然該發明並非利用自然法則，不符合發明之定義，違反專利法第21條規定。任何人均得提起舉發，請求撤銷專利權。

(三)缺乏產業上利用性

丁之申請專利範圍記載以吸收紫外線之塑膠膜包覆整個地球表面，以防止臭氧層減少，並取得方法專利。因該方法專利無法在產業上加以製造及使用，並產生積極與有益之效果，違反專利法第22條第1項規定，缺乏產業上利用性之專利要件，任何人均得提起舉發，請求撤銷專利權。

(四)不具新穎性

戊發明之省力型腳踏車之主要技術內容，為專利申請日時之先前技術所涵蓋。既然該技術內容已公開或公用而為公眾所知悉，自無再授與他人獨占或排他之專利權之必要，依據專利法第22條第1項規定，缺乏新穎性之專利要件。任何人均得提起舉發，請求撤銷專利權。

(五) 不具進步性

　　已取得省電型檯燈之發明，係其所屬技術領域中具有通常知識之製造燈具業者，依據專利申請時之先前技術所能輕易完成者。換言之，其技術內容與申請前之先前技術相比，兩者差異不大，依據專利法第22條第2項規定，缺乏進步性之專利要件，任何人均得提起舉發，請求撤銷專利權。

(六) 新穎性喪失之擬制

　　專利申請之發明，與申請在先而在其申請後始公開或公告之發明或新型專利申請所附說明書或圖式載明之內容相同者，不得取得發明專利。此為新穎性喪失之擬制。準此，B物品發明之技術內容，已為他人申請在先之專利說明書或圖式所揭露，依據專利法第23條規定，其有新穎性喪失之擬制。任何人均得提起舉發，請求撤銷專利權。

(七) 不得作為專利之標的

　　庚發明一種預防感冒之方法，其性質屬人體疾病之治療方法之範圍（專利法第24條第2款），其為專利法第24條規定之法定不授與專利標的，基於公益因素，不得作為專利之標的。任何人均得提起舉發，請求撤銷專利權。

(八) 欠缺充分揭露性之要件

　　辛發明一種數位型照相機，依據其專利說明書所揭露之技術內容，無法使製造該相關類型之業者，依據該行業領域所屬技術之通常知識，加以實施或利用，其不具備可據以實施之要求，是欠缺充分揭露性之要件，而無益促進產業之發展，違反專利法第26條規定之充分揭露性義務，專利專責機關不應授與其專利權（專利法第46條）。其為撤銷專利權之事由之一，任何人均得提起舉發。

(九) 先申請主義原則

　　同一發明有二個專利申請，智慧財產局僅得就其最先申請者，准予專利。倘竟准予後申請者發明專利，顯然違反專利法第31條規定之先申

請主義原則，專利專責機關不應授予後申請者專利權（專利法第46條第1項）。其為撤銷專利權之事由之一，任何人均得提起舉發。

（十）專利說明書之修正

專利說明書之修正，不得逾越申請時說明書、申請專利範圍或圖式所揭露之範圍之規定。倘原申請人得提出逾越申請時說明書、申請專利範圍或圖式所揭露之範圍，違反專利法第43條第2項規定，專利專責機關不應將專利權授予專利申請者，其應撤銷已核准之專利權，任何人均得提起舉發（專利法第46條第1項）。

（十一）平等互惠原則

C國不授與我國人民專利，C國人民於我國取得專利，違反專利法第71條第1項第2款規定，我國自得撤銷C國人民於我國取得之專利權，任何人均得提起舉發。

（十二）非發明專利申請權人

非發明專利申請權人取得發明專利權，符合專利法第71條第1項第3款規定之撤銷事由。利害關係人得向智慧財產局提起舉發，請求撤銷專利權（專利法第71條第2項）例如，受雇人於職務上所完成之發明、新型或設計，其專利申請權及專利權屬於雇用人，非屬實際之發明人、創作人或設計人（專利法第7條第1項）。

二、例題6解析 —— 對專利權之撤銷有可回復法律上利益

（一）專利法第72條

對專利權提起舉發程序，主張撤銷其專利權，原則應以專利權存在為前提，倘專利權因專利期限屆滿或未繳納專利年費等原因而消滅，撤銷專利權之舉發程序之客體，既已不存在，即無須再對之提起舉發程序之必要。同理，專利期間屆滿，專利權即不存在，原專利權人以專利權受侵害

為由,請求排除侵害,法院即以欠缺保護要件駁回其起訴[42]。因專利舉發程序之提起,常伴隨專利侵權訴訟而來,有時專利侵權訴訟未經判決確定,而專利權固已消滅,惟專利權是否有撤銷之事由存在,對於專利侵權之訴訟當事人而言,亦有實益。準此,專利法第72條規定,利害關係人對於專利權之撤銷有可回復之法律上利益者,得於專利權期滿或當然消滅後提起舉發。

(二) 提起民事再審救濟

新型專利權因審查專利申請之新型而核准之行政處分確定,新型專利權期限,始自申請時起算10年次日當然消滅(專利法第114條)。新型專利權消滅後,利害關係人對之舉發請求撤銷新型專利權,固無必要。惟新型專利權當然消滅前所形成之法律效果,並非隨新型專利權之消滅而一同消滅,利害關係人因新型專利權之撤銷而有可回復之法律上利益時,依據專利法第72條規定,自應許利害關係人提起舉發或續行訴訟[43]。

1.舉發不成立之行政處分

甲所有新型專利權期間自申請日起算10年屆滿,其間甲以專利侵害為由,對乙提出民事訴訟,而乙於訴訟前檢具相關資料提起舉發(專利法第119條第2項)[44]。兩造涉訟逾10年,專利侵權事件之民事判決業經確定在

---

[42] 臺灣高等法院臺中分院88年度上易字第90號民事判決。

[43] 大法官釋字第213號解釋:行政處分因期間之經過或其他事由而失效者,如當事人因該處分之撤銷而有可回復之法律上利益時,仍應許其提起訴訟或續行訴訟。最高行政法院92年度判字第1648號行政判決:按新型專利權因審查申請專利之新型而核准之行政處分確定始自申請時發生,於專利權期滿之次日當然消滅。新型專利權消滅後,利害關係人對之舉發請求撤銷新型專利權,雖無必要;惟新型專利權當然消滅前所形成之法律效果,如非隨新型專利權之消滅而一同消滅,利害關係人亦因新型專利權之撤銷而有可回復之法律上利益時,因專利法對於舉發期間別無限制之規定,除因基於誠信原則不許再行舉發而生失權效果外,仍應許利害關係人提起舉發,進而爭訟。

[44] 最高行政法院82年度判字第1351號行政判決:舉發人向智慧財產局提出舉發

案。專利專責機關審查舉發結果，以本件新型專利權已屆滿失效，且本件專利權所致損害賠償之民事訴訟，業經終審法院判決而有不可廢棄性之確定力，認定乙已無因系爭專利權之撤銷而有可回復法律上利益可言，而為舉發不成立之行政處分。

2.判決確定以核准專利權之處分為判決基礎

因本件專利侵權之民事事件，係甲以乙侵害其所有新型專利權提起訴訟而發生，該民事事件業經判決確定，認定乙確有侵害新型專利權之事實。而乙提起本件舉發時，尚無民事事件繫屬法院中，倘該民事確定判決有法定再審事由，自得以再審之訴推翻。該民事確定判決已認定乙有侵害新型專利權之事實，係以新型專利權發生效力為前提，是確定判決係以核准新型專利權之行政處分為判決基礎。新型專利權因舉發而被撤銷確定，即為判決基礎之行政處分，依其後之確定行政處分而已變更，依據民事訴訟法第496條第1項第11款規定，乙得於法定期間內（民事訴訟法第500條第1項、第2項）。對上開民事確定判決提起再審之訴，行使其訴訟救濟權，以推翻所受不利益之判決。職是，乙主張其就系爭專利權之撤銷，有可回復之法律上利益，倘該新型專利經舉發撤銷確定，乙自得以新型專利不存在為事由，對該確定之民事判決提起再審之訴，主張其未侵害甲之新型專利權，不負損害賠償責任[45]。

三、例題7解析——單獨提起更正處分

准予更正之處分，已宣告於審定主文之中，即為單獨之行政處分，自應允許舉發人單獨就之提起行政救濟，縱使舉發人已因舉發成立之審定結果達成其舉發目的者。倘不許舉發人單獨就之提起行政救濟，則專利權人就舉發成立之審定為行政救濟，獲撤銷原處分發回重新審查之結果時，有

時，應就有無效或撤銷新型專利權之情事，負舉證責任。
[45] 最高行政法院90年度判字第1085號行政判決。

使舉發人就更正事項部分，喪失爭執救濟機會之可能[46]。

伍、相關實務見解─判斷進步性要件

進步性之判斷係以先前技術為基礎，在產業之原有技術基礎，判斷專利申請案是否具有進步性，其重點在於專利之發明或創作與先前技術之差異，是否容易達成。在認定其差異時，應就專利申請案之發明或創作為整體判斷，而非其構成要件分別考慮之。換言之，判斷是否符合進步性要件，並非就專利申請案之發明或創作之各個構成要件，逐一與先前技術加以比較，而係就申請專利範圍之每項請求項所載發明或創作整體判斷，審視其所屬技術領域中具有通常知識之人或熟習該項技術者，是否依先前技術顯而易知，或依據申請前之先前技術所能輕易完成者。故判斷是否具備進步性，得以一份或多份引證文件組合判斷，其與新穎性採單一文件認定方式，顯有差異[47]。

---

[46] 司法院，司法院102年度智慧財產法律座談會提案，2013年5月，頁59至60。
[47] 智慧財產法院104年度行專訴字第25號行政判決。

第三章　專利訴願

　　專利訴願係憲法第16條賦予人民之基本權利，係人民認為智慧財產局就專利案件所作成之行政處分，有違法或不當者，導致其權利或利益受損害時，請求智慧財產局或經濟部審查該行政處分之合法性與正當性，並為一定決定之權利。準此，專利訴願之目的，係藉由專利主管機關與專利專責機關之行政自我控制，作為司法審查前之先行程序（專利法第3條）。

第一節　專利訴願事件

　　專利行政爭訟制度有專利訴願與專利行政訴訟程序，而專利行政救濟程序，除專利訴願與專利行政訴訟程序外，亦涵蓋訴願前之先行程序，即再審查與舉發程序（專利法第48條本文、第71條第1項、第119條第1項、第141條第1項）。專利訴願事件會因智慧財產局是否作成行政處分而有所區別，有行政處分之案件，訴願人依據訴願法第1條規定，提起積極行政處分之訴願；反之，無行政處分之案件，訴願人依據訴願法第2條規定，提起怠為行政處分之訴願。依據專利訴願之決定內容，有撤銷訴願與課予義務訴願兩種類型。

第一項　積極專利處分之訴願

　　人民對於中央或地方機關之行政處分，認為違法或不當，致損害其權利或利益者，得依本法提起訴願（訴願法第1條第1項本文）。專利權人或舉發人對於智慧財產局所為之行政處分，得依據訴願法第1條第1項本文提起訴願之類型，可分不予專利處分、舉發成立處分、舉發不成立之處分。

例題1

　　甲公司於2019年1月14日向智慧財產局申請就乙公司申請「利用X光脈衝啟動電燈之裝置與方法」發明專利案為實體審查，智慧財產局以該專利申請之乙公司已於2018年5月30日申請實體審查在案，認為申請實體審查之事實已刊載於專利公報，甲公司已知悉有申請實體審查之事實，該發明專利案已進行實體審查，自無重複提起之實益[1]。智慧財產局乃於2019年3月31日作成實體審查申請應不予受理之處分，並將該專利處分送達予甲公司。試問甲公司應如何救濟？理由為何？

壹、不予專利處分

　　發明與設計專利之審查與再審查程序，經濟部智慧財產局均有可能作成不予專利之處分，倘申請人對於不予專利之處分有不服者，得提出訴願救濟之。不予專利之事由有不予受理事由、駁回事由、不予審定事由。

一、申請案不予受理或駁回

(一) 發明或新型專利申請

1. 申請程序不合法

　　申請人為有關專利之申請及其他程序，延誤法定或指定之期間，應不受理。除非遲誤指定期間在處分前補正者，仍應受理（專利法第17條第1項）。申請發明專利之說明書、申請專利範圍及必要圖式以外文本提出，且於專利專責機關指定期間內補正中文本者，以外文本提出之日為申請日（專利法第25條第3項）。未於指定期間內補正中文者，申請案不予受理。除非在處分前補正者，以補正之日為申請日（第4項）。新型專利之

---

[1] 經濟部智慧財產局，專利法逐條釋義，2005年3月，頁111。

申請程序亦同（專利法第106條第3項、第4項）。因申請發明專利程序不合法而不受理或駁回者，得逕依法提起訴願（專利法第48條但書）。

2.申請人不適格

申請人不適格之情形：(1)非發明或新型專利申請權人（專利法第5條、第7條、第8條）；(2)發明或新型專利申請權為共有者，非由全體共有人提出申請（專利法第12條第1項）。因申請發明或新型專利人不適格而不受理或駁回者，得逕依法提起訴願（專利法第48條但書）。

3.形式審查

因新型專利採形式審查制，故形式審查之範圍，儘量限縮於明顯不符合新型專利權保護目的之事項，即專利法第105條、第112條規定之內容為主。申言之：(1)第112條第1款之申請標的適格性；(2)第2款之妨害公共秩序或善良風俗；(3)第3款之說明書或圖式記載；(4)第4款之單一性；(5)第5款之充分揭露原則；(6)第6款之修正原則。

(二)設計專利申請

1.申請程序不合法

申請設計專利人為有關專利之申請及其他程序，延誤法定或指定之期間，應不受理。而延誤指定期間在處分前補正者，仍應受理（專利法第17條第1項）。申請設計專利之圖說以外文本提出，且於專利專責機關指定期間內補正中文本者，以外文本提出之日為申請日；未於指定期間內補正者，申請案不予受理。而在處分前補正者，以補正之日為申請日（專利法第125條第3項、第4項）。因申請設計專利程序不合法而不受理或駁回者，得逕依法提起訴願（專利法第142條第1項準用第48條）。

2.申請人不適格

申請人不適格之情形：(1)非設計專利申請權人（專利法第5條、第7條、第8條）；(2)設計專利申請權為共有者，非由全體共有人提出申請（專利法第12條第1項）。因申請設計專利人不適格而不受理或駁回者，得逕依法提起訴願（專利法142條第1項準用第48條）。

二、不予專利之審定

(一)發明專利申請

　　發明專利申請案違反第21條之發明定義、第22條之產業利用性、新穎性、進步性、第23條之擬制新穎性、第24條之非發明專利保護客體、第26條之揭露原則、第30條第1項與第2項之生物材料寄存、第31條之先申請主義、第33條之一發明一申請或第43條第2項之修正內容逾越原申請案範圍等規定，應為不予發明專利之審定（專利法第46條）。

(二)新型專利申請

　　新型專利申請案違反第104條之新型定義、第105條之妨害公序良俗、第26條之揭露方式、第33條之單一原則、第112條第5款之揭露原則、第112條第6款之修正原則等規定，應不予新型專利之審定（專利法第112條）。

(三)設計專利申請

　　設計專利申請案違反第121條之設計定義、第122條之產業利用性、新穎性、創作性、第123條之擬制新穎性、第124條之非設計專利保護客體、第126條之揭露原則、第128條之先申請主義、第129條第之單一原則或第139條之修正內容逾越原申請案範圍等規定，應為不予設計專利之審定（專利法第134條）。

貳、舉發成立或不成立之處分

　　任何人或利害關係人依據專利法第71條、119條及第141條規定之舉發（file an invalidation action），專利專責機關於舉發審查時，應指定未曾審查原案之專利審查人員審查，不論舉發成立或不成立，均須並作成審定書，送達專利權人及舉發人（專利法第79條、第120條、第142條第1項）。

一、舉發成立之處分

　　智慧財產局所作成之舉發成立處分，其法律效果導致損害專利權人之權利，專利權人可依據訴願法第1條第1項本文提起訴願之行政救濟，請求經濟部撤銷舉發成立之處分，其性質為撤銷訴願（訴願法第81條）。

二、舉發不成立之處分

　　智慧財產局所作成之舉發不成立處分，其法律效果導致損害舉發人之權利或利益，舉發人可依據訴願法第1條第1項本文提起訴願之行政救濟，請求經濟部撤銷舉發不成立之處分，另為舉發成立之處分，其兼具撤銷訴願與課予義務訴願之性質（訴願法第81條）。

參、例題解析─申請發明專利案實體審查

　　任何人自發明專利申請日起3年內，均得向智慧財產局申請實體審查（專利法第38條第1項）。智慧財產局應將申請審查之事實，刊載於專利公報（專利法第39條第2項）。準此，專利法並未禁止任何人同時或先後提起重複申請實體審查之明文規定[2]。甲公司於2019年1月14日向智慧財產局申請就乙公司申請「利用X光脈衝啟動電燈之裝置與方法」發明專利案為實體審查，智慧財產局以該專利申請之乙公司已於2018年5月30日申請實體審查在案為由，而於2019年3月31日作成實體審查申請應不予受理之處分，並將該專利處分送達甲公司。揆諸前揭說明，智慧財產局所為實體審查應不受理之處分，其於法未合，甲公司得於收受該專利處分之次日起30日內提起專利訴願（訴願法第14條第1項）。經濟部應以智慧財產局違反專利法第38條第1項規定，自創法無明文之限制予以否准，作成訴願有理由之決定，將原專利實體審查不予受理之處分撤銷，由智慧財產局於收受專利訴願決定書後一定期間內重新審酌後，另為適法之處理（訴願法第

---

[2]　經濟部2004年11月9日經訴字第09306229680號訴願決定書。

81條第1項本文、第2項）。

第二項　怠為專利處分之訴願

　　人民因中央或地方機關對其依法申請之案件，於法定期間內應作為而不作為，認為損害其權利或利益者，亦得提起訴願（訴願法第2條第1項）。前開期間，法令未規定者，自機關受理申請之日起為2個月（第2項）。智慧財產局對於人民依專利法申請或舉發之案件，不論其申請類型或舉發事由為何，均負有作出准駁或成立與否之決定義務，倘怠為專利處分，申請人或舉發人即可依據訴願法第2條第1項規定，提起訴願加以救濟。

例題2

　　A公司以「變速腳踏車」發明專利案，向智慧財產局申請專利，經智慧財產局作成核准專利審定處分在案，同業B公司以A公司其所屬技術領域，具有通常知識之腳踏車製造業者，依據專利申請時之先前技術所能輕易完成者，缺乏進步性之專利要件，據此向智慧財產局提起舉發。智慧財產局審定結果，認為「變速腳踏車」發明專利之技術內容與申請前之先前技術相比，擁有突出之技術特徵，非熟悉該項技術者所顯而易知者，其具有進步性，故作成舉發不成立之處分。嗣後同業C公司以不同事實與不同證據，提起舉發，智慧財產局發函通知C公司，謂前有舉發不成立處分，無重為審查之必要等語。試問C公司應如何救濟？理由為何？

壹、課予義務訴願

　　智慧財產局對於人民依法申請或舉發之專利案件，均負有作出核准審定、核駁審定、舉發成立或舉發不成立等決定義務，倘怠為專利處分，係對申請或舉發案件應作為而不作為，申請人或舉發人即可依據訴願法第2條第1項規定，提起訴願請求智慧財產局為一定之專利處分，其屬課予義

務訴願類型（訴願法第82條）。

貳、專利案件之辦理期間

行政機關對於人民依法規之申請，除法規另有規定外，應按各事項類別，訂定處理期間公告之（行政程序法第51條第1項）。未依前項規定訂定處理期間者，其處理期間為2個月（第2項）。行政機關未能於前2項所定期間內處理終結者，得於原處理期間之限度內延長之，但以1次為限（第3項）。準此，智慧財產局有制定專利各項申請案件處理時限表，如表1-3-1所示[3]。

表1-3-1

序號	事項類別	處理期間
1	發明申請案初審計13項	18至36個月
2	發明申請優先審查	10個月
3	電機、化工案件之再審查	36個月
4	機械、日用品類案件之再審查	12個月
5	特許實施發明專利權	24個月
6	廢止特許實施發明專利權	18個月
7	發明專利特許實施補償金之核定	6個月
8	發明專利權延長申請	12個月
9	新型申請案	6個月
10	一般新型專利技術報告	12個月
11	有非專利權人為商業上實施之新型專利技術報告	6個月
12	設計申請案初審	12個月

---

[3] 專利各項申請案件處理時限表於2008年1月10日修正，並於同日施行。處理時限自收文日起算，但通知補正、申復、答辯期間或因其他正當事由緩辦之期間不計算在內。http://www.tipo.gov.tw/ch/AllInOne_Show.aspx?path=818&guid=d0896463-61d2-4ed0-ad0d-0454d7ef27ca&lang=zh-tw. 智慧財產局網站，2008年10月23日參閱。

表1-3-1（續）

序號	事項類別	處理期間
13	設計申請案再審查	6個月
14	舉發案件	15個月
15	舉發案件優先審查	6個月
16	更正申請專利範圍、說明書、圖式、圖說	6個月
17	專利權異動登記─讓與、授權實施、設定質權、信託登記	20日
18	取得專利權後各項變更登記	20日
19	核發英文證明書	20日
20	核發專利代理人證書之快辦案件	1日
21	核發專利代理人證書之一般案件	20日
22	核發優先權證明書文件之快辦案件	1日
23	核發優先權證明書文件之一般案件	20日

參、例題解析─舉發案之事實與證據不同

　　B公司前以A公司「變速腳踏車」發明專利，缺乏進步性為由（專利法第22條第2項）。向智慧財產局提起舉發，經審定結果，認為「變速腳踏車」發明專利之技術內容具有進步性，作成舉發不成立之處分。嗣後C公司以不同事實與不同證據，提起舉發，並無一事不再理之適用（專利法第81條第1款）。智慧財產局應審查C公司提出之新事實與新證據，以認定舉發是否成立（專利法第79條）。依據智慧財產局制定專利各項申請案件處理時限表，處理專利舉發期間為15個月，倘智慧財產局於前開期間未作成舉發成立或不成立處分，C公司得以智慧財產局怠為專利處分為由，依據訴願法第2條第1項規定，提起訴願加以救濟。

第二節　專利訴願制度

　　專利訴願制度之目的，在於矯正智慧財產局所為違法或不當之專利處分，以保護人民之權利或利益，以貫徹依法行政之本旨。專利訴願依據訴

願法所定程序為之，其屬形式化之行政救濟[4]。

第一項　專利訴願之要件

訴願法第1條與第2條規定，為提起專利訴願之要件，前者為積極專利處分之訴願要件，須有行政處分存在；後者為怠為專利處分之訴願要件，應作成行政處分而不作為。

例題3

發明專利權人甲之第2年年費，未於屆期前繳納，亦未於期滿6個月內補繳之，導致甲之發明專利權消滅，智慧財產局發函通知甲，謂甲之發明專利權消滅等語。試問甲得否提起訴願救濟？理由為何？

壹、積極專利處分之訴願要件

一、須為智慧財產局之專利處分

智慧財產局所為不予專利處分、舉發成立處分及舉發不成立之處分，均屬訴願法第3條與行政程序法第92條所稱之行政處分，係智慧財產局就具體專利申請或提起舉發案件，依據專利法規定所為公法上之決定，而對外直接發生法律效果之單方行政行為。例如，發明專利案核駁審定（專利法第46條）、撤銷延長發明專利權之期限（專利法第57條）、撤銷發明專利權（專利法第71條第1項）、專利申請日或優先權之認定（專利法第25條、第27條至第29條、第125條、第142條第1項）、申請面詢或修正說明書、申請專利範圍或圖式之核駁（專利法第42條、第43條、第139條）[5]。

---

[4]　李震山，行政法導論，三民書局股份有限公司，1999年10月，頁413。
[5]　最高行政法院93年度判字第22號、第122號、第442號行政判決。

至於智慧財產局所為之單純事實敘述或理由說明，非屬專利處分，不得提起專利訴願[6]。例如，核駁理由先行通知書（專利法第46條第2項）、專利權消滅通知（專利法第70條）。

二、專利處分有違法或不當

所謂專利處分有違法或不當，係指專利處分有應予撤銷之瑕疵。詳言之：(一)所謂專利處分違法，係指其欠缺合法要件而言；(二)所謂專利處分不當者，係指專利處分雖非違法，惟不合目的性。專利申請人、專利權人或舉發人僅要主觀上認為專利處分違法或不當，即可提起訴願。至於專利處分是否有違法或不當處，其屬訴願有無理由之決定。

三、須損害權利或法律上利益

專利處分須有權利或法律上利益受有損害，始得提起專利訴願，否則欠缺權利保護要件[7]。專利申請人、專利權人或舉發人僅要主觀上認為專利處分有損害其權利或法律上利益，即可提起訴願。至於是否確有損害其權利或利益，係實體上應審究之事項[8]。所謂損害其權利或法律上利益，係指專利處分所生之具體效果，直接損害其權利或法律上利益而言[9]。專利處分與損害結果間，具有直接因果關係。

四、須專利法無特別規定

專利申請人、專利權人或舉發人對於智慧財產局之專利處分，認為違法或不當，致損害其權利或利益者，得依本法提起訴願。但專利法另有規定者，從其規定（訴願法第1條第1項）。例如，依據專利法第57條第1項、第71條、第119條、第141條規定，對於核准專利之處分不服者，應先

---

[6] 最高行政法院44年度判字第18號、50年度判字第46號行政判決。

[7] 大法官釋字第469號解釋。

[8] 最高行政法院69年度判字第234號行政判決。

[9] 最高行政法院48年度判字第67號行政判決。

提起舉發，倘智慧財產局作成舉發不成立處分，舉發人不服該處分者，始得提起訴願。

貳、怠為專利處分之訴願要件

一、須智慧財產局怠為專利行政處分

經濟部智慧財產局怠為專利行政處分，僅限於專利申請人、專利權人或舉發人對智慧財產局依專利法申請或舉發之案件，並不含智慧財產局應依職權辦理之專利事項。例如，智慧財產局依職權撤銷專利權（專利法第71條第1項、第119條第1項、第141條第1項）。

二、須損害權利或法律上利益

專利申請人、專利權人或舉發人僅要主觀上認為智慧財產局怠為專利處分，致有損害其權利或法律上利益，即可提起訴願。至於是否確有損害其權利或利益，其屬訴願有無理由之決定。

三、須專利法無特別規定

專利申請人、專利權人或舉發人對於智慧財產局怠為專利處分，認為違法或不當，致損害其權利或利益者，得依本法提起訴願。但專利法另有規定者，從其規定（訴願法第1條第1項）。例如，專利申請人不得對不予發明專利之初審處分提起訴願，僅得針對再審查後，仍不予專利之審定提起訴願（專利法第48條本文）。

參、例題解析—專利權消滅通知

發明專利第2年以後之專利年費，未於應繳納專利年費之期間內繳費者，得於期滿後6個月內補繳之。其專利年費之繳納，除原應繳納之專利年費外，應以比率方式加繳專利年費（專利法第94條第1項）。前開以比

率方式加繳專利年費,指依逾越應繳納專利年費之期間,按月加繳,每逾1個月加繳20%,最高加繳至依規定之專利年費加倍之數額;其逾繳期間在1日以上1個月以內者,以1個月論(第2項)。第2年以後之專利年費未於補繳期限屆滿前繳納者,發明專利權自原繳費期限屆滿後消滅(專利法第70條第1項第3款)。發明專利人甲未於屆期前繳納,亦未於期滿6個月內補繳第2年年費,導致甲之發明專利權消滅。智慧財產局雖有通知甲有關專利權消滅之事實,然其所為專利權消滅通知,僅屬單純之意思通知,而非專利處分,甲不得提起訴願救濟。再者,專利權人非因故意,未於第94條第1項所定期限補繳者,得於期限屆滿後1年內,申請回復專利權,並繳納3倍之專利年費後,由專利專責機關公告之(專利法第70條第2項)。甲自得該核駁申請回復專利權之處分,提起訴願救濟。

肆、相關實務見解─設計專利舉發事件

專利人前以「棘齒輪」向經濟部智慧財產局申請設計專利,經審查後,准予專利,並發給設計專利證書在案。第三人嗣於2018年4月11日以專利之申請專利範圍,違反核准時專利法第122條第2項規定,不符設計專利要件,對之提起舉發。案經智慧財產局審查後,作成舉發成立,應予撤銷准予專利行政處分。專利權人不服智慧財產局之處分,自得提起訴願救濟[10]。

第二項　訴願人與受理訴願機關

我國專利訴願管轄採上級管轄原則,應由智慧財產局之上級機關,即經濟部為受理專利訴願之機關。凡得依專利法規定提出申請之人,倘因智慧財產局之專利處分違法或不當,致損害其權利或法律上利益,均可提起訴願。

---

[10] 智慧財產法院104年度行專訴字第111號行政判決。

例題4

甲以「加熱抽氣型組合乾燥機」向智慧財產局申請發明專利，經智慧財產局作成核准專利審定處分，乙以甲之發明專利不具進步性要件為由，對專利處分提起舉發，智慧財產局認為無舉發事由，作成舉發不成立之處分，試問乙不服提起訴願。試問經濟部是否得通知發明專利權人甲參加本件專利訴願？理由為何？

壹、專利訴願人

自然人、法人、非法人之團體或其他受行政處分之相對人及利害關係人，均具有專利訴願當事人能力或資格，得提起專利訴願（訴願法第18條）[11]。至於具體專利訴願事件，是否具有專利訴願之當事人適格，應視其是否為專利處分之相對人或利害關係人而定，能獨立以法律行為負義務者，有訴願能力（訴願法第19條）。無訴願能力人，應由其法定代理人代為訴願行為（訴願法第20條第1項）。地方自治團體、法人、非法人之團體應由其代表人或管理人為訴願行為（第2項）。關於訴願之法定代理，依民法規定（第3項）。具有專利訴願能力，為訴願之合法要件，受理專利訴願之經濟部，應依職權調查[12]。

---

[11] 行政程序法第18條規定：有行政程序之當事人能力者如下：1.自然人；2.法人；3.非法人之團體設有代表人或管理人者；4.行政機關；5.其他依法律規定得為權利義務之主體者。

[12] 最高法院43年度台抗字第99號民事裁定。

貳、專利訴願參加

一、利害關係相同

　　有與專利訴願人利害關係相同之人，由經濟部允許，得為專利訴願人之利益參加訴願。經濟部認有必要時，亦得通知其參加訴願（訴願法第28條第1項）。例如，發明專利被授權人、發明專利質權人與專利權人之利害關係相同（專利法第62條），因發明專利權人非經被授權人或質權人之同意，不得拋棄專利權，或就第67第1項第1款之刪除請求項或第2款之減縮申請專利範圍為更正之申請（專利法第69條第1項），是被授權人或質權人可參加專利訴願。申請參加訴願應以書面提出，供經濟部審酌（訴願法第29條）。再者，專利訴願決定對於參加人亦有效力，經濟部已通知其參加或允許其參加而未參加者，亦為專利訴願決定之效力所及（訴願法第31條）。

二、原專利處分撤銷或變更足以影響權益

　　專利訴願決定因撤銷或變更原處分，足以影響第三人權益者，經濟部應於作成專利訴願決定之前，通知其參加專利訴願程序，表示意見（訴願法第28條第2項）。例如，舉發撤銷他人專利權之案件（專利法第71條、第119條、第141條）。倘專利處分撤銷或變更，其足以影響他舉發人或被舉發專利權人之權利，是經濟部得依職權通知他舉發人或專利權人參加專利訴願程序。

參、專利訴願代理人與輔佐人

一、專利訴願代理人

　　所謂專利訴願代理人，係指依專利訴願人或參加人之授權，以專利訴願人或參加人之名義，為專利訴願行為與受專利訴願行為之第三人。專利訴願人或參加人得委任代理人進行訴願，是專利訴願代理人制度，係採任

意訴願代理主義或本人訴願主義。每一專利訴願人或參加人委任之訴願代理人，不得超過3人（訴願法第32條）。專利訴願代理人之資格如後：(一)律師；(二)依法令取得與訴願事件有關之代理人資格者；(三)具有該訴願事件之專業知識者；(四)因業務或職務關係為訴願人之代理人者；(五)與訴願人有親屬關係者（訴願法第33條第1項）。前項第3款至第5款之專利訴願代理人，經濟部認為不適當時，得禁止之，並以書面通知專利訴願人或參加人，經濟部應依職權調查專利訴願代理人之權限範圍。例如，普通權限之專利訴願代理人或特別權限之專利訴願代理人（訴願法第35條）。

二、專利訴願輔佐人

因專利訴願案件具有高度之技術性與專業性，非訴願人、參加人或一般訴願代理人所能知悉與瞭解，為使專利訴願程序得順利進行，由輔佐人輔佐專利訴願人、參加人或代理人為專利訴願上之陳述。訴願人、參加人或訴願代理人經受理訴願機關之許可，得於期日偕同輔佐人到場（訴願法第41條第1項），受理訴願機關認為必要時，亦得命訴願人、參加人或訴願代理人偕同輔佐人到場（第2項）。前2項之輔佐人，受理訴願機關認為不適當時，得廢止其許可或禁止其續為輔佐（第3項）。輔佐人到場所為之陳述，訴願人、參加人或訴願代理人不即時撤銷或更正者，視為其所自為（訴願法第42條）。

肆、受理專利訴願機關

不服中央各部、會、行、處、局、署所屬機關之行政處分者，向各部、會、行、處、局、署提起訴願（訴願法第4條第6款）。專利法之主管機關為經濟部（專利法第3條第1項）。專利業務，由經濟部指定專責機關辦理（第2項）。經濟部係指定其所屬之智慧財產局辦理，故對智慧財產局所為之專利處分不服者，應以經濟部為受理訴願之機關。再者，有鑑於人民對訴願制度並非熟悉，故專利訴願人誤向經濟部或智慧財產局以外之

機關作不服原專利處分之表示者，視為自始向經濟部提起訴願（訴願法第61條第1項）。前開收受之機關應於10日內將該事件移送於智慧財產局，並通知專利訴願人（第2項）。

伍、例題解析—專利訴願參加

專利訴願決定因撤銷或變更原處分，足以影響第三人權益者，經濟部應於作成專利訴願決定之前，通知其參加專利訴願程序，表示意見（訴願法第28條第2項）。甲取得「加熱抽氣型組合乾燥機」之發明專利，乙以甲之發明專利不具進步性要件為由，對該專利處分提起舉發，智慧財產局認為無舉發事由，作成舉發不成立之處分，乙不服提起訴願，因專利訴願決定有撤銷或變更舉發不成立處分，足以影響發明專利權人甲之權利，經濟部得通知發明專利權人甲參加本件專利訴願，表示意見，以協助發現事實，作成正確決定，並維護甲之權益。

陸、實務相關見解—第三人之範圍

訴願程序為行政救濟程序之一環，屬特殊之行政程序，訴願法第28條第2項之第三人，係依據人民申請作成之專利行政處分，倘有申請人以外之人不服處分而提起訴願，致原專利申請人之權益受撤銷或變更原處分之訴願決定影響時，原專利申請人為訴願程序之第三人[13]。

第三項　提起專利訴願之程序

不服專利處分提起專利訴願，訴願人應於訴願法第14條規定之法定不變期間，依據訴願法第56條規定檢具訴願書，得向智慧財產局或經濟部提起訴願。

---

[13] 行政院法規委員會2010年6月25日處會規字第0990034988函。

例題5

甲之「可定位之中央處理器插座結構」新型專利，遭他人以不具新穎性要件為由，向智慧財產局提起舉發，經審定結果作成舉發成立之處分，甲之代理人於2021年3月1日收受該審定書，該代理人之住所位於臺北市，甲不服提出訴願，訴願書於2021年4月10日送達智慧財產局，甲之代理人於訴願書中主張其於2021年3月20日曾於電話向經濟部承辦人表示不服。試問經濟部應如何作成訴願決定？依據為何？

壹、提起專利訴願之期間[14]

一、法定不變期間

（一）專利處分達到或公告期滿之次日起30日內

專利訴願之提起，應自專利處分達到或公告期滿之次日起30日內為之（訴願法第14條第1項）。該30日為法定不變期間。利害關係人提起專利訴願者，前項期間之計算，自知悉時起算，利害關係人對於何時知悉專利處分，應負證明責任[15]。但自行政處分達到或公告期滿後，已逾3年者，不得提起（第2項）。專利訴願之提起，以智慧財產局或經濟部收受訴願書之日期為準（第3項）。專利訴願人誤向智慧財產局或經濟部以外之機關，提起專利訴願者，以該機關收受之日，視為提起專利訴願之日（第4項）。

（二）應於30日內補送訴願書

訴願人在第14條第1項所定期間，向經濟部或智慧財產局作不服原專利處分之表示者，雖視為已在法定期間內提起訴願，然應於30日內補送訴

---

[14] 訴願法第17條規定：期間之計算，除法律另有規定外，依民法之規定。

[15] 最高行政法院45年度判字第58號、55年度判字第316號行政判決。

願書（訴願法第57條）。例如，專利處分之訴願人曾向智慧財產局陳情，已有不服之表示，當有法定不變期間之遵守[16]。

二、扣除在途期間

　　專利訴願人不在經濟部所在地住居者，計算法定期間，應扣除其在途期間。但有專利訴願代理人住居智慧財產局或經濟部所在地，得為期間內應為之訴願行為者，不扣除在途期間（訴願法第16條第1項）。前項扣除在途期間辦法，由行政院定之（第2項）。公司提起專利訴願之情形，應以其主事務所認定有無扣除在途期間之適用，不以代表人或負責人之住居所為據（公司法第3條）。

貳、回復原狀

　　專利訴願人因天災或其他不應歸責於己之事由，致遲誤第14條之訴願期間者，而於其原因消滅後10日內，得以書面敘明理由向受理訴願機關申請回復原狀。但遲誤訴願期間已逾1年者，不得為之（訴願法第15條第1項）。例如，延誤申請再審查之2個月法定不變期間（專利法第48條本文）。向智慧財產局申請回復原狀，應同時補行期間內應為之申請行為與訴願行為（專利法第17條第2項、第3項；訴願法第15條第2項）。

參、訴願之程序

一、受理訴願書機關

（一）智慧財產局

　　專利訴願人應繕具訴願書，經由智慧財產局向經濟部提起訴願（訴

---

[16] 最高行政法院81年度判字第58號行政判決。

願法第58條第1項）。智慧財產局對於專利訴願應先行重新審查原專利處分是否合法妥當，其認專利訴願為有理由者，得自行撤銷或變更原專利處分，其具有自我省察之功能，智慧財產局並將結果陳報經濟部（第2項）。智慧財產局不依專利訴願人之請求撤銷或變更原專利行政處分者，應儘速附具答辯書，並將必要之關係文件，送於經濟部（第3項）。智慧財產局檢卷答辯時，應將答辯書抄送專利訴願人（第4項）。使專利訴願人即時知悉智慧財產局之答辯內容，賦予補充專利訴願理由之機會，以保障專利訴願人之權益。

(二)經濟部

專利訴願人向經濟部提起專利訴願，經濟部應將訴願書影本或副本送交智慧財產局依58條第2項至第4項規定辦理（訴願法第59條）。經濟部為智慧財產局之上級行政機關，可藉由專利訴願制度，行使對下級機關之監督權。

二、訴願書記載事項

專利訴願不得以口頭代替訴願書，其為要式行為[17]。是提起積極專利處分之訴願，應具訴願書，載明下列事項，由訴願人或代理人簽名或蓋章：(一)訴願人；(二)訴願代理人者；(三)智慧財產局；(四)專利訴願請求事項；(五)專利訴願之事實及理由；(六)收受或知悉專利處分日；(七)經濟部；(八)證據為文書者，應添具繕本或影本；(九)作成訴願書之年月日（訴願法第56條第1項）。訴願應附專利處分書影本（第2項），提起怠為專利處分之訴願，應載明應為專利處分之智慧財產局、提出申請日，並附原申請書之影本及智慧財產局收受證明（第3項）。

---

[17] 張自強、郭介恆，訴願法釋義與實務，瑞興圖書股份有限公司，2002年2月，頁215。

肆、例題解析—逾法定不變期間提起訴願

一、專利訴願代理人住居於智慧財產局所在地

　　專利訴願之提起，應自專利處分達到之次日起30日內為之（訴願法第14條第1項）。專利訴願之提起，以智慧財產局或經濟部收受訴願書之日期為準（第3項）。專利訴願代理人住居於智慧財產局所在地，得為期間內應為之訴願行為者，計算法定期間不扣除在途期間（訴願法第16條第1項）。甲之新型專利，經第三人以不具新穎性要件為由，向智慧財產局提起舉發，經審定結果作成舉發成立之處分，甲之代理人於2021年3月1日收受該審定書，甲之代理人住所與智慧財產局所在地均為臺北市，甲不服提出訴願之法定期間，並無在途期間可資扣除，故自2021年3月2日起算30日，甲應於2021年3月31日前提出訴願，始符合法定程序。因甲之訴願書遲至2021年4月10日始送達智慧財產局，已逾30日之法定不變期間，該專利訴願之程序不合法，經濟部應為不受理之決定，無須審究實體部分（訴願法第77條第2款前段）。

二、代理人之舉證責任

　　訴願人在第14條第1項所定期間向經濟部或智慧財產局作不服原專利處分之表示者，視為已在法定期間內提起訴願（訴願法第57條本文）。至於甲之代理人雖於訴願書主張其於2021年3月20日曾於電話向經濟部承辦人表示不服，倘甲無法舉證證明其有不服事實，自不能僅憑事後所提出之訴願書主張，認為其主張之事實為真實[18]。

---

[18] 最高行政法院36年度判字第16號、39年度判字第2號行政判決：當事人主張事實須負舉證責任，倘其所提出之證據不足為主張事實之證明，自不能認其主張之事實為真實。最高行政法院80年度判字第1730號行政判決：主張積極事實者就該事實負有舉證責任，此為舉證責任分配之原則，倘主張積極事實者不能立證，即應推定該事實並不存在。

伍、相關實務見解—補送訴願書之期間

　　甲於收受智慧財產局否准專利申請之處分後，先提出之存證信函並未載明訴願意旨，存證信函雖非訴願書，惟依訴願法第57條規定，可視為已在法定期間內提起訴願，依同條但書規定，甲應於30日內補送訴願書，訴願管轄機關經濟部毋庸依訴願法第62條規定命甲補正。甲向經濟部提出訴願書，倘逾前揭30日補送訴願書之期間，經濟部應以訴願不合法，依訴願法第77條第2款規定，為不受理之決定[19]。

第四項　專利訴願之審理

　　經濟部對於專利訴願應先為程序之審查，有程序不合而其情形可補正者，應酌定相當期間，通知專利訴願人補正。其無不應受理之情事者，進而為實體之審理[20]。

例題6

　　甲以「電漿蝕刻電極」向智慧財產局申請發明專利，經智慧財產局作成核准專利審定處分。甲嗣後以申請專利範圍與說明書有誤記事項為由，申請更正專利說明書，經智慧財產局審查結果，作成不准更正之處分。試問甲應如何救濟？依據為何？

壹、審理方式

一、原　則

　　專利訴願程序雖屬專利行政救濟之一環，惟本質為行政程序，故專利

---

[19] 96年度高等行政法院法律座談會紀錄，2007年4月，頁87至100。
[20] 李震山，行政法導論，三民書局股份有限公司，1999年10月，頁430。

訴願審理採書面審理為原則,專利訴願就書面審查決定之(訴願法第63條第1項)。

二、例　外

(一)陳述意見

經濟部認為有必要時,得通知專利訴願人、參加人或利害關係人到達指定處所陳述意見(訴願法第63條第2項)。專利訴願人或參加人請求陳述意見而有正當理由者,應予到達指定處所陳述意見之機會(第3項)。訴願審議委員會主任委員得指定委員聽取專利訴願人、參加人或利害關係人到場之陳述(訴願法第64條)。

(二)言詞辯論

經濟部應依專利訴願人、參加人之申請或於必要時,得依職權通知訴願人、參加人或其代表人、訴願代理人、輔佐人及智慧財產局派員於指定期日到達指定處所言詞辯論,以保障當事人權益與發現真實(訴願法第65條)。

貳、證據調查

一、實施調查、檢驗或勘驗

因專利處分具有專業性、複雜性及技術性,故經濟部應依職權或囑託有關機關或人員,實施調查、檢驗或勘驗,不受專利訴願人主張之拘束(訴願法第67條第1項)。專利訴願人或參加人有聲請調查證據之權利,是經濟部應依專利訴願人或參加人之申請,調查證據(第2項本文)。以促進事實真相之發現,並維護專利訴願當事人之程序權利。例外情形,係經濟部就其申請調查之證據中認為不必要者,則不予調查(第2項但書)。為避免專利訴願人或參加人遭受突襲性之不利決定,經濟部依職權或依申請調查證據之結果,應賦予訴願人及參加人表示意見之機會,始得

採為對之不利之訴願決定之基礎（第3項）。

二、提出證據書類或證物

　　專利訴願人或參加人得提出證據書類或證物，以供經濟部審酌（訴願法第68條本文）。倘經濟部有限定於一定期間內提出者，應於該期間內提出，此為專利訴願人或參加人之協力義務（但書）。

三、鑑　定

(一)專業性與技術性

　　專利審查涉及專業性與技術性，故智慧財產局有配置各技術領域之審查官職司其事。而經濟部並無此人員，是經濟部得依職權或依專利訴願人、參加人之申請，囑託有關機關、學校、團體或有專門知識經驗者為鑑定（訴願法第69條第1項）。經濟部認為無鑑定之必要，而專利訴願人或參加人願自行負擔鑑定費用時，得向經濟部請求准予交付鑑定，經濟部非有正當理由不得拒絕（第2項）。鑑定人由經濟部指定之，非由當事人選定（第3項）。

(二)鑑定費用之負擔

　　鑑定所需費用由經濟部負擔，並得依鑑定人之請求預行酌給之（訴願法第72條第1項）。依第69條第2項規定交付鑑定所得結果，據為有利於專利訴願人或參加人之決定或裁判時，專利訴願人或參加人得於訴願或行政訴訟確定後30日內，請求經濟部償還必要之鑑定費用（第2項）。

參、例題解析—申請更正專利說明書

一、申請更正之範圍

　　發明專利權人申請更正專利說明書、申請專利範圍或圖式，僅得就下列事項為之：(一)請求項之刪除；(二)申請專利範圍之減縮；(三)誤記或誤譯之訂正；(四)不明瞭記載之釋明（專利法第67條第1項）。更正除誤譯

之訂正外，不得超出申請時說明書、申請專利範圍或圖式所揭露之範圍（第2項）。更正不得實質擴大或變更公告時之申請專利範圍（第4項）。例如，甲取得「電漿蝕刻電極」發明專利後，其認為該發明專利之申請專利範圍與說明書有誤記事項，申請更正專利說明書，經智慧財產局審查結果，作成不准更正之處分，甲得對該不准更正之處分提起專利訴願。

二、定期命原機關另為行政處分

　　本件主要爭點在於誤記之認定，倘該發明所屬技術領域中具有通常知識者，依據申請時之通常知識，無從自專利說明書之整體內容與上下文中，可立即識別出有明顯不正確之錯誤內容，即非誤記之事項，故智慧財產局所為應不准許更正之處分，洵無違誤，應予維持，丙提起專利訴願無理由，經濟部應以決定駁回其訴願（訴願法第79條第1項）[21]。反之，自專利說明書之整體內容與上下文中，可立即識別出有明顯不正確之錯誤內容，則屬誤記之事項，甲提起專利訴願有理由，經濟部應將原專利處分撤銷，發回智慧財產局另為適法處分，並指定相當期間為之（訴願法第81條第1項本文後段、第2項）。

肆、相關實務見解—誤記之訂正

　　所謂誤記事項，係指該發明所屬技術領域中具有通常知識者，依據其申請時之通常知識，無須依賴外部文件即可直接由說明書或圖式之整體內容及上下文，立即察覺有明顯錯誤之內容，且不須多加思考即知應予訂正與如何訂正而回復原意。而原意必須是說明書或圖式已明顯記載，其於解讀時不致影響原來實質內容者。準此，誤記事項經訂正後之涵義，應與訂正前相同[22]。

---

[21] 經濟部智慧財產局，專利法逐條釋義，2005年3月，頁170。
[22] 智慧財產法院99年度專訴字第99號行政判決。

第五項　專利訴願之決定

經濟部就專利訴願之審理原則，係先程序後實體，先審查專利訴願之提起是否合法，倘提起專利訴願不合法者，應從程序上為不受理決定。提起專利訴願合法者，繼而審議實體上有無理由。專利訴願有無理由，係以原專利處分是否違法或不當為斷[23]。

例題7

甲先於2020年10月11日以「多醣體組合物」向智慧財產局申請發明專利案，嗣後於2020年12月9日向智慧財產局提出分割申請，經審查結果，作成不准專利申請案分割之處分。試問甲應如何救濟？依據為何？

壹、不受理決定

一、定　義

專利訴願駁回分為程序駁回與實體駁回兩種類型，程序駁回為不受理決定，係指程序不合法規定而予駁回，不進行實體審理。例如，專利權人於收受專利舉發成立處分，其逾30日後，始提起專利訴願，提起專利訴願逾法定期間（訴願法第14條第1項、第77條第2款前段）。

二、事　由

專利訴願事件有下列各款情形之一者，應為不受理之決定，經濟部應依職權調查之（訴願法第77條）：(一)專利訴願書不合法定程式不能補正，或經通知補正逾期不補正者（第1款）；(二)提起專利訴願逾法定期間，或未於第57條但書所定期間內補送專利訴願書者（第2款）；(三)專利

---

[23] 劉新發，專利行政救濟程序，經濟部智慧財產局，2007年2月，頁35。

訴願人不符合第18條之訴願人適格規定者（第3款）；(四)專利訴願人無訴願能力而未由法定代理人代為訴願行為，經通知補正逾期不補正者（第4款）；(五)地方自治團體、法人、非法人之團體，未由代表人或管理人為專利訴願行為，經通知補正逾期不補正者（第5款）；(六)專利處分已不存在者（第6款）[24]；(七)對已決定或已撤回之專利訴願事件，重行提起訴願者（第7款）；(八)對於非專利處分或其他依法不屬訴願救濟範圍內之事項，提起專利訴願者（第8款）。

貳、專利訴願無理由決定

所謂專利訴願無理由，係指專利訴願所提出之主張，在實體上無理由。故專利訴願無理由者，經濟部應以決定駁回之（訴願法第79條第1項）。原專利處分所憑理由雖屬不當，但依其他理由認為正當者，應以專利訴願為無理由（第2項）。

參、專利訴願有理由決定

一、決定撤銷原專利處分

專利訴願人主張原專利處分違法或不當為理由，而其事證明確，經濟部認為專利訴願有理由者，應以決定撤銷原專利處分之全部或一部，回復至未為專利處分之狀態，無須命智慧財產局另為專利處分（訴願法第81條第1項本文前段）。例如，經濟部依據專利法第57條、第47條第1項或第113條或第142條第1項規定，撤銷原延長發明專利權期限或核准專利之處分，回復至未為延長發明專利權期限或未為專利審定之效果，智慧財產局不須重為專利處分。

---

[24] 最高行政法院76年度判字第1184號行政判決：行政處分不存在，係指原行政處分經撤銷之情形而言。

二、決定變更原專利處分

　　事證已臻明確，原專利處分確有違法或不當，且不涉及智慧財產局之第一次判斷權時，經濟部認為專利訴願有理由者，得視專利訴願事件之情節，逕為變更之決定（訴願法第81條第1項本文後段）[25]。經濟部於專利訴願人表示不服之範圍內，不得為更不利益之變更或處分（訴願法第81條第1項但書）。在專利訴願實務上，經濟部變更原專利處分之案例，極為少見。

三、決定發回智慧財產局另為專利處分

　　經濟部審議結果，認原專利處分有違法或不當，因事實未臻明確或涉及智慧財產局之權責，應由智慧財產局重新處分者，經濟部不逕為變更專利處分之決定，而將案件發回智慧財產局另為適法或適當之處分（訴願法第81條第1項本文後段）。智慧財產局於專利訴願人表示不服之範圍內，不得為更不利益之變更或處分（訴願法第81條第1項但書）[26]。專利訴願決定撤銷原專利處分，發回智慧財產局另為專利處分時，應指定相當期間命其為之（第2項）。就專利訴願實務以觀，發回智慧財產局另為專利處分之決定，係經濟部最常作成之決定。專利訴願決定書主文記載：原處分撤銷，由原處分機關另為適法之處理。

四、命智慧財產局為一定之專利處分

　　對於依第2條第1項提起怠為專利處分之訴願，經濟部認為有理由者，應指定相當期間，命智慧財產局速為一定之專利處分（訴願法第82條第1項）。經濟部未為前開決定前，智慧財產局已為專利處分者，原未為專利

---

[25] 張自強、郭介恆，訴願法釋義與實務，瑞興圖書股份有限公司，2002年2月，頁328。

[26] 最高行政法院62年度判字第298號行政判決：依行政救濟之法理，除原處分適用法律錯誤外，申請復查之結果，不得為更不利於行政救濟人之決定。

處分之情形不復存在，是專利訴願標的已消失，經濟部應認專利訴願為無理由，以決定駁回之[27]。

五、情況決定

經濟部發現原專利處分雖屬違法或不當，但其撤銷或變更於公益有重大損害，經斟酌專利訴願人所受損害、賠償程度、防止方法及其他一切情事，認原專利處分之撤銷或變更顯與公益相違背時，得駁回其訴願（訴願法第83條第1項）。前開情形，應於決定主文中載明原專利處分違法或不當（第2項）。經濟部為情況決定時，得斟酌專利訴願人因違法或不當處分所受損害，而於決定理由中載明由智慧財產局與專利訴願人進行協議（訴願法第84條第1項）。智慧財產局與專利訴願人間之協議，與國家賠償法之協議有同一效力（第2項），是協議成立時，應作成協議書，該項協議書得為執行名義（國家賠償法第10條第2項後段）。

肆、專利訴願決定之效力

專利訴願決定為行政處分之一種，而具有存續力、拘束力及執行力。是專利訴願之決定確定後，就該專利事件，有拘束各關係機關之效力（訴願法第95條）。專利訴願決定，應適用一事不再理原則（訴願法第77條第7款）。原專利行政處分經撤銷後，智慧財產局須重為處分者，應依專利訴願決定意旨為之，並將處理情形以書面告知經濟部（訴願法第96條）。

---

[27] 最高行政法院89年度判字第1211號行政判決：人民對於行政機關應作為而不作為之消極行為，認損害其權益者，固得依法提起行政爭訟，惟訴願及行政訴訟之提起，以有行政機關之行政處分存在為前提要件，倘行政機關之行政處分已不復存在，則訴願及行政訴訟之標的即已消失，自無許其提起訴願及行政訴訟之餘地。原行政機關已另為處分，故原未為處分之情形已不復存在，即訴願標的業已消失，自不得提起訴願及行政訴訟。

伍、再審程序

一、定　義

　　訴願法之再審程序，係對於確定之訴願決定不服之非常救濟方法，倘非同一原因事實而符合法定要件者，並無申請次數之限制[28]。反之，對於未確定之訴願決定不服者，應循行政訴訟程序救濟之。

二、事　由

　　原則上，專利訴願人、參加人或其他利害關係人為申請再審之主體，得對確定專利訴願決定，向經濟部申請再審。例外情形，係專利訴願人、參加人或其他利害關係人已依行政訴訟主張其事由或知其事由而不為主張者，則不得申請再審（訴願法第97條第1項）。關於再審之法定事由如下：(一)適用法規顯有錯誤者（第1款）；(二)決定理由與主文顯有矛盾者（第2款）；(三)決定機關之組織不合法者（第3款）；(四)依法令應迴避之委員參與決定者（第4款）；(五)參與決定之委員關於該訴願違背職務，犯刑事上之罪者（第5款）；(六)訴願之代理人，關於該訴願有刑事上應罰之行為，影響於決定者（第6款）；(七)為決定基礎之證物，係偽造或變造者（第7款）；(八)證人、鑑定人或通譯就為決定基礎之證言、鑑定為虛偽陳述者（第8款）；(九)為決定基礎之民事、刑事或行政訴訟判決或行政處分已變更者（第9款）；(十)發現未經斟酌之證物或得使用該證物者（第10款）。

三、提起期間

　　專利訴願人、參加人或其他利害關係人申請再審，應於30日內提起（第2項）。前開期間，自訴願決定確定時起算。但再審之事由發生在後

---

[28] 最高行政法院46年度裁字第41號行政判決：行政訴訟之當事人，對於本院所為裁定，聲請再審，經駁回後，不得復以同一原因事實，對駁回再審聲請之裁定，更行聲請再審。

或知悉在後者，自知悉時起算（第3項）。

陸、例題解析──專利發明案之分割申請

一、分割申請應於原申請案之再審查審定前

　　申請專利之發明，實質上為二個以上之發明時，經專利專責機關通知，或據申請人申請，得為分割之申請（專利法第34條第1項）。前開分割申請應於原申請案再審查審定前為之；准予分割者，仍以原申請案之申請日為申請日（第3項）。甲先於2020年10月11日以「多醣體組合物」向智慧財產局申請發明專利案（下稱母案），嗣後於2020年12月9日向智慧財產局提出分割申請（下稱本案），經審查結果，作成不准專利申請案分割之處分，甲得對該專利處分提出專利訴願。

二、申請單一性之要件

　　本件主要爭點申請單一性之要件，即母案與本案之申請實質上是否有所重疊。倘母案與本案之申請實質上重疊，不符合申請分割之要件，故智慧財產局所為應不准專利申請案分割之處分，依法有據，應予維持，甲提起專利訴願無理由，經濟部應以決定駁回其訴願（訴願法第79條第1項）。反之，母案與本案之申請，實質上不重疊，兩者之申請專利範圍分屬不同之發明，符合申請單一性之要件，智慧財產局應作成准予專利申請案分割之處分，是甲提起專利訴願有理由，經濟部應將原專利處分撤銷，發回智慧財產局另為適法處分（訴願法第81條第1項本文後段），並指定相當期間為之（第2項）。

柒、相關實務見解──專利訴願無理由

　　專利權人前以「電子積木之連桿結構」向經濟部智慧財產局申請新型專利，申請專利範圍共11項，經進行形式審查准予專利後，發給新型專利

證書。嗣第三人以專利請求項1至11不具進步性為由，對之提起舉發。經智慧財產局審查，認新型專利請求項1至5不具進步性，作成專利舉發審定書為請求項1至5舉發成立，應予撤銷之行政處分。專利權人得就舉發成立部分不服，向經濟部提起訴願，倘經濟部認無理由者，應作成駁回訴願決定（訴願法第79條第1項）[29]。

---

[29] 智慧財產法院104年度行專訴字第39號行政判決。

第四章　專利行政訴訟

專利處分是否合法或適當，固得經由智慧財產局之自我省察與經濟部之行政權監督，惟行政自我控制有時不周詳，必須藉由智慧財產及商業法院與最高行政法院對專利之行政行為作事後之審查，以司法審查之方式，確保法治國家依法行政之目的。

第一節　專利行政訴訟之類型

專利行政訴訟之類型，分為撤銷訴訟（行政訴訟法第4條）、確認訴訟（行政訴訟法第6條）、一般給付訴訟（行政訴訟法第8條）、課予義務訴訟（行政訴訟法第5條）及再審之訴（行政訴訟法第273條第1項）。專利行政訴訟之類型，有須經訴願程序與不必先經訴願程序之分。提起撤銷訴訟與課予義務訴訟，須經訴願程序，此為訴願前置主義。而提出確認訴訟與一般給付訴訟，不必先經訴願程序。

第一項　撤銷訴訟

提起撤銷訴訟應以客觀上有專利處分存在為前提，所謂客觀上有專利處分存在，係指具有行政程序法第92條或訴願法第3條定義之專利處分存在而言[1]。撤銷訴訟為專利行政訴訟，最典型之權利防禦的訴訟類型[2]。

---

[1] 吳庚，行政法之理論與實用，三民書局股份有限公司，1999年6月，增訂5版，頁557。

[2] 翁岳生主編，行政訴訟法逐條釋義，五南圖書出版股份有限公司，2003年5月，初版2刷，頁65。

例題1

　　甲之「散熱扇元件定位構造」新型專利，第三人以不具新穎性與進步性之專利要件，對之提起舉發，經濟部智慧財產局審定結果，作成舉發成立之專利處分，甲不服提起專利訴願，遭經濟部決定駁回。試問甲應如何救濟？依據為何？

壹、定義與要件

一、定　義

　　人民因智慧財產局之違法專利處分，認為損害其權利或法律上之利益，經依訴願法提起訴願而不服經濟部決定，或提起訴願逾3個月而經濟部不為決定，或延長訴願決定期間逾2個月不為決定者，得向智慧財產及商業法院提起撤銷訴訟（行政訴訟法第4條第1項；智慧財產及商業法院組織法第2條第1款、第3條第3款；智慧財產案件審理法第31條第1項；智慧財產案件審理細則第4條）。逾越權限或濫用權力之專利處分，以違法論（行政訴訟法第4條第2項）。例如，專利權人之專利經舉發，智慧財產局為撤銷專利權之審定，專利權人對該不利益之負擔處分，提起訴願救濟，經濟部認該專利訴願無理由，以訴願決定書駁回其訴願。專利權人不服專利訴願決定，得向智慧財產及商業法院提起撤銷訴訟以救濟之，請求撤銷專利訴願決定與原專利處分[3]。原告訴之聲明，應為訴願決定及原處分，均應予撤銷[4]。再者，專利訴願人以外之利害關係人，認為專利訴願決定，損害其權利或法律上之利益者，得向智慧財產及商業法院提起撤銷訴訟（行政訴訟法第4條第3項）。

---

[3]　智慧財產法院104年度行專訴字第25號行政判決。
[4]　智慧財產法院107年度行專訴字第12號行政判決。

二、要　件

　　原告提起撤銷訴訟之要件如後：(一)須有專利處分或專利訴願決定存在，原告訴請撤銷之；(二)原告須主張專利處分或專利訴願決定違法，並損害其權利或法律上利益，此為撤銷訴訟之訴訟標的；(三)須經專利訴願程序而未獲救濟；(四)須於法定期間內提起（行政訴訟法第106條）。提起撤銷訴訟，應於訴願決定書送達後2個月之不變期間內為之。而訴願人以外之利害關係人知悉在後者，自知悉時起算（行政訴訟法第106條第1項）。撤銷訴訟自訴願決定書送達後，已逾3年者，不得提起（第2項）。

三、新證據之提出

　　關於撤銷專利權之行政訴訟中，當事人於言詞辯論終結前，就同一撤銷或廢止理由提出之新證據，智慧財產及商業法院仍應審酌之（智慧財產案件審理法第33條第1項）。例如，原告即舉發人主張新證據，足以證明系爭專利請求項不具進步性，其於原處分及訴願階段時，均未提出新證據。原告提出新證據，主張為證明系爭專利不具進步性，核與原處分與訴願階段為同一撤銷理由。準此，智慧財產及商業法院自應審酌新證據本身或結合其他證據，是否足以證明系爭專利請求項不具進步性[5]。

貳、例題解析—撤銷訴訟

　　甲之新型專利，第三人以不具新穎性與進步性之專利要件（專利法第120條、第22條第2項）。對之提起舉發，智慧財產局審定結果，作成舉發成立之專利處分，甲不服提起專利訴願，遭經濟部決定駁回，甲得於專利訴願決定書送達後2個月內（行政訴訟法第106條第1項本文）。向智慧財產及商業法院提起撤銷訴訟以救濟之（行政訴訟法第13條第1項；智慧財產及商業法院組織法第3條第3款；智慧財產案件審理法第31條第1項），

---

[5] 智慧財產法院107年度行專訴第13號行政判決。

以智慧財產局為被告（行政訴訟法第24條第1款），請求撤銷專利訴願決定與原專利處分。倘智慧財產及商業法院認為原告起訴，為有理由，應將專利訴願決定與原專利處分一併撤銷，應為甲勝訴之判決（行政訴訟法第195條第1項前段）。前經智慧財產局撤銷之專利權，即回復為未經撤銷前之狀態；反之，認為原告起訴，為無理由，應以判決駁回甲之起訴（同法條項後段）。

參、相關實務見解

原告前以「影片傳輸結構」向經濟部智慧財產局申請新型專利，系爭專利請求項計11項，經形式審查准予專利後，發給新型專利證書。嗣參加人以新型專利有違核准時專利法第108條準用第26條第2項、第94條第1項及第4項規定，對之提起舉發。案經智慧財產局審查，認系爭專利違反修正前專利法第108條準用第26條第2項及第94條第4項規定，作成舉發審定書為「請求項1至11舉發成立應予撤銷」處分。專利權人不服提起訴願，經濟部作成訴願駁回決定，倘專利權人不服，得向智慧財產及商業法院提起行政訴訟[6]。

第二項　課予義務訴訟

課予義務訴訟之功能，在於使人民對於違反作為義務之智慧財產局或經濟部，經由智慧財產及商業法院之判決，課予智慧財產局作成行政處分之義務（行政訴訟法第5條）[7]。撤銷訴訟與課予義務訴訟之主要差異，在於撤銷訴訟僅請求撤銷違法之專利處分，而課予義務訴訟則有請求智慧財產局應為專利處分或應為特定內容之專利處分。

---

[6] 智慧財產法院103年度行專訴字第91號行政判決。

[7] 吳庚，行政法之理論與實用，三民書局股份有限公司，1999年6月，增訂5版，頁558。

例題2

乙於2018年10月11日以「複合式生物洗潔劑」向智慧財產局申請發明專利，經智慧財產局審查結果認為不具新穎性與進步性之專利要件，不予專利。乙不服申請再審查，並於2020年12月9日修正申請專利範圍，智慧財產局再審查結果，亦認為不具新穎性與進步性，以2021年8月19日再審查核駁審定書為應不予專利之處分，乙不服提起訴願，遭經濟部決定駁回。試問乙應如何救濟？依據為何？

壹、定義與要件

一、定　義

課予義務訴訟分為怠為處分之訴與拒絕申請之訴兩種類型。申言之：(一)所謂怠為處分之訴，係指人民因智慧財產局對其依法申請之專利案件，而於法令所定期間內應作為而不作為，認為其權利或法律上利益受損害者，經依訴願程序後，得向智慧財產及商業法院提起請求該機關應為行政處分或應為特定內容之行政處分之訴訟（行政訴訟法第5條第1項；智慧財產及商業法院組織法第2條第1款、第3條第3款；智慧財產案件審理法第31條第1項；智慧財產案件審理法審理細則第4條）；(二)所謂拒絕申請之訴，係指人民因智慧財產局對其依法申請之專利案件，予以駁回，認為其權利或法律上利益受違法損害者，經依訴願程序後，得向智慧財產及商業法院提起請求智慧財產局應為專利處分或應為特定內容之專利處分之訴訟（行政訴訟法第5條第2項）。

二、要　件

(一)怠為處分之訴

原告提起怠為處分之訴的要件如後：1.智慧財產局對原告之申請，而

於法令所定期間內應為專利處分或應為特定內容之專利處分；2.原告須主張智慧財產局應作為而不作為，損害其權利或法律上利益；3.須經專利訴願程序而未獲救濟；4.須於法定期間內提起（行政訴訟法第106條）。

(二)拒絕申請之訴

原告提起拒絕申請之訴的要件如後：1.智慧財產局作成駁回原告申請之處分；2.原告須主張因專利所為之駁回處分，損害其權利或法律上利益；3.須經專利訴願程序而未獲救濟；4.須請求智慧財產局應為專利處分或應為特定內容之專利處分；5.須於法定期間內提起（行政訴訟法第106條）。

1.專利申請案

智慧財產局對於專利申請案，作成不予專利之處分，專利申請人提起專利訴願救濟，經濟部認為專利訴願無理由，作成駁回訴願決定，倘專利申請人提起撤銷訴訟，即使智慧財產法院判決撤銷訴願決定與專利處分，智慧財產局依據該判決重為專利處分，非當然為核准專利之處分[8]。準此，專利申請人須聲明請求智慧財產局應為核准專利之處分，始得達成救濟之目的。原告訴之聲明應為原處分與訴願決定均應撤銷，暨被告就系爭專利之申請應予准許[9]。

2.舉發申請案

智慧財產局對於專利舉發案，作成舉發不成立之處分，舉發人提起專利訴願救濟，經濟部認為專利訴願無理由，作成駁回訴願決定，倘舉發人提起撤銷訴訟，即使智慧財產及商業法院判決撤銷訴願決定與專利處分，智慧財產局依據該判決重為專利處分，非當然作為舉發成立之處分。準此，專利舉發人須聲明請求智慧財產局應為舉發成立之審定處分，始得達成救濟之目的。

---

[8] 劉新發，專利行政救濟程序，經濟部智慧財產局，2007年2月，頁46。
[9] 智慧財產法院107年度行專訴字第8號行政判決。

三、撤銷訴訟與課予義務訴訟之區別

(一)請求撤銷原處分或訴願決定

　　智慧財產局就舉發之結果，有作成舉發成立或不成立之行政處分兩者類型。就舉發成立而言，專利權人得對不利己之舉發成立處分，提起訴願，倘經濟部作成駁回訴願之決定，專利權人得以智慧財產局為被告，向智慧財產及商業法院提起撤銷訴訟，請求撤銷舉發成立之行政處分，其訴訟對象為原處分，並非訴願決定（行政訴訟法第24條第1款）。反之，倘經濟部認為訴願有理由，撤銷舉發成立之行政處分，專利舉發人得以經濟部為被告，係以訴願決定為訴訟對象（行政訴訟法第24條第2款）。

(二)請求作成撤銷專利權之處分

　　舉發人得對舉發不成立之處分，提起訴願，經濟部作成駁回訴願之決定，其得以智慧財產局為被告，向智慧財產及商業法院提起課予義務訴訟，請求智慧財產及商業法院或智慧財產局作成撤銷專利權之處分（智慧財產案件審理法第31條）。反之，經濟部認為訴願有理由，撤銷舉發不成立之行政處分，專利權人得以經濟部為被告，提起撤銷之訴，係以訴願決定為訴訟對象（行政訴訟法第24條第2款）。

四、必要共同之獨立參加

　　訴訟標的對於第三人及當事人一造必須合一確定者，智慧財產及商業法院應以裁定命該第三人參加訴訟，此為必要共同之獨立參加（行政訴訟法第41條）。例如，專利權共有人之一提起撤銷之訴，智慧財產及商業法院得裁定通知其他專利權共有人參加撤銷訴訟，以達紛爭解決正確性與一次性之目的。不論為專利權人或專利舉發人，對於智慧財產及商業法院之行政判決不服者，得以違背法令為理由，向最高行政法院提起上訴（行政訴訟法第242條）。

五、聽證程序

　　新型專利申請人向智慧財產局申請設計專利，經智慧財產局形式審查後，准予專利在案。舉發人嗣以新型專利有事由，向智慧財產局提起舉發，因智慧財產局認舉發案有辦理聽證之必要，故舉行聽證，並製作聽證紀錄。嗣智慧財產局之舉發審定書為舉發不成立之處分。因經聽證作成之行政處分，免除訴願程序（行政訴訟法第109條）。倘舉發人不服行政處分，得向智慧財產及商業法院提起撤銷新型專利之行政訴訟[10]。

貳、例題解析—拒絕申請之訴

一、提起課予義務訴訟

　　乙向智慧財產局申請發明專利，經智慧財產局審查結果認為不具新穎性與進步性之專利要件，不予專利。乙不服申請再審查，並修正申請專利範圍，智慧財產局再審查結果，亦認為不具新穎性與進步性，以再審查核駁審定書為應不予專利之處分，乙不服提起訴願，遭經濟部決定駁回，乙得於專利訴願決定書送達後2個月內（行政訴訟法第106條第1項本文）。向智慧財產及商業法院提起課予義務訴訟以救濟之（行政訴訟法第13條第1項；智慧財產及商業法院組織法第3條第3款），以智慧財產局為被告（行政訴訟法第24條第1款），除聲明撤銷專利訴願決定與原專利處分外，並請求智慧財產局應為核准專利之處分（行政訴訟法第5條第2項）。

二、智慧財產及商業法院審理

　　倘智慧財產及商業法院認為原告起訴，為無理由，應以判決駁回乙之起訴（行政訴訟法第195條第1項後段）。反之，智慧財產及商業法院認為原告起訴，為有理由，除應將專利訴願決定與原專利處分一併撤銷外（行政訴訟法第195條第1項前段）。如案件事證明確者，應判命智慧財產局作

---

[10] 智慧財產法院108年度行專訴字第6號行政判決。

成核准專利之處分（行政訴訟法第200條第3款）；或者認案件事證尚未臻明確或涉及智慧財產局之先行審定處分之權限行使（專利法第22條第1項、第2項）。應判命智慧財產局遵照其判決之法律見解，對於原告另為專利處分（行政訴訟法第200條第4款）。

參、相關實務見解─請求作成專利舉發之處分

原告為專利舉發人提起課予義務訴訟，其於訴訟繫屬期間，提出原證1之新證據，作為證明系爭專利不具進步性之論據。就系爭專利請求項1與舉發證據1及原證1進行分析比對，可知舉發證據1及原證1係原告分別於舉發程序與行政訴訟期間，提出欲證明系爭專利不具進步性之證據，經組合比對後，足證請求項1不具進步性。依據智慧財產案件審理法第33條規定，智慧財產及商業法院應審酌原證1之新證據。因原處分認定系爭專利請求項1具進步性，作成請求項1舉發不成立之審定，容有未洽，訴願決定予以維持，則有不當。原告訴請撤銷原處分與訴願決定，並請求命被告就系爭專利請求項1舉發案，應為舉發成立撤銷專利權之審定，為有理由，應予准許[11]。

第三項　確認訴訟

確認之訴的確認對象為無效或違法之專利處分，其訴訟類型分為確認專利處分無效、確認專利法之公法上法律關係成立或不成立、確認已消滅之專利處分違法。確認專利法之公法上法律關係不成立，亦分為存在或不存在等態樣。專利權與商標權係由登記而發生之智慧財產權，其效力依據登記國之法律決定，故就專利權或商標權之登記或有效性發生訴訟爭議，登記國之法院有專屬之國際裁判管轄權，故智慧財產及商業法院就外國專

---

[11] 智慧財產法院104年度行專訴字第16號行政判決。

利權或商標權是否為無效或違法之確認訴訟，並無審判權[12]。

例題3

　　甲為「太陽能發電機」發明專利權人，其將該發明專利授權乙使用。試問甲未經被授權人乙同意，而向智慧財產局申請更正專利說明書，經核准在案，乙應如何救濟？

例題4

　　丙以新型專利侵害為由，對丁提出民事訴訟，而丁於訴訟繫屬中，以丙之新型專利欠缺進步性為由而提起舉發，丙與丁之民事訴訟審理期間逾10年確定，民事確定判決認定丁確有侵害丙之專利權。試問該新型專利不具進步性，丁有何救濟方法？

壹、定義與要件

一、定　義

　　確認專利處分無效及確認公法上專利法律關係成立或不成立之訴訟，原告有即受確認判決之法律上利益者，得提起確認訴訟（行政訴訟法第6條第1項前段）。其確認已執行而無回復原狀可能之專利處分或已消滅之專利處分為違法之訴訟，得提起確認訴訟（第1項後段）。對非無效或未消滅之違法專利處分，應提起撤銷訴訟、課予義務訴訟，倘原告誤為提起確認專利處分無效之訴訟，其未經訴願程序者，智慧財產及商業法院應以裁定將該事件移送於經濟部，並以智慧財產及商業法院收受訴狀之時，視為提起專利訴願（第4項）。

---

[12] 布魯塞爾規則Ⅰ第22條第4項、布魯塞爾公約第16條第4項、盧迦諾公約第22條第4項。

二、要　件

　　原告提出確認訴訟之要件如後：(一)確認之對象須為無效之專利處分，或確認已執行而無回復原狀可能之專利處分或已消滅之專利處分為違法；(二)提起確認專利處分無效之訴訟，須已向智慧財產局請求確認其無效未被允許，或經請求後於30日內不為確答者，始得提起之（行政訴訟法第6條第2項、行政程序法第113條）。是確認專利處分無效，應先經行政程序；(三)確認公法上專利法律關係成立或不成立之訴訟，於原告得提起撤銷訴訟、課予義務訴訟或一般給付訴訟者，不得提起（行政訴訟法第6條第3項）；(四)須有受確認判決之法律上利益。

貳、例題解析

一、確認訴訟

　　甲為發明專利權人，其將發明專利授權乙使用，甲申請更正專利說明書，應經被授權人乙同意（專利法第69條第1項）。故未經乙同意，甲不得申請更正專利說明書，倘智慧財產局未發現而核准更正專利說明書。乙得提起確認之訴，倘起訴時，發明專利權尚在存續期限，應提起確認核准更正專利說明書處分無效之訴。反之，乙起訴時，發明專利權已期滿，專利當然消滅，應提起確認核准更正專利說明書處分違法之訴（專利法第70條第1項第1款）[13]。

二、專利權之撤銷有可回復法律上利益

(一)確認已消滅之專利處分違法

　　原則上確認已消滅之專利處分違法，原告應提起確認之訴。例外情形，係專利法有特別規定者，應優先適用專利法之規定。例如，專利權有

---

[13] 劉新發，專利行政救濟程序，經濟部智慧財產局，2007年2月，頁49。

專利法第71條第1項、第119條第1項或第141條第1項規定之事由，任何人或利害關係人得提起舉發，請求撤銷專利權（專利法第71條第2項、第119條第2項、第141條第2項）。因對專利權提起舉發程序，主張撤銷其專利權，原則應以專利權存在為前提，倘專利權因專利期限屆滿或未繳納專利年費等原因而消滅，撤銷專利權之舉發程序之客體，既已不存在，即無須再對之提起舉發程序之必要。同理，專利期間屆滿，專利權即不存在，原專利權人以專利權受侵害為由，請求排除侵害，法院即以欠缺保護要件駁回其起訴[14]。

(二) 專利法第72條

　　專利舉發程序之提起，常伴隨專利侵權之民事訴訟而來，有時專利侵權訴訟未經判決確定，而專利權已消滅，因專利權是否有撤銷之事由存在，對於專利侵權之訴訟當事人而言，亦有實益。是利害關係人對於專利權之撤銷有可回復之法律上利益者，得於專利權期滿或當然消滅後提起舉發（專利法第72條）。準此，丙之新型專利權因審查專利申請之新型而核准之行政處分確定，新型專利權期限，自申請時起算10年次日當然消滅（專利法第114條）。新型專利權消滅後，利害關係人對之舉發請求撤銷新型專利權，固無必要。惟新型專利權當然消滅前所形成之法律效果，並非隨新型專利權之消滅而一同消滅，利害關係人丁因新型專利權之撤銷而有可回復之法律上利益時，得提起舉發與撤銷訴訟，而非提起確認訴訟[15]。

---

[14] 臺灣高等法院臺中分院88年度上易字第90號民事判決。

[15] 大法官釋字第213號解釋：行政處分因期間之經過或其他事由而失效者，倘當事人因該處分之撤銷而有可回復之法律上利益時，仍應許其提起訴訟或續行訴訟。最高行政法院92年度判字第1648號行政判決：新型專利權因審查申請專利之新型而核准之行政處分確定始自申請時發生，而於專利權期滿之次日當然消滅。新型專利權消滅後，利害關係人對之舉發請求撤銷新型專利權，固無必要；惟新型專利權當然消滅前所形成之法律效果，如非隨新型專利權之消滅而一同消滅，利害關係人因新型專利權之撤銷而有可回復之法律上利益時，因專

參、相關實務見解─撤銷訴訟與確認訴訟之區別

對於專利行政處分提起撤銷訴訟之目的，在於解除行政處分之規制效力，倘行政處分之規制效力存在，原則上即有提起撤銷訴訟之實益。因行政處分之執行與其規制效力之存續，係屬兩事，已執行完畢之行政處分，倘其規範效力仍然存在，且有回復原狀之可能者，行政法院應准原告提起撤銷訴訟以為救濟，除非行政處分已執行，且無回復原狀之可能，或行政處分規制效力，已因法律上或事實上之原因而消滅，始認其欠缺提起撤銷訴訟之實益，而於原告有即受確認判決之法律上利益時，許其依法提起確認專利行政處分違法訴訟（行政訴訟法第4條、第6條、第196條）[16]。

第四項 一般給付訴訟

專利給付訴訟分為課予義務訴訟與一般給付之訴。所謂課予義務訴訟，係指原告請求法院以判決命智慧財產局為一定之給付，給付內容為專利處分（行政訴訟法第5條）。所謂一般給付之訴，係指原告請求之給付，非專利處分之其他特定作為、容忍或不作為（行政訴訟法第8條）。

例題5

甲以「自動照明設備」向經濟部智慧財產局申請發明專利，智慧財產局認為欠缺進步性之專利要件，作成不予專利處分，甲不服該專利處分，向經濟部提起專利訴願，甲申請囑託專業機構鑑定，而經濟部認為無鑑定之必要，甲陳明願意自行負擔鑑定費用，經濟部指定財團法人工業技術研究院鑑定，經濟部依據交付鑑定所得結果，作為訴願有理由之決定，因智慧財產局未提起撤銷訴訟而確定。試問甲應如何向經濟部請求償還所支出之鑑定費用？依據為何？

利法對於舉發期間別無限制之規定，除因基於誠信原則不許再行舉發而生失權效果外，仍應准許利害關係人提起舉發，進而爭訟。

[16] 最高行政法院100年度判字第1046號行政判決。

壹、定義與要件

一、定　義

　　人民與智慧財產局或經濟部間，因公法上原因或公法上契約，發生財產上之給付或請求作成專利處分以外之其他非財產上之給付，得提起給付訴訟（行政訴訟法第8條第1項、第2項）。

二、要　件

　　原告提出一般給付訴訟之要件如後：(一)因公法上原因或公法上契約發生之給付；(二)限於請求財產上之給付或請求作成專利處分以外之其他非財產上之給付。例如，請求返還溢繳之專利規費、請求經濟部償還必要之鑑定費用、請求閱覽卷宗、請求將特定資料作廢等給付[17]；(三)原告請求給付之權利有保護之必要；(四)須不屬於得在撤銷訴訟中併為請求之給付。因給付訴訟之裁判，以專利處分應否撤銷為據者，應於依第4條第1項或第3項提起撤銷訴訟時，併為請求。原告未為請求者，審判長應告以得為請求，不得提起一般給付訴訟（行政訴訟法第8條第2項）。以達訴訟經濟之目的，並避免有裁判牴觸之情事。

貳、例題解析─請求償還必要之鑑定費用

　　專利審查涉及專業性與技術性，而經濟部並未配置各技術領域之審查官職司其事，是經濟部得依職權或依專利訴願人、參加人之申請，囑託有關機關、學校、團體或有專門知識經驗者為鑑定（訴願法第69條第1項）。經濟部認為無鑑定之必要，而專利訴願人或參加人願自行負擔鑑定費用時，得向經濟部請求准予交付鑑定，經濟部非有正當理由不得拒絕，並應指定鑑定人（第2項、第3項）。倘交付鑑定所得結果，據為有利於專

---

[17] 劉新發，專利行政救濟程序，經濟部智慧財產局，2007年2月，頁51至52。

利訴願人或參加人之決定或裁判時，專利訴願人或參加人得於訴願或行政訴訟確定後30日內，請求經濟部償還必要之鑑定費用（訴願法第72條第2項）。準此，甲向智慧財產局申請發明專利，智慧財產局認為欠缺進步性之專利要件，作成不予專利處分，甲不服該專利處分，向經濟部提起專利訴願，甲申請囑託專業機構鑑定，而經濟部認為無鑑定之必要，經甲自行負擔鑑定費用而由經濟部指定財團法人工業技術研究院鑑定，經濟部依據工業技術研究院鑑定結果，作為訴願有理由之決定，因智慧財產局未提起撤銷訴訟而確定，甲得於該專利訴願確定後30日內，向智慧財產及商業法院提起一般給付之訴（智慧財產及商業法院組織法第2條第1款、第3條第3款；智慧財產案件審理法第31條第1項），請求經濟部償還必要之鑑定費用。

參、相關實務見解—公法上結果除去請求權

國家之侵害行為係行政事實行為時，此項侵害事實為公法上原因。受害人民得主張該行政事實行為違法，損害其權益，依行政訴訟法第8條第1項規定提起一般給付訴訟，請求行政機關作成行政處分以外之其他非財產上給付，以排除該侵害行為，此為公法上結果除去請求權[18]。例如，智慧財產局拒絕專利權人閱覽專利舉發卷宗，導致專利權人無法就舉發案進行答辯。

第五項　再審之訴

再審之訴為對於確定行政判決不服之方法，為避免輕易動搖確定行政判決之效力，行政訴訟法第273條與第274條規定再審之訴的法定事由，其屬訴訟程序或判決基礎有重大瑕疵之情事者。

---

[18] 最高行政法院99年度3月第1次庭長法官聯席會議。

例題6

　　乙之「噴水槍全流孔結構改良」新型專利，丙以不具新穎性之專利要件，對之提起舉發，智慧財產局審定結果，作成舉發不成立之專利處分，丙不服提起專利訴願，遭經濟部決定駁回，丙不服訴願決定，提起課予義務訴訟，經智慧財產及商業法院、最高行政法院判決敗訴確定後，丙發現未經斟酌之證物，足以證明乙之新型專利不具新穎性。試問丙應如何救濟？依據為何？

壹、定義與事由

一、定　義

　　當事人有法定再審事由，得以再審之訴對於確定終局判決聲明不服。例外情形，當事人已依上訴主張其事由，其事由已經法院審酌，或當事人知其事由而不為主張者，係可歸責於自己知之過怠，均不得提起再審之訴[19]。再者，為避免當事人一再以同一事由提起再審之訴，致浪費行政法院資源。故再審之訴，行政法院認無再審理由，判決駁回後，不得以同一事由對於原確定判決或駁回再審之訴之確定判決，更行提起再審之訴（行政訴訟法第274條之1）[20]。

二、事　由

　　再審之法定事由如後：(一)適用法規顯有錯誤者（行政訴訟法第273條第1項第1款）；(二)判決理由與主文顯有矛盾者（第2款）；(三)判決法院之組織不合法者（第3款）；(四)依法律或裁判應迴避之法官參與裁判者

---

[19] 翁岳生主編，行政訴訟法逐條釋義，五南圖書出版股份有限公司，2003年5月，初版2刷，頁719。
[20] 最高行政法院46年度裁字第41號行政裁定。

（第4款）；(五)當事人於訴訟未經合法代理或代表者（第5款）；(六)當事人知他造之住居所，指為所在不明而與涉訟者。但他造已承認其訴訟程序者，不在此限（第6款）；(七)參與裁判之法官關於該訴訟違背職務，犯刑事上之罪者（第7款）；(八)當事人之代理人、代表人、管理人或他造或其代理人、代表人、管理人，關於該訴訟有刑事上應罰之行為，影響於判決者（第8款）；(九)為判決基礎之證物係偽造或變造者（第9款）；(十)證人、鑑定人或通譯就為判決基礎之證言、鑑定或通譯為虛偽陳述者（第10款）；(十一)為判決基礎之民事或刑事判決及其他裁判或行政處分，依其後之確定裁判或行政處分已變更者（第11款）；(十二)當事人發現就同一訴訟標的在前已有確定判決或和解，或得使用該判決或和解者（第12款）；(十三)當事人發現未經斟酌之證物或得使用該證物者，倘經斟酌可受較有利益之裁判者為限（第13款）；(十四)原判決就足以影響於判決之重要證物，漏未斟酌者（第14款）；(十五)確定終局判決所適用之法律或命令，經司法院大法官依當事人之聲請解釋為牴觸憲法者，其聲請人得提起再審之訴（第2項）；(十六)為判決基礎之裁判，有第273條所定之情形者，得據以對於該判決提起再審之訴（行政訴訟法第274條）。

貳、例題解析－發現未經斟酌之證物為再審理由

當事人發現未經斟酌之證物或得使用該證物者，其經斟酌可受較有利益之裁判者，得對確定終局判決提起再審（行政訴訟法第273條第1項第13款）。對於最高行政法院之判決，本於第273條第1項第9款至第14款事由聲明不服者，專屬原高等行政法院管轄（行政訴訟法第275條第3項）。再審之訴應於30日之不變期間內提起。該不變期間自判決確定時起算，判決於送達前確定者，自送達時起算（行政訴訟法第276條第1項、第2項）。乙之新型專利，丙以不具新穎性為由，對之提起舉發，智慧財產局審定結果，作成舉發成立之專利處分，丙不服提起專利訴願，遭經濟部決定駁回，丙不服訴願決定，提起撤銷訴訟，經智慧財產及商業法院、最高行政

法院判決敗訴確定後，倘丙發現於智慧財產及商業法院之言詞辯論終結前，已存在而未經該法院斟酌之證物，足以證明乙之新型專利不具新穎性，丙得於收受最高行政法院判決後之30日內，向智慧財產及商業法院提起再審。

參、相關實務見解——足以影響於判決之重要證物漏未斟酌者

行政訴訟法第273條第1項第14款規定，原判決就足以影響於判決之重要證物漏未斟酌者，得以再審之訴對於確定終局判決聲明不服。所謂原判決就足以影響於判決之重要證物漏未斟酌者，係指當事人在前訴訟程序中已提出於事實審法院之證物，事實審法院漏未加以斟酌，且證物為足以影響判決結果之重要證物者而言。申言之：(一)非前訴訟程序事實審法院漏未斟酌所提出之證物；(二)縱經斟酌者，不足以影響原判決之內容；(三)原判決曾於理由已說明其為不必要之證據者。均不能認為具備本款規定之再審事由，法院應駁回再審之訴[21]。

第二節　專利行政訴訟制度

專利行政訴訟之審判機關分設最高行政法院與智慧財產及商業法院，採二級二審。因智慧財產及商業法院組織法與智慧財產案件審理法之規定，智慧財產及商業法院為專利行政訴訟之第一審法院，最高行政法院為第二審法院（智慧財產法及商業法院組織法第2條第1款、第3條第3款；智慧財產案件審理法第31條第1項）。

---

[21] 最高行政法院102年度判字第624號行政判決。

第一項　訴訟當事人與管轄法院

　　專利行政訴訟當事人有原告、被告及參加訴訟人，第一審管轄法院為智慧財產及商業法院，其為事實審法院。第二審管轄法院為最高行政法院，而為法律審法院。

例題7

　　甲以「植物生長調和物」向經濟部智慧財產局申請發明專利，經智慧財產局予以審查，作成准予專利處分，甲持發明專利為丙設定專利質權，作為借款之擔保，並經登記在案。乙嗣後以發明專利欠缺進步性要件為由，對專利權提起舉發，智慧財產局作成舉發不成立處分，舉發人乙不服提起專利訴願，經濟部認為訴願無理由，作成駁回訴願之決定，舉發人乙不服專利訴願，其向智慧財產及商業法院提起課予義務訴訟，聲明請求智慧財產局應為舉發成立之審定處分。試問：(一)乙應以何機關為被告？(二)專利權人甲得否參加訴訟？(三)原告乙於專利行政訴訟提出不具進步性之新證據，智慧財產及商業法院應否審酌？(四)經濟部認為訴願有理由，作成撤銷或變更原專利處分之訴願決定，專利權人甲不服該專利訴願而提起撤銷訴訟，智慧財產及商業法院得否命智慧財產局參加訴訟？(五)質權人丙得否參加訴訟？

壹、訴訟當事人

一、當事人範圍

　　訴訟當事人範圍有原告、被告及依第41條與第42條參加訴訟之人（行政訴訟法第23條）。是行政訴訟之參加人為當事人，為判決效力所及。自然人、法人、中央及地方機關、非法人之團體，有訴訟當事人能力（行政訴訟法第22條）。經專利訴願程序之行政訴訟，倘為駁回訴願者，以智慧財產局為被告（行政訴訟法第24條第1款）。而為撤銷或變更原處分之決定者，應以經濟部為被告（行政訴訟法第24條第2款）。

(一)須經訴願程序

1.撤銷訴訟

提起撤銷訴訟與課予義務訴訟，須經訴願程序，此為訴願前置主義。就撤銷訴訟而言，倘經濟部作成駁回訴願決定，以智慧財產局之違法專利處分，認為損害其權利或法律上之利益之訴願人及其他利害關係人，係適格之原告，而智慧財產局為適格之被告（行政訴訟法第4條第1項、第3項、第24條第1款）。反之，經濟部作成撤銷或變更原專利處分之訴願決定，以經濟部之違法決定，認為損害其權利或法律上之利益之相對人及其他利害關係人，係適格之原告，而以經濟部為適格之被告（行政訴訟法第4條第1項、第3項、第24條第2款）。

2.課予義務訴訟

(1)怠為處分之訴

課予義務訴訟分為怠為處分之訴與拒絕申請之訴兩種類型。先就怠為處分之訴而言，倘經濟部作成駁回訴願決定，以智慧財產局於法令所定期間內應作為而不作為，認為損害其權利或法律上之利益之訴願人，係適格之原告，而智慧財產局為適格之被告（行政訴訟法第5條第1項、第24條第1款）。反之，經濟部作成訴願有理由之決定，以經濟部之違法決定，認為損害其權利或法律上之利益之相對人，係適格之原告，而以經濟部為適格之被告（行政訴訟法第5條第1項、第24條第2款）。

(2)拒絕申請之訴

就拒絕申請之訴而論，倘經濟部作成駁回訴願決定，以智慧財產局對其依法申請之專利案件，認為其權利或法律上利益受違法損害者，係適格之原告，而智慧財產局為適格之被告（行政訴訟法第5條第2項、第24條第1款）。反之，經濟部作成訴願有理由之決定，以經濟部之違法決定，認為其權利或法律上之利益受違法損害之相對人，係適格之原告，而以經濟部為適格之被告（行政訴訟法第5條第2項、第24條第2款）。

(二)不經訴願程序

1.確認訴訟

提出確認訴訟與一般給付訴訟不必先經訴願程序。確認訴訟之對象有無效之專利處分，或已執行完畢或因其他事由而消滅之專利處分為違法。確認專利處分無效之訴，以向智慧財產局請求確認專利處分無效之當事人為適格原告。原告包含專利處分之相對人與具有利害關係之第三人（行政程序法第113條第2項）[22]。而以智慧財產局為適格之被告。確認已消滅之專利處分違法訴訟，以向智慧財產局請求確認已消滅之專利處分違法之處分相對人與其他利害關係人為適格原告，而以智慧財產局為適格之被告。

2.一般給付訴訟

人民與智慧財產局或經濟部間，因公法上原因或公法上契約，發生財產上之給付或請求作成專利處分以外之其他非財產上之給付，得提起給付訴訟（行政訴訟法第8條第1項、第2項）。職是，有權請求一般給付者為適格原告，被告為智慧財產局或經濟部。

二、共同訴訟

2人以上於下列各款情形，得為共同訴訟人，一同起訴為共同原告或一同被訴為共同被告：(一)為訴訟標的之行政處分係二以上機關共同為之者（行政訴訟法第37條第1項第1款）；(二)為訴訟標的之權利、義務或法律上利益，為其所共同者。例如，專利申請權為共有者，倘專利申請被核駁，並經訴願駁回。因其訴訟標的之權利為共有，是共有人得一同起訴為共同原告（第2款）；(三)為訴訟標的之權利、義務或法律上利益，於事實上或法律上有同一或同種類之原因者（第3款）。例如，2人以上對同一發明專利權以同一或同種類之證據分別提起舉發（專利法第78條前段），倘舉發均不成立，經濟部作成駁回訴願決定。因均基於同一或同種類之事實

---

[22] 行政程序法第113條第2項規定：行政處分之相對人或利害關係人有正當理由請求確認行政處分無效時，處分機關應確認其為有效或無效。

或法律上原因，故舉發人得一同起訴為共同原告[23]。

貳、訴訟能力

　　能獨立以法律行為負義務者，有訴訟能力（行政訴訟法第27條第1項）。法人、中央及地方機關、非法人之團體，應由其代表人或管理人為訴訟行為（第2項）。前項規定於依法令得為訴訟上行為之代理人準用之（第3項）。例如，民法第555條之經理人。

參、訴訟參加

一、定　義

　　所謂訴訟參加者，係指原告或被告以外之第三人，參與他人間已繫屬之訴訟。參加人與共同訴訟人之最大差異處，在於前者係以第三人身分參與他人訴訟，而共同訴訟人為訴訟程序之原告與被告。

二、參加之類型

(一)必要共同訴訟之獨立參加訴訟

　　訴訟標的對於第三人及當事人一造必須合一確定者，智慧財產及商業法院就訴訟標的之法律關係，對當事人一造與第三人所為之裁判，不得有相異內容時，應以裁定命第三人參加訴訟（行政訴訟法第41條；智慧財產案件審理法第1條）。例如，專利申請權為共有者，應由全體共有人提出申請（專利法第12條第1項）。倘僅有部分共有人提出申請，因其他共有人對該訴訟標的必須合一確定，智慧財產及商業法院應命其他共有人參加訴訟。

---

[23] 劉新發，專利行政救濟程序，經濟部智慧財產局，2007年2月，頁54。

（二）利害關係人之獨立參加訴訟

　　智慧財產及商業法院認為撤銷訴訟之結果，第三人之權利或法律上利益將受損害者，得依職權命其獨立參加訴訟，並得因第三人之聲請，裁定允許其參加（行政訴訟法第42條第1項）。因獨立參加訴訟係為自己利益而參加訴訟，參加人自得提出獨立之攻擊或防禦方法（第2項）。訴願人已向智慧財產及商業法院提起撤銷訴訟，利害關係人就同一事件再行起訴者，視為有參加訴訟（第4項）。以避免同一專利處分或專利訴願決定有二個以上訴訟，導致判決發生歧異。例如，就舉發成立或不成立之案件，專利權人與舉發人互為利害關係人，倘專利權人對舉發成立提起撤銷訴訟，或舉發人對舉發不成立提起課予義務訴訟，智慧財產及商業法院除得依職權命專利權人或舉發人獨立參加訴訟外，舉發人或專利權人亦得聲請獨立參加訴訟。

三、告知訴訟

　　行政訴訟之輔助參加，準用民事訴訟法之告知訴訟（行政訴訟法第44條、第48條）。當事人得於訴訟繫屬中，將訴訟告知於因自己敗訴而有法律上利害關係之第三人，以促其參加訴訟（民事訴訟法第56條第1項）。受訴訟之告知者，得遞行告知（第2項）。所謂有法律上利害之關係之第三人，係指本訴訟之裁判效力及於第三人，第三人私法上之地位，因當事人之一造敗訴，而將致受不利益；或者本訴訟裁判之效力雖不及於第三人，而第三人私法上之地位因當事人之一造敗訴，而於法律上或事實上依該裁判之內容或執行結果，將致受不利益者而言[24]。例如，第三人向智慧財產局對專利權提起舉發，智慧財產局作成舉發成立處分，專利權人不服提起專利訴願，經濟部認為訴願無理由，作成訴願駁回決定，專利權人不服提起撤銷訴訟。因專利權經撤銷，將影響專利權讓與人、專利權被授權人或專利質權人。準此，專利權人得將訴訟告知專利權讓與人、被授權人

---

[24] 最高法院51年台上字第3038號民事判決。

或質權人，以便輔助參加。

四、參加之效力

　　參加訴訟制度係經由參加人參加訴訟之機會，達成紛爭解決一回性之目的，故判決除對第32條規定之訴訟當事人發生效力外，倘經智慧財產及商業法院依第41條及第42條規定，裁定命其參加或許其參加而未為參加者，判決對獨立參加訴訟人亦有效力（行政訴訟法第47條）。

肆、訴訟代理人與輔佐人

一、訴訟代理人

　　當事人得委任代理人為訴訟行為。但每一當事人委任之訴訟代理人不得逾3人（行政訴訟法第49條第1項）。專利行政訴訟應以律師為訴訟代理人。非律師具有下列情形之一者，經審判長許可後，得為訴訟代理人或複代理人（第3項、第4項）：(一)專利行政事件，具備專利師資格或依法得為專利代理人者（第2項第2款）；(二)當事人為公法人、中央或地方機關、公法上之非法人團體時，其所屬專任人員辦理法制、法務、訴願業務或與訴訟事件相關業務者（第2項第3款）。

二、輔佐人

　　因專利行政訴訟內容常涉及專門技術或知識，並非當事人或一般訴訟代理人所熟悉。是當事人或訴訟代理人經智慧財產及商業法院之許可，得於期日偕同輔佐人到場（行政訴訟法第55條第1項）。智慧財產及商業法院認為必要時亦得命當事人或訴訟代理人偕同輔佐人到場（第2項）。智慧財產及商業法院認為輔佐人不適當時，得撤銷其許可或禁止其續為訴訟行為（第3項）。

伍、管轄法院

一、智慧財產及商業法院之設置

　　智慧財產及商業法院依法掌理關於智慧財產之民事訴訟、刑事訴訟及行政訴訟之審判事務（智慧財產及商業法院組織法第2條第1款）。因專利法、商標法、著作權法、光碟管理條例、積體電路電路布局保護法、植物品種及種苗法或公平交易法涉及智慧財產權所生之第一審行政訴訟事件及強制執行事件，由智慧財產及商業法院管轄。其他依法律規定或經司法院指定由智慧財產及商業法院管轄之案件（智慧財產及商業法院組織法第3條第3款、第4款）。智慧財產及商業法院管轄下列行政訴訟事件：(一)因專利法、商標法、著作權法、光碟管理條例、積體電路電路布局保護法、植物品種及種苗法或公平交易法，有關智慧財產權所生之第一審行政訴訟事件及強制執行事件（智慧財產案件審理法第31條第1項第1款）；(二)其他依法律規定由智慧財產及商業法院管轄之行政訴訟事件（第2款）；(三)其他行政訴訟與第1項各款訴訟合併起訴或為訴之追加時，應向智慧財產及商業法院為之（第2項）；(四)不當行使智慧財產權妨礙公平競爭所生行政訴訟事件；(五)海關依海關緝私條例第39條之1規定，對報運貨物進出口行為人侵害智慧財產權標的物之行政處分，所提起之行政訴訟事件[25]。

二、新制之實施

　　智慧財產案件審理法於2008年6月30日施行前，已繫屬於臺北高等行政法院之智慧財產行政訴訟事件，依其進行程度，由該法院依本法所定程序終結之，其已進行之程序，不失其效力（智慧財產及商業法院組織法第37條第3項）。準此，當事人於2008年6月30日前起訴之第一審專利行政訴訟，由智慧財產局或經濟部所在地之臺北高等行政法院管轄（行政訴訟法第13條第1項）。2008年7月1日後起訴之第一審專利行政訴訟，由智慧財

---

[25] 司法院2008年4月24日院台廳行一字第0970009021號函。

產及商業法院管轄（智慧財產及商業法院組織法第2條第1款、第3條第3款）。

三、統一智慧財產案件裁判與法律見解

辦理智慧財產民事訴訟或刑事訴訟之法官，得參與就該訴訟事件相牽涉之智慧財產行政訴訟之審判，不適用行政訴訟法第19條第3款規定（智慧財產案件審理法第34條第2項）。法條文義係指辦理智慧財產民事訴訟或刑事訴訟之法官，得參與就該訴訟事件相牽涉之智慧財產行政訴訟之審判。因關於同一智慧財產權所生之各種訴訟，倘得由相同之法官辦理，有助於避免裁判之歧異。行政訴訟法第19條第3款有關辦理行政訴訟事件之法官，曾參與該訴訟事件相牽涉之民刑事裁判者，應自行迴避規定，適用於智慧財產行政訴訟案件，顯非妥適。職是，為統一智慧財產案件之裁判與法律見解，故智慧財產民事、刑事或行政案件得交由相同之法官辦理，自可避免判決內容或法律見解歧異[26]。

陸、例題解析

一、專利行政訴訟之原告與被告

認為智慧財產局所為駁回依法申請之專利處分，有損害其權利或法律上利益者，得對該專利處分不服，提起專利訴願，倘經濟部認為專利訴願無理由，而為駁回訴願之決定，以智慧財產局之違法專利處分，認為損害其權利或法律上之利益之相對人及其他利害關係人，得為適格之原告，向智慧財產及商業法院提出課予義務訴訟，應以智慧財產局為被告（行政訴訟法第5條第2項、第24條第1款；智慧財產及商業法院組織法第2條第1款、第3條第3款）。甲向智慧財產局申請發明專利，經智慧財產局作成准予專利處分，乙以該發明專利欠缺進步性要件為由，對該專利權提起舉

---

[26] 智慧財產法院98年度民聲上字第1號民事裁定。

發，智慧財產局作成舉發不成立處分，舉發人乙不服提起專利訴願，經濟部認為訴願無理由，作成駁回訴願之決定，舉發人乙不服專利訴願，向智慧財產及商業法院提起課予義務訴訟，乙應以智慧財產局為被告。

二、利害關係人之獨立參加訴訟

　　智慧財產及商業法院認為撤銷訴訟之結果，第三人之權利或法律上利益將受損害者，得依職權命其獨立參加訴訟，並得因該第三人之聲請，裁定允許其參加（行政訴訟法第42條第1項）。就舉發不成立之案件，專利權人與舉發人互為利害關係人，倘舉發人提起課予義務之訴，智慧財產及商業法院得依職權命專利權人獨立參加訴訟，專利權人亦得聲請獨立參加訴訟。準此，智慧財產及商業法院除得依職權命專利權人甲獨立參加訴訟外，甲亦得聲請獨立參加訴訟。

三、審酌專利撤銷之新證據

　　因行政訴訟判決確定後，舉發人仍得以前行政訴訟中未能提出之新證據，就同一專利權，再為舉發，而為另一行政爭訟程序（專利法第71條第1項）。為避免同一專利權之有效性爭議，滋生多次之行政爭訟，是關於撤銷專利權之行政訴訟中，當事人於言詞辯論終結前，就同一撤銷理由提出之新證據，智慧財產及商業法院仍應審酌之（智慧財產案件審理法第33條第1項）。智慧財產專責機關就新證據應提出答辯書狀，表明他造關於該證據之主張有無理由（第2項）。準此，舉發人乙不服該專利訴願，以原告地位提出課予義務之訴，乙雖未於舉發審定前提出不具進步性之新證據，供智慧財產局審酌。惟原告乙得於專利行政訴訟提出不具進步性之新證據，智慧財產及商業法院仍應審酌，以求減少同一專利權有效性之爭執。

四、輔助參加

　　智慧財產及商業法院認其他行政機關有輔助一造之必要者，得命其參

加訴訟（行政訴訟法第44條第1項）。前開行政機關或有利害關係之第三人，亦得聲請參加（第2項）。智慧財產局所為之舉發不成立處分，經舉發人提起訴願後，遭經濟部為撤銷之訴願決定，專利權人以經濟部為被告提起撤銷訴訟（行政訴訟法第24條第2款）。智慧財產及商業法院為釐清事實與有利程序之進行，得命智慧財產局輔助原告專利權人甲而參加訴訟。因丙為專利權之質權人，就專利權是否被撤銷，具有利害關係，其得聲請參加訴訟。

五、訴訟告知

　　行政訴訟之輔助參加，準用民事訴訟法之告知訴訟（行政訴訟法第44條、第48條）。當事人得於訴訟繫屬中，將訴訟告知於因自己敗訴而有法律上利害關係之第三人，以促其參加訴訟（民事訴訟法第65條第1項）。因專利權被撤銷，將影響專利質權人（專利法第62條第4項）。是原告專利權人甲亦得將訴訟告知專利質權人丙，由丙決定是否聲請參加（行政訴訟法第44條第2項）。

柒、相關實務見解—法院依職權命其獨立參加訴訟

　　智慧財產及商業法院認為撤銷訴訟之結果，第三人之權利或法律上利益將受損害者，得依職權命其獨立參加訴訟（智慧財產案件審理法第1條；行政訴訟法第42條第1項）。利害關係人獨立參加訴訟之目的，主要係撤銷訴訟或其他訴訟之判決效力所及之第三人，因訴訟結果而受損害，故使其參加訴訟，賦予攻擊防禦之機會，以保護其權利，並維護裁判之正確性。查原告前以「拉伸成型的發光二極體燈座」向被告申請新型專利，經被告進行形式審查，准予專利在案，並發給新型號專利證書。嗣參加人以專利有違核准時專利法第94條第4項規定，對之提起舉發。案經被告審查，作成舉發成立，應予撤銷之行政處分。原告不服，提起訴願。經濟部為駁回訴願決定。原告即專利權人不服決定，遂向智慧財產及商業法院提

起行政訴訟。因智慧財產及商業法院認本件判決結果，倘認原處分及訴願決定應予撤銷，將影響參加人即舉發人之權利或法律上之利益，故依職權命參加人獨立參加本件被告即智慧財產局之訴訟[27]。

第二項　專利行政之起訴程序

專利行政訴訟程序分為通常訴訟程序與上訴審程序，前者為第一審，其屬事實審；後者係當事人或訴訟關係人，對於智慧財產及商業法院未確定而不利於己之終局判決，向最高行政法院聲明不服，其為第二審，係法律審。

例題8

甲以「車輛衛星導航器」向智慧財產局申請發明專利，智慧財產局審查結果，作為不予專利之核駁審定書，甲不服該專利處分，向經濟部提起專利訴願，經濟部維持原專利處分，作成駁回專利訴願決定。試問甲應如何救濟？依據為何？

例題9

專利行政訴訟之類型，依據行政訴訟法規定，可分為撤銷訴訟、確認訴訟、一般給付訴訟、課予義務訴訟及再審之訴。試問其訴訟標的為何？依據為何？

---

[27] 智慧財產法院105年度行專訴字第18號行政裁定。

壹、起訴期間

一、先經訴願程序者

(一)有訴願決定

專利訴願人提起撤銷訴訟與課予義務訴訟（行政訴訟法第4條第1項、第5條），應於訴願決定書送達之次日起2個月內，向智慧財產及商業法院提起行政訴訟（訴願法第90條；行政訴訟法第106條第1項本文；智慧財產及商業法院組織法第3條第3款；智慧財產案件審理法第31條第1項）。再者，訴願人以外之利害關係人提起撤銷訴訟，應於知悉訴願決定書之次日起算2個月內，向智慧財產及商業法院提起行政訴訟者（行政訴訟法第106條第1項但書）。撤銷訴訟、課予義務之訴，自訴願決定書送達後，已逾3年者，不得提起（第2項）。不論是否有聲請回復原狀，均不得提起（行政訴訟法第91條至第93條）。

(二)未作成訴願決定

人民因智慧財產局之違法專利處分，認為損害其權利或法律上之利益，經依訴願法提起訴願逾3個月不為決定，或延長訴願決定期間逾2個月不為決定者，得向智慧財產及商業法院提起撤銷訴訟（行政訴訟法第4條第1項）。行政訴訟法就未作成訴願決定，並未規定起訴期間。準此，僅要原告起訴時，經濟部尚未作成訴願決定，即可提起撤銷訴訟[28]。

二、不經訴願程序者

(一)否定專利處分無效之確認訴訟

提出確認訴訟與一般給付訴訟均不必先經訴願程序，亦未規定起訴之期間（行政訴訟法第6條、第8條）。就智慧財產局否定專利處分無效而言（行政訴訟法第6條第2項前段），應可準用提起撤銷訴訟與課予義務訴訟

---

[28] 劉新發，專利行政救濟程序，經濟部智慧財產局，2007年2月，頁64。

（行政訴訟法第4條第1項、第5條）。應於否定專利無效之處分送達之次日起2個月內，向智慧財產及商業法院提起行政訴訟（訴願法第90條；行政訴訟法第106條第1項本文；智慧財產及商業法院組織法第3條第3款；智慧財產案件審理法第31條第1項）。

（二）無效專利處分不為確答之確認訴訟或一般給付之訴

智慧財產局就無效專利處分，不為確答之情形（行政訴訟法第6條第2項後段）。僅要原告提起確認之訴，智慧財產局尚未作成否定專利處分無效之處分，均可提起確認之訴。同理，原告提起一般給付訴訟，倘原告起訴時，智慧財產局尚未為非專利處分之其他特定作為、容忍或不作為，均可提起一般給付之訴。

三、在途期間之扣除

當事人不在智慧財產及商業法院所在地住居者，計算法定期間，雖應扣除其在途之期間，然有訴訟代理人住居智慧財產及商業法院所在地，得為期間內應為之訴訟行為者，不得扣除在途期間（行政訴訟法第89條第1項）。

貳、回復原狀

起訴期間為不變期間，原則上不得伸長或縮短之（行政訴訟法第90條第1項）。例外情形，係因天災或其他不應歸責於己之事由，致遲誤不變期間者，得於其原因消滅後1個月內，聲請回復原狀；倘不變期間少於1個月者，得於相等之日數內，聲請回復原狀（行政訴訟法第90條第1項）。遲誤不變期間已逾1年者或第106條之撤銷訴訟之起訴期間已逾3年者，均不得聲請回復原狀（第3項）。

參、起訴程序

一、起訴書狀

　　提起專利行政訴訟，應以訴狀表明：(一)當事人；(二)起訴之聲明；(三)訴訟標的及其原因事實，並向智慧財產及商業法院提出（行政訴訟法第105條第1項）。訴狀內宜記載適用程序上有關事項、證據方法及其他準備言詞辯論之事項；其經訴願程序者，並附具決定書（第2項）。起訴之聲明，係請求法院應如何裁判。原告聲明之方式，其與專利處分、訴願決定或訴訟類型有關。例如，依據行政訴訟法第4條第1項提起撤銷之訴，倘有專利訴願決定，應請求撤銷原專利處分與訴願決定。反之，倘未作成專利訴願決定，僅請求撤銷原專利處分即可。訴訟標的者，係請求智慧財產及商業法院予以判決之法律關係。例如，申請專利、舉發撤銷專利權。所謂訴訟標的之原因事實，係指發生法律關係之事由。例如，以舉發撤銷專利權之法律關係為訴訟標的者，其原因事實係指以何種事證舉發專利，專利不符專利法之何項規定而應予撤銷，智慧財產局依據何理由作成舉發成立或不成立之處分[29]。

二、當事人書狀

　　當事人書狀，除別有規定外，應記載下列各款事項：(一)當事人，當事人範圍有自然人、法人、機關及其他團體；(二)有法定代理人、代表人或管理人，應記載之；(三)有訴訟代理人應記載之，訴訟代理人之資格依據本法第49條規定；(四)應為之聲明，其為當事人請求之目的，即請求行政法院為一定行為之意思表示；(五)事實上及法律上之陳述，以支持當事人之聲明，其為原告之攻擊方法與被告之防禦方法；(六)供證明或釋明用之證據；(七)附屬文件及其件數；(八)其為智慧財產及商業法院或最高行政法院；(九)書狀作成之年月日（行政訴訟法第57條）。

---

[29] 劉新發，專利行政救濟程序，經濟部智慧財產局，2007年2月，頁68。

肆、例題解析

一、例題8解析——課予義務訴訟之起訴程序

(一)訴訟標的為申請發明專利之法律關係

甲向智慧財產局申請發明專利，智慧財產局作為不予專利之審定，甲不服該專利處分，向經濟部提起專利訴願，經濟部作成駁回專利訴願決定，甲應向智慧財產及商業法院提起課予義務訴訟，以智慧財產局為被告（行政訴訟法第24條第1款）。其起訴聲明為撤銷專利訴願決定與原專利處分外，並請求智慧財產局應為核准專利之處分（行政訴訟法第5條第2項）。訴訟標的為申請發明專利之法律關係，其原因事實為原告以「車輛衛星導航器」之發明於何時申請發明專利，智慧財產局以何規定為不予專利之處分。

(二)智慧財產及商業法院審理

智慧財產及商業法院認為原告之訴有理由，應為如後判決：1.案件事證明確者，應判命智慧財產局作成甲所申請內容之准予專利處分（行政訴訟法第200條第3款）；2.雖認為原告之訴有理由，然案件事證尚未臻明確或涉及智慧財產局之行政裁量決定者，應判命智慧財產局遵照智慧財產及商業法院判決之法律見解，對甲作成決定。即命被告對原告「車輛衛星導航器」發明專利申請案，應依本判決之法律見解另為處分。

二、例題9解析——訴訟標的

(一)撤銷訴訟

專利行政撤銷訴訟之訴訟標的，係指起訴聲明所請求撤銷具體專利處分或專利訴願決定，其範圍應以起訴狀所載之原因事實，並經提起訴願部分為限（行政訴訟法第4條）。專利處分或專利訴願決定係不可分者，其訴訟標的為專利處分或專利訴願決定之全部。倘係可分者，其訴訟標的，應以經訴願，並經起訴聲明不服之部分為限。

(二)確認訴訟

專利行政確認訴訟之訴訟標的，係指該無效或已解消之專利處分，或者所爭執成立或不成立、存在或不存在之有關專利法之公法關係（行政訴訟法第6條第1項）。

(三)一般給付訴訟

專利行政一般給付訴訟之訴訟標的，係原告主張智慧財產局或經濟部應給付之請求權；或原告主張智慧財產局或經濟部負有不作為義務之請求權（行政訴訟法第8條第1項）。

(四)課予義務訴訟

專利行政課予義務訴訟之訴訟標的，係指原告依據專利法之規定，有向智慧財產局或經濟部為專利處分或特定行政處分之公法上請求權（行政訴訟法第5條）[30]。

(五)再審之訴

專利行政再審之訴之目的，在於廢棄原確定判決，並就原訴訟變更為有利再審原告之判決（行政訴訟法第273條、第274條）。就請求廢棄原確定判決而言，其訴訟標的應為訴訟法上之形成權。就請求就原訴訟變更為有利再審原告之判決而論，原有之訴訟之訴訟標的，亦併為再審之訴之訴訟標的。職是，再審之訴有兩訴訟標的[31]。

伍、相關實務見解──顯無再審理由

再審之訴顯無再審理由者，得不經言詞辯論，以判決駁回之（行政訴

---

[30] 陳計男，行政訴訟法釋論，三民書局股份有限公司，2000年1月，頁213至216。

[31] 楊建華，民事訴訟法問題研析2，三民書局股份有限公司，1991年10月，頁315。

訟法第278條第2項）。法院公開行準備程序，前經合法通知再審原告到庭，復經點呼再審原告，再審原告未到場。參諸卷內現有事證，本件再審原告之主張，顯無再審理由。準此，本件再審事件得不經言詞辯論，以判決駁回再審原告之訴[32]。

第三項　專利行政訴訟之審理

原告提起專利行政訴訟，智慧財產及商業法院依職權審查訴訟要件，其為本案判決或實體判決之要件，倘不具訴訟要件，其無法補正或逾期未補正，其訴不合法，應以裁定駁回。具備訴訟要件，智慧財產及商業法院繼而進行本案之辯論與判決。

例題10

乙於2005年7月1日以「電路板清潔機」向智慧財產局申請新型專利，智慧財產局審查結果，作為不予專利之核駁審定書，乙不服該專利處分，向經濟部提起專利訴願，經濟部維持原專利處分，作成駁回專利訴願決定，乙於2006年7月1日向臺北高等行政法院提起課予義務訴訟。試問智慧財產案件審理法施行後，臺北高等行政法院應如何處理該課予義務訴訟？

壹、專利行政訴訟要件

一、訴訟要件之定義

訴訟要件除為起訴之形式要件外，亦為實體判決之要件，此為程序上之合法要件。原告提起專利行政訴訟，應具備訴訟要件，智慧財產及商業

---

[32] 智慧財產法院103年度行專再字第1號行政判決。

法院始進行權利保護要件之調查，欠缺具備訴訟要件者，智慧財產及商業法院應以裁定駁回原告之訴。

二、訴訟要件之審查與補正

　　原告之訴，倘未具備訴訟要件，不得為實體判決之要件，智慧財產及商業法院固應以裁定駁回之。惟可補正者，審判長應定期間先命補正，專利行政訴訟要件如後（行政訴訟法第107條第1項）：(一)訴訟事件不屬行政訴訟審判之權限者。但本法別有規定者，從其規定（第1款）；(二)訴訟事件不屬受訴智慧財產法院管轄而不能請求指定管轄，亦不能為移送訴訟之裁定者（第2款）；(三)原告或被告無當事人能力者（第3款）；(四)原告或被告未由合法之法定代理人、代表人或管理人為訴訟行為者（第4款）；(五)由訴訟代理人起訴，而其代理權有欠缺者（第5款）；(六)起訴逾越法定期限者（第6款）；(七)當事人就已起訴之事件，於訴訟繫屬中更行起訴者（第7款）；(八)本案經終局判決後撤回其訴，復提起同一之訴者（第8款）；(九)訴訟標的為確定判決或和解之效力所及者（第9款）；(十)起訴不合程序或不具備其他要件者（第10款）。

貳、言詞審理與直接審理

　　智慧財產及商業法院審理專利行政訴訟，應本於言詞辯論而為裁判。原則上為言詞審理主義，例外始採書面審理主義（行政訴訟法第188條第1項）。故當事人不得引用文件以代言詞陳述。如以舉文件之詞句為必要時，得朗讀其必要之部分（行政訴訟法第122條第3項）。法官非參與裁判基礎之辯論者，不得參與裁判，其為直接審理主義（行政訴訟法第188條第2項）。違反直接審理主義，屬判決法院之組織不合法，其判決違背法令（行政訴訟法第243條第2項第1款）。當事人得持本事由，作為上訴最高行政法院之理由（行政訴訟法第242條）。

參、調查事實與證據

一、調查事實

　　當事人應就訴訟關係為事實上及法律上之陳述，以支持其聲明之理由（行政訴訟法第122條第2項）。為保障人民權益、維護公益及貫徹依法行政合法性之審查，行政訴訟採職權調查主義[33]，故行政法院應依職權調查事實關係，不受當事人主張之拘束（行政訴訟法第125條第1項）。審判長除使當事人得為事實上及法律上適當完全之辯論外，審判長應向當事人發問或告知，令其陳述事實、聲明證據，或為其他必要之聲明及陳述；其所聲明或陳述有不明瞭或不完足者，應令其敘明或補充之（第2項、第3項）。

二、調查證據

　　專利行政訴訟程序採直接審理與言詞審理主義，是行政法院調查證據，除別有規定外，應於言詞辯論期日行之（行政訴訟法第123條第1項）。行政訴訟之舉證責任，雖準用民事訴訟之舉證責任分配（行政訴訟法第136條）[34]。然因行政程序具有公共利益之性質，故行政訴訟法採實質真實發現主義，在調查證據上採用職權探知主義。準此，行政法院於撤銷訴訟或其他訴訟為維護公益者，應依職權調查證據（行政訴訟法第133條）。基於職權調查證據主義，當事人主張之事實，雖經他造自認，行政法院仍應調查其他必要之證據（行政訴訟法第134條）。期能發現實質之真實。當事人因妨礙他造使用，故意將證據滅失、隱匿或致礙難使用者，行政法院得審酌情形認他造關於該證據之主張或依該證據應證之事實為真

---

[33] 翁岳生主編，行政訴訟法逐條釋義，五南圖書出版股份有限公司，2003年5月，初版2刷，頁427。

[34] 民事訴訟法第277條規定：當事人主張有利於己之事實者，就其事實有舉證之責任。但法律別有規定，或依其情形顯失公平者，不在此限。

實（行政訴訟法第135條第1項）。前開情形，應於裁判前令當事人有辯論之機會（第2項）。

三、技術專家協助訴訟

（一）設置技術審查官

為協助智慧財產及商業法院法官於專利行政訴訟中為正確之裁判，特設置技術審查官（智慧財產及商業法院組織法第16條）。在專利行政訴訟過程中，以不直接參與裁判之方式，協助法官處理有關專利之專業技術之爭點。技術審查官之法定職務內容有：1.為使訴訟關係明確，就事實上及法律上之事項，基於專業知識對當事人為說明或發問；2.對證人或鑑定人為直接發問；3.就本案向法官為意見之陳述；4.在證據保全時協助調查證據（智慧財產案件審理法第4條）。

（二）技術審查官之職務

技術審查官執行法定職務之方式有：1.就訴訟書狀及資料，基於專業知識，分析及整理其論點，使爭點明確，並提供說明之專業領域參考資料；2.就爭點及證據之整理、證據調查之範圍、次序及方法，向法官陳述參考意見；3.其於期日出庭，經審判長或有調查證據權限之受命法官許可後，得向當事人本人、訴訟代理人、證人或鑑定人為必要之發問，並就當事人本人、訴訟代理人、證人及鑑定人等之供述中不易理解之專業用語為說明；4.在勘驗前或勘驗時向法院陳述應注意事項，及協助法官理解當事人就勘驗標的之說明，並對於標的物之處理及操作；5.協助裁判書附表及圖面之製作；6.在裁判評議時，經審判長許可列席，陳述事件有關之技術上意見。審判長並得命技術審查官就其擬陳述之意見，預先提出書面（智慧財產案件審理細則第13條）。

（三）技術審查官報告

審判長或受命法官得命技術審查官就其執行職務之成果，製作報告書。倘案件之性質複雜而有必要時，得命分別作成中間報告書及總結報告書。技術審查官製作之報告書，不予公開（智慧財產案件審理細則第16

條）。技術審查官之陳述，非證據資料，不得直接採為認定待證事實之證據，且當事人就訴訟中待證之事實，仍應依各訴訟法所定之證據程序提出證據，以盡其舉證責任，不得逕行援引技術審查官之陳述而為舉證（智慧財產案件審理細則第18條）。

四、法官心證適度公開

(一)避免突襲裁判

　　為使當事人有表示意見之機會，避免對當事人造成突襲裁判，並維護當事人聽審請求權與正當程序保障，智慧財產及商業法院應賦予當事人辯論之機會與適度開示心證[35]。準此，法院已知之特殊專業知識，應予當事人有辯論之機會，始得採為裁判之基礎（智慧財產案件審理法第8條第1項）。審判長或受命法官就事件之法律關係，應向當事人曉諭爭點，並得適時表明其法律上見解及適度開示心證（第2項）。

(二)判決書應記載得必證之理由

　　智慧財產及商業法院為裁判時，應斟酌全辯論意旨及調查證據之結果，依論理及經驗法則判斷事實之真偽（行政訴訟法第189條第1項本文）。依前項判斷而得心證之理由，應記明於判決（第2項）。因技術審查官陳述意見，涉及特殊專業知識，法官在訴訟處理，自應使當事人有辯論之機會，其意見為法院所贊同者，而於裁判書中以得心證之理由呈現。職是，法院於判決書直接援引技術審查官意見作為裁判基礎，為判決不備理由，該判決當然違背法令，當事人不服該判決，得據此為上訴最高行政法院之理由（行政訴訟法第242條、第243條第1項第6款）。

---

[35] 司法院行政訴訟及懲戒廳，智慧財產案件審理法新制問答彙編，司法院，2008年6月，頁24。

五、提出新證據

(一)原告為舉發人

1.被告為智慧財產局

關於撤銷、廢止商標註冊或撤銷專利權之行政訴訟,當事人於言詞辯論終結前,就同一撤銷或廢止理由提出之新證據,智慧財產及商業法院仍應審酌之;智慧財產專責機關就前項新證據應提出答辯書狀,表明他造關於該證據之主張有無理由(智慧財產案件審理法第33條)。觀諸智慧財產案件審理法第33條第1項立法理由,主旨在於專利舉發案,係在避免舉發人經專利專責機關為舉發不成立之審定之行政訴訟,倘法院不審酌舉發人於行政訴訟,所補提關於專利權應撤銷之證據,造成舉發人於行政訴訟判決確定後,仍得以前行政訴訟程序,未能提出之新證據,就同一專利權,再為舉發,並因之衍生另一行政爭訟程序之情形。復參照同條第2項規定,智慧財產專責機關就同條第1項之新證據,應提出答辯書狀之法文結構相互以觀,顯然智慧財產案件審理法第33條第1項規定,就專利舉發案而言,係經專利專責機關為舉發不成立,專利舉發人於對專利專責機關之處分不服而以專責機關為被告所提起之行政訴訟,始有適用。故法條所稱之當事人於專利舉發案,應限縮解釋於舉發人為原告之情形[36]。

2.經濟部為被告

關於撤銷專利權之行政訴訟,當事人於言詞辯論終結前,就同一撤銷或廢止理由提出之新證據,智慧財產及商業法院雖應審酌之(智慧財產案件審理法第33條第1項)。然當事人係針對訴願決定不服,而以訴願決定機關為被告所提起之行政訴訟,因行政訴訟非以專利專責機關為被告,不適用本規定[37]。

---

[36] 最高行政法院100年度判字第2247號行政判決。
[37] 最高行政法院100年度判字第249號行政判決。

(二)行政機關之第一次判斷權

　　系爭專利案之舉發人為原告，為避免原告將來就同一專利權，再為舉發，並因之衍生另一行政爭訟程序之訴訟不經濟情形。法院仍應審酌其所提出之新證據。因原告於本件訴訟中始提出新證據，致原處分未及就新證據及相關引證案之組合予以審酌，未達法院可為特定行政處分內容。參諸憲法之權力分立原則，舉發案成立與否，應由被告先為第一次判斷，藉由行政之自我控制，作為司法審查前之先行程序。準此，本件事證未臻明確，有待發回審查，俟被告就新型專利之舉發案，應依本判決之法律見解另為處分，再為審查裁量[38]。

肆、例題解析─管轄恆定與程序從新

　　我國智慧財產及商業法院於2008年7月1日依據智慧財產及商業法院組織法正式設置，智慧財產案件審理法並於同日施行，於智慧財產案件審理法施行前已繫屬於臺北高等行政法院之專利行政訴訟事件，依其進行程度，由該法院依智慧財產案件審理法第一章總則、第四章行政訴訟所定程序終結之，其已依法定程序進行之訴訟程序，其效力則不受影響，此為管轄恆定與程序從新原則之適用（智慧財產案件審理法第37條第3項）。

伍、相關實務見解─適度公開心證

　　智慧財產及商業法院審理專利行政訴訟事件，就自己具備與事件有關之專業知識，或經技術審查官為意見陳述所得之專業知識，而擬採為裁判基礎者，應予當事人有辯論之機會，以避免造成突襲性裁判，並平衡保護訴訟當事人之實體利及程序利益。智慧財產案件審理法第8條於有關智慧

---

[38] 智慧財產法院104年度行專訴字第16號行政判決。

財產權之行政訴訟，應準用之（智慧財產案件審理法第34條第1項）[39]。

第四項　專利行政訴訟之裁判

　　無論何種類型之訴訟，原告起訴之目的，在於獲得如訴之聲明的判決。是行政法院認原告之訴為有理由者，除別有規定外，應為其勝訴之判決。倘認為無理由者，應以判決駁回之（行政訴訟法第195條第1項）。當事人於言詞辯論時為訴訟標的之捨棄或認諾者，以當事人具有處分權及不涉及公益者為限，行政法院得本於其捨棄或認諾為當事人敗訴之判決（行政訴訟法第202條）。

例題11

　　對專利法2011年12月21日修正之條文施行前註冊之專利，在本法修正施行後提出舉發者。試問智慧財產及商業法院應適用新法或舊法？理由為何？

例題12

　　專利權人甲對舉發成立之案件，向經濟部提起訴願，經濟部以訴願無理由，作成駁回決定，甲不服該訴願於2008年10月11日向臺北高等行政法院提起撤銷訴訟，臺北高等行政法院認為甲起訴有理由，撤銷原專利處分與訴願決定，智慧財產局以智慧財產及商業法院審理法規定為由，認為有管轄錯誤之事由，向最高行政法院提起上訴。試問最高行政法院應如何審理？依據為何？

---

[39] 最高法院100年度台上字第1013號民事判決。

例題13

　　甲對乙之專利提出舉發，舉發理由系爭專利不具新穎性及進步性，請求撤銷專利權。智慧財產局審定結果，認舉發證據足以證明專利不具新穎性，故為舉發成立應撤銷專利權之處分。至於專利是否不具進步性部分，認毋庸再予審認。乙不服提起訴願，遭決定駁回，遂提起行政訴訟，請求撤銷訴願決定及原處分，智慧財產及商業法院審理後，認為舉發證據雖不足以證明專利不具新穎性，然可證明專利不具進步性時。試問法院應如何判決？理由為何？

壹、裁判類型

　　法院裁判依其方式，分為裁定與判決兩種類型。專利行政訴訟裁判，除依本法應用判決者外，以裁定行之（行政訴訟法第187條）。行政訴訟除別有規定外，應本於言詞辯論而為裁判（行政訴訟法第188條第1項）。法官非參與裁判基礎之辯論者，不得參與裁判（第2項）。裁定得不經言詞辯論為之，其程序與判決不同（第3項）。

貳、裁判之實質要件

　　行政法院為裁判時，應斟酌全辯論意旨及調查證據之結果，依論理及經驗法則判斷事實之真偽。但別有規定者，不在此限（行政訴訟法第189條第1項）。依前開判斷而得心證之理由，應記明於判決（第2項）。故行政法院依自由心證判斷事實之真偽時，判決應記載：(一)所斟酌調查證據之結果；(二)證據內容如何；(三)證據與應證事實之關聯如何；(四)證據取捨之原因如何。倘未記明於判決，即屬行政訴訟法第243條第2項第6款所謂判決不備理由，其為上訴最高法院之上訴理由。準此，智慧財產及商業法院就技術審查官之陳述，不得直接採為認定待證事實之證據，且當事人

就訴訟中待證之事實，仍應依各訴訟法所定之證據程序提出證據，以盡其舉證責任，不得逕行援引技術審查官之陳述而為舉證（智慧財產案件審理細則第18條）。

參、逕為判決與一造辯論判決之要件

一、逕為判決之要件

撤銷訴訟及其他有關維護公益之訴訟，當事人兩造於言詞辯論期日無正當理由均不到場者，無須停止訴訟，行政法院得依職權調查事實，不經言詞辯論，逕為判決（行政訴訟法第194條）。維護公益訴訟類型，可包含確認訴訟與給付訴訟。

二、一造辯論判決之要件

言詞辯論期日，當事人之一造不到場者，得依到場當事人之聲請，由其一造辯論而為判決。不到場之當事人，經再次通知而仍不到場者，並得依職權由一造辯論而為判決（行政訴訟法第218條準用民事訴訟法第385條第1項）。

肆、撤銷訴訟判決

一、不利益變更禁止

撤銷訴訟之判決，倘係變更原專利處分或訴願決定者，不得為較原專利處分或訴願決定不利於原告之判決（行政訴訟法第195條第2項）。此為不利益變更禁止之規定，以保護原告之訴訟權。

二、情況判決

智慧財產及商業法院受理撤銷訴訟，發現原專利處分或訴願決定雖屬違法，但其撤銷或變更於公益有重大損害，經斟酌原告所受損害、賠償程

度、防止方法及其他一切情事，認原專利處分或訴願決定之撤銷或變更顯與公益相違背時，得駁回原告之訴（行政訴訟法第198條第1項）。前項情形，應於判決主文中諭知原處分或決定違法（第2項）。智慧財產及商業法院為第198條判決時，應依原告之聲明，將其因違法專利處分或訴願決定所受之損害，而於判決內命智慧財產局或經濟部賠償（行政訴訟法第199條第1項）。原告未為前項聲明者，得於前條判決確定後1年內，向智慧財產及商業法院訴請賠償（第2項）。

伍、課予義務訴訟

　　智慧財產及商業法院對於人民依第5條規定，請求應為專利行政處分或應為特定內容之專利行政處分之訴訟，應先審查程序是否合法，符合法要件後，繼而探究實體有無理由。

一、裁　定
　　原告之訴不合法者，無須審究實體上，是否有理由，智慧財產及商業法院，得不經言詞辯論程序，而以行政裁定駁回原告之訴（行政訴訟法第188條第3項、第200條第1款）。

二、判　決
（一）原告之訴無理由
　　原告起訴合法，智慧財產及商業法院繼而審查原告之訴是否有理由，倘原告之訴雖合法，惟原告之訴無理由者，應以判決駁回原告之訴（行政訴訟法第200條第2款）。

（二）原告之訴有理由
1.命智慧財產局決定之判決
　　原告之訴有理由，且案件事證明確者，應判命行政機關作成原告所申

請內容之行政處分，此為命決定之判決（行政訴訟法第200條第3款）。例如，申請專利請求項1至3與引證1至引證2之組合進行分析比對，認定引證1至引證2之組合，無法證明系爭申請專利請求項1至3不具進步性。原處分雖以申請專利違反專利法第22條第2項規定，作成不予專利之審定，然有未洽，訴願機關為駁回之決定，容有未合。原告執以指摘，為有理由。因本件事證明確，原告訴請撤銷訴願決定及原處分，暨被告應就系爭專利申請作成准予專利之審定為有理由，應予准許。準此，法院主文應諭知原處分及訴願決定均撤銷。被告應就申請「流量閥關斷控制裝置」發明專利申請案，作成准予專利之審定[40]。

2.命智慧財產局依判決之法律見解作成決定

原告之訴雖有理由，惟專利案件事證尚未臻明確或涉及智慧財產局之行政裁量決定者，應判命智慧財產局遵照其判決之法律見解，對於原告作成決定（第4款）。例如，智慧財產及商業法院以行政訴訟法第200條第4款之方式判決，雖於主文併諭知原告其餘之訴駁回，然其係單一課予義務訴訟事件之裁判，在事物本質上仍屬單一裁判權之行使，具有裁判上不可分之性質，當事人就原審判決不利於己之部分，提起上訴時，上訴審法院基於單一課予義務訴訟事件，具有裁判上一致性及單一裁判權之行使，而具有裁判上不可分之理由，仍應就事件之全部予以審酌[41]。

陸、判決效力

一、判決之確定力

訴訟標的於確定之終局判決中經裁判者，有確定力（行政訴訟法第213條）。準此，為訴訟標的之法律關係於確定終局判決中經裁判，確定終局判決中有關訴訟標的之判斷，即成為規範當事人間法律關係之基準，

---

[40] 智慧財產法院104年度行專訴字第44號行政判決。
[41] 最高行政法院104年度判字第559號行政判決。

嗣後同一事項於訴訟中再起爭執時，當事人不得為與該確定判決意旨相反之主張，法院亦不得為與確定判決意旨相反之判斷，其積極作用在避免先後矛盾之判斷，消極作用則在禁止重複起訴[42]。確定行政判決，除當事人外，對於訴訟繫屬後為當事人之繼受人者及為當事人或其繼受人占有請求之標的物者，亦有效力（行政訴訟法第214條第1項）。對於為他人而為原告或被告者之確定判決，對於該他人亦有效力（第2項）。

二、撤銷或變更原專利處分判決之效力

撤銷或變更原專利處分或決定之判決，其性質屬形成判決，對第三人亦有效力（行政訴訟法第215條）。任何人均不得對之爭執，主張原專利處分或訴願決定仍屬有效或不具違法性，此為判決之對世效力。撤銷或變更原專利處分或決定之判決，除對一般人民有效力外，對有關之機關亦有拘束力。詳言之，撤銷或變更原專利處分或訴願決定之判決，就該專利事件有拘束各關係機關之效力（行政訴訟法第216條第1項）。原專利處分或訴願決定經判決撤銷後，機關須重為專利處分或訴願決定者，應依判決意旨為之（第2項）。以防止智慧財產局或經濟部依同一違法之理由，對一人為同一專利處分或訴願決定。前2項規定，而於其他訴訟準用之（第3項）。

柒、救濟方法

一、不服未確定之終局判決

（一）上訴最高行政法院

對於智慧財產及商業法院之終局判決，除法律別有規定外，得上訴於最高行政法院（行政訴訟法第238條第1項）。因最高行政法院為法律審，

---

[42] 最高行政法院93年度判字第782號行政判決。

以審查智慧財產及商業法院之判決適用法律是否適當為其主要之目的。故於上訴審程序，不得為訴之變更、追加或提起反訴（第2項）。提起上訴，應於智慧財產及商業法院判決送達後20日之不變期間內為之。但宣示或公告後送達前之上訴，亦有效力（行政訴訟法第241條）。

（二）上訴之理由

因最高行政法院為法律審，對於智慧財產及商業法院判決之上訴，非以其違背法令為理由，不得為之（行政訴訟法第242條）。判決不適用法規或適用不當者，為違背法令，本項為概括違背法令之規定（行政訴訟法第243條第1項）。有下列各款情形之一者，其判決當然違背法令，此為列舉違反程序法之重要規定（第2項）：1.判決法院之組織不合法者（第1款）；2.依法律或裁判應迴避之法官參與裁判者（第2款）；3.行政法院於權限之有無辨別不當或違背專屬管轄之規定者（第3款）；4.當事人於訴訟未經合法代理或代表者（第4款）；5.違背言詞辯論公開之規定者（第5款）；6.判決不備理由或理由矛盾者（第6款）。

（三）審理範圍

基於處分主義之適用，最高行政法院應於上訴聲明不服之範圍內調查之，對於兩造不爭執事項，無須審究之（行政訴訟法第251條第1項）。因適用法規為法院之職務，最高行政法院調查智慧財產及商業法院判決有無違背法令，不受上訴理由之拘束，應依職權為調查（第2項）。

（四）最高行政法院審理方式

1.法律審與書面審理

最高行政法院為法律審，原則上採書面審查，法院判決不經言詞辯論為之。例外有下列情形之一者，得依職權或依聲請行言詞辯論：(1)法律關係複雜或法律見解紛歧，有以言詞辯明之必要者；(2)涉及專門知識或特殊經驗法則，有以言詞說明之必要者；(3)涉及公益或影響當事人權利義務重大，有行言詞辯論之必要者（行政訴訟法第253條第1項）。言詞辯論應於上訴聲明之範圍內為之（第2項）。

2.審查智慧財產及商業法院判決有無違背法令

原則上最高行政法院僅審查智慧財產及商業法院判決有無違背法令，無須調查新事實，故應以智慧財產及商業法院判決確定之事實為判決基礎（行政訴訟法第254條第1項）。例外情形有二：(1)以違背訴訟程序之規定為上訴理由時，所舉違背之事實，及以違背法令確定事實或遺漏事實為上訴理由時，所舉之該事實，最高行政法院得斟酌之，此係違法認定事實之調查（第2項）；(2)依第253條第1項但書行言詞辯論所得闡明或補充訴訟關係之資料，最高行政法院亦得斟酌之，不受原判決所確定之事實拘束，俾能發揮言詞辯論之功能（第3項）。

(四)裁　判

1.上訴無理由之判決

最高行政法院認上訴為無理由者，應為駁回之判決（行政訴訟法第255條第1項）。基於訴訟經濟原則，原判決依其理由雖屬不當，而依其他理由認為正當者，應以上訴為無理由（第2項）。

2.上訴有理由之判決

最高行政法院認上訴為有理由者，就該部分應廢棄原判決（行政訴訟法第256條第1項）。因違背訴訟程序之規定廢棄原判決者，其違背之訴訟程序部分，視為亦經廢棄（第2項）。除第243條第2項第1款至第5款之判決違背法令情形外，智慧財產及商業法院判決違背法令而不影響裁判之結果者，不得廢棄原判決（行政訴訟法第258條）。最高行政法院廢棄原判決，除自為判決外，應作成發回或發交判決。

3.自為判決之情形

最高行政法院廢棄原判決者，其應就該事件自為判決之情形有三：(1)因其於確定之事實或依法得斟酌之事實，不適用法規或適用不當廢棄原判決，而事件已可依該事實為裁判者；(2)因事件不屬智慧財產及商業法院之權限，而廢棄原判決者；(3)依第253條第1項行言詞辯論者（行政訴訟法第259條）。除有特別規定者，經廢棄原判決者，最高行政法院應將該事件

發交智慧財產及商業法院（行政訴訟法第260條第1項；智慧財產案件審理法施行細則第5條第1項）。前項發回或發交判決，就智慧財產及商業法院應調查之事項，應詳予指示（行政訴訟法第260條第2項）。受發回或發交之智慧財產法院，應以最高行政法院所為廢棄理由之法律上判斷，為其判決基礎（第3項）。

二、不服確定之終局判決

(一)再審事由

　　再審為對確定終局判決聲明不服之方法，為避免輕易動搖確定判決之效力，必須有法定事由，始得提起再審。準此，有下列各款情形之一者，得以再審之訴對於確定終局判決聲明不服，其為訴訟程序或判決基礎有重大瑕疵。但當事人已依上訴主張其事由或知其事由而不為主張者，其可歸責於當事人之過怠，自不許以再審之訴為救濟之必要（行政訴訟法第273條第1項）：1.適用法規顯有錯誤者；2.判決理由與主文顯有矛盾者；3.判決法院之組織不合法者；4.依法律或裁判應迴避之法官參與裁判者；5.當事人於訴訟未經合法代理或代表者；6.當事人知他造之住居所，指為所在不明而與涉訟者。但他造已承認其訴訟程序者，不在此限；7.參與裁判之法官關於該訴訟違背職務，犯刑事上之罪者；8.當事人之代理人、代表人、管理人或他造或其代理人、代表人、管理人關於該訴訟有刑事上應罰之行為，影響於判決者；9.為判決基礎之證物係偽造或變造者；10.證人、鑑定人或通譯就為判決基礎之證言、鑑定或通譯為虛偽陳述者；11.為判決基礎之民事或刑事判決及其他裁判或專利處分，依其後之確定裁判或專利處分已變更者；12.當事人發見就同一訴訟標的在前已有確定判決或和解或得使用該判決或和解者；13.當事人發見未經斟酌之證物或得使用該證物者。但以如經斟酌可受較有利益之裁判者為限；14.原判決就足以影響於判決之重要證物漏未斟酌者。

(二)管轄法院

再審之訴專屬為判決之原行政法院管轄（行政訴訟法第275條第1項）。對於審級不同之行政法院就同一事件所為之判決提起再審之訴者，由最高行政法院合併管轄之（第2項）。對於最高行政法院之判決，本於第273條第1項第9款至第14款事由聲明不服者，因其涉及事實審所確定之事實為基礎，雖有前2項之情形，仍專屬智慧財產及商業法院管轄（第3項）。

(三)再審期間

再審之訴應於30日之不變期間內提起（行政訴訟法第276條第1項）。前項期間自判決確定時起算，判決於送達前確定者，自送達時起算；其再審之理由發生或知悉在後者，均自知悉時起算（第2項）。再審之訴自判決確定時起，倘已逾5年者，不得提起。但以第273條第1項第5款、第6款或第12款情形為再審之理由者，不在此限（第4項）。

捌、例題解析

一、例題11解析——認定專利應撤銷之基準法

(一)審定時之專利法

專利申請日之認定，關乎先申請主義之適用（專利法第31條、第120條、第128條）。專利要件之取得、界定專利期間及發明專利申請案之早期公開制之適用，應適用申請時之專利法，故在專利申請審查程序進行中法規有變更者，作成核准或核駁之專利處分時，應適用專利申請時之事實與舊法。準此，智慧財產及商業法院應依核准審定時有效之專利法，判斷專利是否有舉發事由，非適用現行專利法。

(二)特別法與普通法

智慧財產案件之審理依本法之規定；本法未規定者，分別依民事、刑事或行政訴訟程序應適用之法律（智慧財產案件審理法第1條）。準此，智慧財產案件審理法為行政訴訟程序之特別法，智慧財產案件審理法未規

定者，則專利行政訴訟程序適用行政訴訟法（行政訴訟法第2條）。

二、例題12解析——專利行政訴訟之優先管轄

　　智慧財產行政訴訟事件非專屬智慧財產及商業法院管轄，其他行政法院就實質上應屬智慧財產民事、行政訴訟事件而實體裁判者，上級法院不得以管轄錯誤為由廢棄原裁判（智慧財產案件審理細則第9條）。是智慧財產及商業法院對於專利行政訴訟事件，僅有優先管轄權，並非專屬管轄權（智慧財產及商業法院組織法第3條第3款；智慧財產案件審理法第31條第1項）。準此，最高行政法院不得以臺北高等行政法院無管轄權而廢棄原判決。

三、例題13解析——通知專利權人限期為作為

　　智慧財產局於舉發審查時，得依申請或依職權通知專利權人限期為更正（專利法第76條第1項）。因智慧財產局就專利是否具進步性部分，未加以審查，倘智慧財產及商業法院就此部分逕予審理，無異剝奪權利人之程序利益，故應發回智慧財產局另為處分，賦予權利人答辯之機會。申言之，智慧財產局未審查舉發證據是否足以證明系爭專利不具進步性，智慧財產及商業法院應毋庸審查，應於撤銷原處分，發回原處分機關智慧財產局另為處分時，由智慧財產局行使第一次判斷權。準此，原處分與訴願決定僅審查專利是否不具新穎性，故智慧財產及商業法院審理之範圍應限於此部分之適法性。原處分既有違誤，即應連同訴願決定併予撤銷[43]。

玖、相關實務見解——行政訴訟程序向智慧財產局提出更正申請

　　依智慧財產案件審理法第33條第1項規定，當事人於行政訴訟程序中

---

[43] 99年度高等行政法院法律座談會提案4。

得提出新證據。為兼顧發明或新型專利權人因新證據之提出未能及時於舉發階段向經濟部智慧財產局提出更正之申請，專利權人於專利舉發行政訴訟程序中，自得向智慧財產局提出更正之申請。因專利舉發不成立而提起之行政訴訟程序，智慧財產局均列為被告，專利權人則為參加人，不論當事人於行政訴訟程序中是否提出新證據，智慧財產局及專利權人就舉發證據均應為必要之攻擊防禦。有新證據提出之場合，依智慧財產案件審理法第33條第2項規定，智慧財產局亦應就新證據之主張有無理由提出答辯狀，同理，專利權人就新證據之主張有無理由，亦應為必要之答辯，職是，就新證據之攻擊防禦而言，應無突襲之虞。故不論係基於原舉發證據或新證據或新證據與原舉發證據之組合，倘行政訴訟程序中經法院適當曉諭爭點，並經當事人充分辯論，而專利權人自行判斷後，復未向法院表明已向智慧財產局提出更正之申請時，依行政訴訟法第200條第3款及2011年12月21日修正公布，2013年1月1日施行前之專利法第67條第1項第1款或第107條第1項第1款規定，法院審理之結果不論專利全部請求項或部分請求項舉發成立者，均得就全案撤銷舉發不成立之原處分及訴願決定，命智慧財產局為舉發成立、撤銷專利權之處分[44]。準此，專利法對於舉發不成立者，並未限定專利權人提出更正之時機，是因應新證據之提出，倘專利權人認為有更正專利之必要，得於行政訴訟程序中，亦得另向智慧財產局提出更正之申請。故智慧財產及商業法院認為新證據確實足以證明專利具有應撤銷事由，而專利權人於行政訴訟程序中，未向智慧財產局提出更正之申請，智慧財產及商業法院依法自應為滿足舉發人即原告全部之請求，而為行政訴訟法第200條第3款之判決[45]。

---

[44] 最高行政法院104年4月份第1次庭長法官聯席會議決議(二)。
[45] 最高行政法院104年度判字第559號行政判決。

第二編
商標行政程序與救濟

　　商標自申請至准駁之行政程序，分為程序審查與實體審查。就商標權之審查與授與是否合法、適當，可藉由異議、評定及廢止等公眾審查制度，以匡正商標專責機關之審查缺失。商標之申請是否獲准，固取決於申請審查。然商標權得否受確實之保障，其與行政救濟制度有密切之關聯。因就商標審查程序之疏漏，倘行政救濟程序能扮演補正之地位，即可維護市場公平競爭與減免人民權利之侵害。

第一章　商標權申請

　　所謂商標權，係指商標權人將具有商品或服務標識功能之註冊商標，獨占排他地使用於指定商品或服務之權利。商標權之取得有原始取得與繼受取得之區別，而原始取得亦分為使用主義與註冊主義。採註冊主義之國家，欲取得商標權者，應先向主管機關申請商標，申請程序涉及申請人資格、申請日之確定及商標審查程序。我國商標申請人、申請日及取得方式之法條依據，如表2-1-1所示。

第一節　商標權之取得

　　商標權取得分為使用主義與註冊主義。前者，實際使用商標於商品或服務，具有相當時日，則由使用人取得商標權。後者，自註冊日之日起，由註冊人取得商標權。我國商標法第20條、第22條採先申請先註冊主義，故欲在我國取得商標權之保護，必須向經濟部智慧財產局申請註冊（trademark application）[1]。

表2-1-1　我國商標申請人、申請日及取得方式之法條依據

商標之申請	法條依據
申請人	1.本國人（商標法第2條） 2.外國人（商標法第4條） 3.大陸地區人民（大陸地區人民在台申請專利及商標註冊作業要點） 4.商標代理人（商標法第6條）
申請日	文件齊備日或補正日（商標法第8條、第19條） 優先權日（商標法第4條）
取得方式	註冊保護主義（商標法第2條、第19條）

---

[1] 林洲富，商標法──案例式，五南圖書出版股份有限公司，2021年7月，5版1刷，頁50。

例題1

　　甲文具店開業多年，甲於申請營業登記時，即以有特殊視覺效果之鋼筆與書本所組合的藝術圖形，作為其商品之商標，該商標本身具有與眾不同之特別性，能引起相關消費者之注意。甲嗣後發現A出版公司以其近似之圖形為商標，並使用在商品上，甲乃主張A公司侵害其商標，試問：(一)A公司是否成立商標侵權行為？(二)甲持該商標向智慧財產局（IPO）聲請註冊在案，A公司得否再使用該商標？

壹、使用主義

　　所謂使用主義者，係指商標創設後，首先實際使用於商品或服務之行銷市場，該商標權應由先使用者取得。先使用主義之目的在於確保先使用者之權益，使用主義可保護真正先使用人，防止有心人，搶先註冊，趁機向使用人索取不當之利益，此為使用主義之優點；反之，則為註冊主義之缺點。向主管機關註冊雖非使用主義取得商標之要件，惟註冊公告後，具有公示目的與表見證據之功能，美國係採此制度。因使用主義以實際使用作為取得商標權之要件，不具註冊主義有強大之公示作用，第三人有時未必知悉商標權之存在，故對於交易安全之保護，較不周詳，是使用主義者現非國際之主流。

貳、註冊主義

一、定　義

　　所謂註冊主義者，係指由商標使用者或預定使用者，向商標專賣機關申請註冊商標者取得商標權而受商標之保護。註冊主義亦可分為任意註冊主義與強制註冊主義。因商標權之取得，屬使用人之自由選擇，故不強制

其應依商標法申請註冊，是多數國家之商標法均採任意註冊主義。我國採此先申請先註冊主義與任意註冊主義，即凡因表彰自己之商品或服務，欲取得商標權者，應依本法申請註冊（商標法第2條）。2人以上於同日以相同或近似之商標，而於同一或類似之商品或服務各別申請註冊，有致相關消費者混淆誤認之虞，而不能辨別時間先後者，由各申請人協議定之；不能達成協議時，以抽籤方式定之（商標法第22條）。註冊主義除有鼓勵商標之創設使用人及早申請商標註冊，以納入管理外，亦可避免舉證證明是否使用之困難，是目前世界各國對於商標權之取得，絕大多數均採註冊主義[2]。

二、商標保護範圍

原則上，商標法允許相同之商標申請註冊於不相同、不類似之商品（商標法第30條第1項第10款本文）。例如，太子汽車與太子建設、鱷魚蚊香與鱷魚服飾，均得並存註冊。例外情形，係著名商標之保護，不限於其所指定之商品或服務範圍內，就不相同或非類似之商品或服務，亦不准許有搶註著名商標之情事發生（商標法第30條第1項第11款）。

參、例題解析—註冊主義

一、著作權法之保護

商標權取得分為使用主義與註冊主義，我國採註冊主義，商標自註冊公告日起，由權利人取得商標權（商標法第27條）。甲文具店雖以有特殊視覺效果之鋼筆與書本所組合的藝術圖形，作為其商品之商標，惟其未向智慧財產局申請註冊，是甲不得享有商標權，故A出版公司以其相類似之圖形為商標，並使用在商品上，不成立侵害商標之侵權行為。甲之商標雖未註冊，然甲之商標符合美術著作（著作權法第5條第1項第4款）。應受

---

[2] 曾陳明汝，商標法原理，學林文化事業有限公司，2004年1月，修訂再版，頁33。

著作權法之保護，甲得依據商標法第30條第1項第15款規定，向智慧財產局提出異議或評定[3]。

二、善意先使用

甲已持該商標向智慧財產局聲請註冊在案，因A公司使用該商標係在甲商標註冊申請日前，善意使用近似之商標於類似之商品，倘為嗣後之商標權效力所及，則過於嚴苛，是A公司仍得以該商標使用於原使用之商品或服務範圍內，以保護A公司之權利，以維持法律之安定性。為防止相關消費者有混淆誤認之虞，甲得要求其附加適當之區別標示（商標法第36條第1項第3款）。

肆、相關實務見解─商標個案審查原則

行政行為非有正當理由，不得為差別待遇（行政程序法第6條）。行政法上之平等原則，並非指絕對、機械之形式上平等，而係指相同事物性質應為相同之處理，非有正當理由，不得為差別待遇而言；倘事物性質不盡相同而為合理之各別處理，自非法所不許。商標申請准否，係採商標個案審查原則，在具體個案審究是否合法與適當，被告應視不同具體個案，正確認定事實與適用法律，不受他案之拘束。查原告雖舉被告前核准人形蜈蚣圖、炸遍集團及草泥馬等商標為例，然他案商標圖樣與本件申請案「撿肥皂設計字」有別，案情各異，屬另案問題，且依商標審查適用商標個案審查原則，要難比附援引。準此，系爭申請商標之核駁處分，未違背平等原則[4]。

---

[3] 林洲富，著作權法─案例式，五南圖書出版股份有限公司，2020年6月，5版1刷，頁36至38。
[4] 智慧財產法院105年度行商訴字第38號行政判決。

第二節　商標申請權人

商標申請權人包含本國人與外國人，我國對於外國人之商標申請案，原則上予以受理。而我國於2002年1月1日成為WTO會員後，基於TRIPs第3條有關國民待遇之規定，自應受理會員之商標申請案[5]。

例題2

乙於2021年1月1日以B圖形與文字於WTO之會員國內申請商標註冊，而丙於同年2月1日以相同或近似於B圖形與文字之商標於我國提出註冊申請，乙嗣於同年5月1日以B圖形與文字向我國提出商標註冊之申請，並主張優先權。試問經濟部智慧財產局應准許何人取得商標註冊？依據為何？

壹、本國人

商標法具有屬地主義保護之特色，故欲表彰自己營業之商品或服務，而欲在我國專用商標者，均得依據商標法申請註冊。準此，具有中華民國國籍之本國人得作為商標申請主體，不論其住居所是否在國內，均得依法申請商標註冊。所謂本國人之範圍，包含自然人與法人。

貳、外國人

一、互惠原則

我國對外國人在我國申請商標註冊，使用主權平等與互惠原則。外國

---

[5] 林洲富，商標法—案例式，五南圖書出版股份有限公司，2021年7月，5版1刷，頁62。

人所屬之國家，其與中華民國如無互相保護商標之條約或協定，或依其本國法令對中華民國人申請商標註冊不予受理者，其商標註冊之申請，得不予受理（商標法第4條）。

二、優先權日

(一)目　的

　　將優先權日（priority right）適用於先申請主義，其有決定先申請日，其可彌補無法同時於不同國家申請商標之缺點。例如，優先權制度，得使申請人就同一商標於A、B兩國先後申請，而於B國申請商標註冊時，得主張以其在A國提出申請之日，為其於B國之申請日[6]。商標權之優先權日起源於1884年之巴黎工業財產保護同盟公約（Paris Convention-Paris Union for the Protection of Industrial Property），TRIPs亦採用優先權日之原則。我國於2002年1月1日正式加入世界貿易組織（WTO），依據TRIPs之規範，WTO之各會員均可在我國主張優先權日，而我國亦得於各會員國或區域內主張優先權日（TRIPs第2條），此為國民待遇原則之適用（TRIPs第3條）。

(二)要　件

　　商標註冊申請人在我國內主張優先權日，其要件有四：1.必須該申請人在與中華民國有相互承認優先權之國家，依法申請註冊之商標（商標法第20條第1項前段）；2.申請人於第1次申請日次日起6個月內，向中華民國申請註冊者，得主張優先權（商標法第20條第1項後段）。所謂第1次提出申請者，非指於該國第1次，而係指於國際間第1次申請註冊而言[7]；3.主張優先權者，應於申請註冊同時聲明，並於申請書載明下列事項：(1)第1次申請之申請日；(2)受理該申請之國家或世界貿易組織會員；(3)第1次申

---

[6] 陳文吟，商標法論，三民書局股份有限公司，2001年4月，初版2刷，頁45。
[7] 陳文吟，前揭註書，頁46。

請之申請案號（商標法第20條第3項）。申請人應於申請日後3個月內，檢送經前項國家或世界貿易組織會員證明受理之申請文件（第4項）。未依前開規定辦理者，視為未主張優先權（第5項）。主張優先權者，其申請日以優先權日為準（第6項）；4.第1次申請註冊之商標與主張優先權之商標必須相同，指定使用之商品或服務必須與第1次申請案指定使用之商品或服務相同（商標法第20條第1項）[8]。

參、實例解析─優先權日

乙於2021年1月1日以B圖形與文字於WTO之會員國內申請商標註冊，而丙於同年2月1日以相同或近似於B圖形與文字之商標於我國提出註冊申請，乙嗣於同年5月1日以B圖形與文字向我國提出商標註冊之申請，並主張優先權，丙雖於同年2月1日以相同或近似於B圖形與文字之商標於我國提出註冊申請，其早於乙在同年5月1日以B圖形與文字於我國申請商標註冊。因我國於2002年1月1日加入WTO後，凡是WTO之會員均得主張優先權。故乙得於在WTO之會員國申請日次日即2021年1月2日起6個月內向我國提出商標註冊申請，並得主張優先權日。職是，乙得主張以2021年1月1日之優先權日視為本國之申請日，該優先日早於丙之申請日，應以乙取得我國之商標權。

肆、相關實務見解─商標申請之準據法

原告於本件訴訟中，援用其所提出之證據，以證明系爭申請註冊商標應准予註冊。因系爭申請註冊商標前於2012年11月29日申請註冊，被告並於2013年7月31日，作成應予核駁之審定處分，本件嗣於2014年5月8日辯論終結，故系爭申請註冊商標之申請，應否准許註冊，應以2011年6月29

---

[8] 經濟部智慧財產局，商標法逐條釋義，2013年1月，頁51。

日修正公布，2012年7月1日施行之商標法為斷[9]。

第三節　商標代理人

我國標商法就商標事務之處理，原則上採任意代理制度，例外情形，始採強制代理制度。因商標法師尚未制定，是實務上大多由律師、會計師或專業代理人辦理商標事務[10]。

例題3

申請商標註冊及處理有關商標之事務，包括提起異議、評定及廢止案，或就上開案件為答辯等，其委任商標代理人辦理者。試問是否必須逐件向商標主管機關提出委任書？依據為何？

壹、代理人資格

商標申請人在中華民國境內無住所或營業所者，應委任商標代理人辦理，商標代理人應在國內有住所（商標法第6條第2項）。職是，商標代理人以自然人為限，法人不得為代理人[11]。會計師法第39條第5款有規定會計師得擔任商標代理人，然商標師法，尚在立法院審議中。目前商標業務之代理人，大多由律師、會計師或專業代理人為之。申請人委任商標代理人者，應檢附委任書正本，載明代理之權限（商標法施行細則第5條第1項）。前開委任，得就現在或未來一件或多件商標之申請註冊、異動、異

---

[9] 智慧財產法院103年度行商訴字第5號行政判決。

[10] 林洲富，商標法—案例式，五南圖書出版股份有限公司，2021年7月，5版1刷，頁55。

[11] 經濟部智慧財產局，商標法逐條釋義，2005年12月，頁23。

議、評定、廢止及其他相關程序為概括委任（第2項）。倘代理人以商標權人名義提出申請，因繳納註冊費係有利於本人之行為，僅須依申請書載明事項填寫並簽名或蓋章，不須檢附委任狀。

貳、大陸地區人民商標申請之代理人

　　經濟部為處理大陸地區人民在臺灣地區申請專利、註冊商標及相關作業，基於對等互惠原則，特訂定大陸地區人民在臺申請專利及商標註冊作業要點（作業要點第1點）。大陸地區人民依專利法、商標法及其相關法令規定申請註冊並取得專利權、商標權者，得受我國保護（作業要點第2點）。大陸地區申請人申請專利、註冊商標及辦理有關事項，應委任在智慧財產局登記有案之專利代理人或商標代理人辦理（作業要點第3點）。應送達大陸地區申請人之文書，得向其委任之專利代理人或商標代理人行之（作業要點第4點）。準此，大陸地區人民在臺灣地區申請註冊商標，必須委託在臺灣地區有住所之商標代理人辦理申請案。

參、實例解析─代理權限

　　申請人委任商標代理人者，應檢附委任書正本，載明代理之權限（商標法施行細則第4條第1項）。前項委任，得就現在或未來一件或多件商標之申請註冊、異動、異議、評定、廢止及其他相關程序，為概括委任（第2項）。基於商標個案審查之原則，申請商標註冊及處理有關商標之事務，其委任代理人辦理者，應逐件向商標主管機關提出委任書，始得為必要之行為。再者，行政程序代理人應於最初為行政程序行為時，提出委任書（行政程序法第24條第4項）。準此，商標代理人應於最初為行政程序時，提出委任書，以明其代理權限，為單一事件委任或多件概括委任[12]。

---

[12] 最高行政法院2002年7月22日庭長法官聯席會議(二)，行政訴訟法實務見解彙

肆、相關實務見解──委任處理商標事務

申請商標註冊及其相關事務，雖得委任商標代理人辦理之。然在中華民國境內無住所或營業所者，應委任商標代理人辦理之（商標法第6條第1項）。基於商標個案審查之原則，處理有關商標之事務，其委任代理人辦理者，應逐件向商標主管機關提出委任書，始得為必要之行為[13]。

第四節　商標申請日

二人以上於同日以相同或近似之商標，於同一或類似之商品或服務各別申請註冊，有致相關消費者混淆誤認之虞，而不能辨別時間先後者，由各申請人協議定之（商標法第18條前段）。不能達成協議時，以抽籤方式定之（同法條後段）。而同一發明有二以上之專利申請案時，申請日或優先權日為同日者，應通知申請人協議定之，協議不成時，均不予發明專利（專利法第31條第2項）。

例題4

甲於2021年3月1日將A商標圖樣之註冊申請書送達經濟部智慧財產局，而乙之A商標圖樣之註冊申請書於2021年3月6日交郵寄。商標審查員審查甲之註冊申請案時，發現申請書上僅記載商品類別而無商品名稱，故通知甲補正，甲之補正書於2021年3月5日送達智慧財產局，經審查結果發現甲與乙之指定商品為類似。試問智慧財產局應准予何人註冊？依據為何？

編，2007年12月，頁199。
[13] 最高行政法院91年度判字第832號行政判決。

壹、申請日之確定

　　商標註冊之申請日（filing date）攸關申請人之權益甚鉅。尤其適用註冊主義與先申請主義之制度，申請日得決定何人取得商標權，並以先申請者為優先。我國採先申請主義，故如何確定申請日，係商標制度之重要規範，因商標是否具備註冊要件，大致以申請日為判斷之時點。依據我國商標法規定，申請日有二：申請文件齊備日或優先權日。

一、文件齊備日

（一）商標圖樣及指定使用之商品或服務

　　申請商標註冊，應以申請書載明申請人、商標圖樣及指定使用之商品或服務，提出申請當日為申請日（商標法第19條第1項、第2項）。商標之申請及其他程序，應以書件或物件到達商標專責機關之日為準；如係郵寄者，以郵寄地郵戳所載日期為準。郵戳所載日期不清晰者，除由當事人舉證外，以到達商標專責機關之日為準（商標法第9條）。申請人得就所指定使用之商品或服務，向商標專責機關請求分割為二個以上之註冊申請案，以原註冊申請日為申請日（商標法第26條）。商標之各項申請違反程序或程式而得補正者，商標主管機關應通知限期補正。申請人於前項限期內補正者，其申請日應以補正備齊文件之日為申請日，不以原申請日為其申請日。因商標及其指定使用之商品或服務之確定，攸關申請日之認定，故原則上，商標及其指定使用之商品或服務，申請後即不得變更。例外情形，係指定使用商品或服務之減縮，則可在申請後變更之（商標法第23條）。因單一顏色商標、立體商標、聲音商標或團體商標，均係新增訂之商標樣式，倘申請人於本法實施前已提出申請，應自2003年11月28日本法施行時，始視為申請日（商標法施行細則第7條）。

（二）先申請先註冊主義

　　商標法採先申請先註冊主義，各別申請註冊時，應准最先申請者註冊。倘二人以上於同日以相同或近似之商標，於同一或類似之商品或服務各別申

請註冊，有致相關消費者混淆誤認之虞，而不能辨別時間先後者，由各申請人協議定之；不能達成協議時，以抽籤方式定之（商標法第22條）。

二、優先權日

主張優先日者，應具備如後要件：(一)申請人為我國人或符合互惠原則之外國人；(二)先申請案之受理國與我國相互承認優先權、世界貿易組織會員，或在互惠國或世界貿易組織會員領域內，設有住所或營業所；(三)先申請案已依該國法律申請註冊；(四)先後申請案之商標圖樣同一，並指定使用於相同商品或服務，具有同一性；(五)先申請案之申請日，係於外國第1次提出申請，依該國法律取得申請日者；(六)第1次申請日之次日起6個月內，提出後案之申請（商標法第4條、第20條）[14]。

貳、申請權利之移轉

因商標註冊之申請所生之權利，得移轉於他人（商標法第27條）。申請移轉因商標註冊申請所生之權利者，應備具申請書，並檢附移轉契約或其他移轉證明文件（商標法施行細則第28條）。商標註冊申請之權利讓與，其屬申請註冊事項之變更（商標法第24條）。

參、商標之公告

商標專責機關應刊行公報，登載註冊商標、商標權異動及法令所定事項，以公告周知（商標法第12條）。例如，商標審定公告（商標法第32條）、商標權之延展（商標法第33條第2項）、商標註冊變更或更正（商標法第38條）、商標授權（商標法第39條）、商標權移轉（商標法第42條）、商標權設定質權（商標法第44條）、商標廢止（商標法第63條）。

---

[14] 陳文吟，商標法論，三民書局股份有限公司，2001年4月，初版2刷，頁45至46。

　　商標專責機關應備置商標註冊簿，登載商標註冊、商標權變動及法令所定之一切事項，並對外公開之。前項商標註冊簿，得以電子方式為之（商標法第12條）。有關商標之申請及其他程序，得以電子方式為之；其實施日期、申請程序及其他應遵行事項之辦法，由主管機關定之（商標法第13條）。

肆、實例解析—申請日之確定

一、送達主義與發信主義

　　申請商標註冊，以申請書載明申請人、商標圖樣及指定使用之商品或服務，提出申請當日為申請日（商標法第19條第1項、第2項）。商標之申請及其他程序，應以書件或物件到達商標專責機關之日為準；如係郵寄者，以郵寄地郵戳所載日期為準。郵戳所載日期不清晰者，除由當事人舉證外，以到達商標專責機關之日為準（商標法第9條）。準此，申請日係指備具商標圖樣及載明商品或服務類別之申請書，送達智慧財產局之日而言，採送達主義。例外情形，採發信主義，雖以郵寄地郵戳所載日期為申請日，惟郵戳所載日期不清晰者，應由當事人舉證，無法證明者，以到達商標專責機關之日為申請日。至於命補正之申請註冊案，係以補正備齊文件之日為申請日。

二、先申請先註冊

　　甲於2021年3月1日將A商標圖樣之註冊申請書送達智慧財產局，而乙之A商標圖樣之註冊申請書於2021年3月6日交郵寄。商標審查員審查甲之註冊申請案時，發現申請書上僅記載商品類別而無商品名稱，通知甲補正，甲之補正書於2021年3月5日送達智慧財產局。乙之申請日為郵寄地郵戳日期2021年3月6日，甲之申請日為補正備齊文件日即2021年3月5日（商標法第9條第1項後段）。商標審查員經審查結果發現，甲與乙之指定商品為類似，智慧財產局應准許甲註冊商標，因甲之補正日為2021年3月5日，

甲註冊A商標圖樣，先於乙之郵寄日2019年3月6日。

肆、相關實務見解—指定使用商品或服務之減縮

　　指定使用商品或服務之減縮、商標圖樣之非實質變更、註冊申請案之分割及不專用之聲明，應於核駁審定前為之（商標法第31條第1項）。商標註冊申請案經審查認有不得註冊之情形，商標專責機關於核駁審定前，應將核駁理由以書面通知申請人限期陳述意見。商標註冊申請人應於核駁審定前，減縮指定使用商品。職是，有賦予商標註冊申請人陳述意見之程序保障權，並使其有充分時間考慮是否減縮指定使用商品範圍，以克服其不得註冊之情形。故商標註冊申請人就不得註冊之商品，未於審定前申請減縮，自應採用全案准駁之方式，駁回全部之商標註冊，非僅駁回不得註冊之商品部分[15]。

第五節　商標申請書

　　申請商標註冊時應遵守商標法與其施行細則所規定之事項，倘不合法定程序者，屬可補正者，智慧財產局得命申請人補正，不合法定程式不能補正，或不合法定程式經限期補正而未補正者，應駁回申請案[16]。

例題5

　　戊以C圖形與文字向智慧財產局申請商標註冊，其申請書未指定使用之商品或服務及其類別，智慧財產局命戊於10日內補正，郵差將補正通知書交由戊之房客己收受，而房客己未將補正通知書交予戊。試問戊應如何救濟？依據為何？

---

[15] 智慧財產法院104年度行商訴字第55號行政判決。
[16] 林洲富，商標法—案例式，五南圖書出版股份有限公司，2021年7月，5版1刷，頁57至58。

壹、申請程序與文件

一、記載法定事項之申請書

　　申請商標註冊，應由申請人備具申請書，載明商標、指定使用之商品或服務及其類別，向商標專責機關申請之商標圖樣，應以清楚、明確、完整、客觀、持久及易於理解之方式呈現（商標法第19條第3項）。即申請商標註冊者，應備具申請書，檢附長寬不大於八公分，不小於五公分之商標圖樣五張；其為彩色者，應附加黑白圖樣二張（商標法施行細則第8條）。所謂視覺可感知之圖樣，係指具有普通知識經驗之消費者，藉由視覺得認識以文字、圖形、記號、顏色或其聯合式所表達之商標（商標法施行細則第12條）。申請人得以一商標註冊申請案，指定使用於二個以上類別之商品或服務（商標法第19條第4項）。是申請商標註冊人，得在同一申請案，就同一商標指定使用於二個以上非同一類別之商品或服務。商品或服務之分類，其於本法施行細則定之（第5項）。類似商品或服務之認定，不受前項商品或服務分類之限制（第6項）。申請商標註冊，應依商品及服務分類表之類別順序，指定使用之商品或服務類別，並具體列舉商品或服務名稱。而於商品及服務分類表修正前已註冊之商標，其指定使用之商品或服務類別，以註冊類別為準；未註冊之商標，其指定使用之商品或服務類別，以申請時指定之類別為準（商標法施行細則第19條）。因商品或服務分類係為便於行政管理及檢索之用，類似商品或服務之認定，不受行政管理所為之商品或服務分類之限制。

二、聲明不專用

　　商標圖樣中包含不具識別性部分，且有致商標權範圍產生疑義之虞，申請人應聲明該部分不在專用之列；未為不專用之聲明者，不得註冊（商標法第29條第3項）。使聲明部分非屬商標權之排他範圍，以避免說明性或不具識別性之文字或圖形，嗣於註冊後產生爭議。

三、商標註冊申請事項之變更

為使商標主管機關方便管理商標註冊申請事項之變更，倘有申請變更商標註冊申請事項或商標註冊事項者，應備具申請書，並檢附變更證明文件，向商標專責機關申請核准（商標法第19條第1項；商標法施行細則第25條）。至於商標註冊申請案經審查後，商標審查人員認為部分指定商品或服務不得註冊者，而申請人亦未主動申請申割（商標法第26條）。智慧財產局將發給核駁理由先行通知書，請申請人於指定期間內陳述意見。倘申請人於收受核駁理由先行通知書後，未主動申請分割或減縮指定商品或服務者，智慧財產局應為核駁之審定。

貳、申請補正與駁回

一、駁回申請事由

原則上申請人為有關商標之申請及其他程序，如有下列情形之一，應予駁回：(一)遲誤法定期間；(二)不合法定程式不能補正；(三)不合法定程式經通知限期補正屆期未補正者（商標法第8條第1項）。

二、申請回復原狀

申請人因天災或不可歸責於己之事由遲誤法定期間者，而於其原因消滅後30日內，雖得以書面敘明理由，向商標專責機關申請回復原狀。然遲誤法定期間已逾1年者，不得為之（商標法第8條第2項）。申請回復原狀，應同時補行期間內應為之行為（第3項）。

參、實例解析─遲誤期間之效力

一、申請回復原狀

戊以C圖形與文字向智慧財產局申請商標註冊，其申請書未指定使用之商品或服務及其類別，智慧財產局命戊於10日內補正，郵差將補正通知

書交由戊之房客己收受，因房客己未將補正通知書交予戊，戊固應於知悉己未交補正通知書之30日內，以書面敘明未於10日內補正之理由，並同時補正指定使用之商品或服務及其類別（商標法第8條第2項、第3項）。

二、法定期間與指定期間

有認為法定期間，係由法律明文規定之不變期間。例如，商標之註冊有異議事由存在，任何人得自商標註冊公告之日起3個月內，向商標專責機關提出異議，逾期提出異議者，將遭駁回（商標法第48條第1項）。智慧財產局依據具體案件，依職權指定申請人補正某項行為，此為指定期間，並非法定期間，指定期間具有一定程度之可變更性[17]。

肆、相關實務見解──聲明不專用之效力

商標圖樣中包含不具識別性部分，且有致商標權範圍產生疑義之虞，申請人應聲明該部分不在專用之列；未為不專用之聲明者，不得註冊（商標法第29條第3項）。系爭商標中之外文「MOD」部分雖經聲明不專用，惟聲明不專用係因商標圖樣中包含說明性或不具識別性之文字或圖形，為避免因該部分致不准註冊，抑是註冊後就該部分單獨主張權利而產生爭議，得經申請人聲明該部分不與商標圖樣分離單獨請求專用。職是，系爭商標中聲明不專用之部分，僅係為避免爭議，其屬整體構圖之一部。職是，判斷兩商標是否近似時，圖樣「MOD」部分雖聲明不專用，仍應就該聲明不專用之部分，進行整體比對[18]。

---

[17] 經濟部智慧財產局，商標法逐條釋義，2005年12月，頁25。

[18] 最高行政法院105年度判字第231號行政判決；智慧財產法院104年度行商訴字第93號行政判決。

第二章 商標審查制度

　　商標註冊之主要立法例，分為審查制與登記制兩種類型。所謂審查制，係指商標申請案必須經由實體審查，審定其是否符合註冊要件。所謂登記制，係由商標主管機關對於商標申請案進行形式審查，僅須符合文件程序，即可核准註冊[1]。我國採審查制，其審查程序分為申請案之審查與公眾審查，公眾審查亦可分為異議、評定及廢止等程序。

第一節　審查申請案

　　商標申請案之審查（examine），分為程序審查與實體審查，先程序審查，合於法定程序者，繼而進行實體審查，以決定應否作成核駁審定或核准審定等行政處分。書面處分應記載理由，並由審查人員具名（商標法第15條）[2]。

例題1

　　甲為大陸地區人民，委託台灣地區之商標代理人辦理申請商標註冊，該申請案由智慧財產局之商標審查員乙負責審查，甲父之妹前嫁於乙父，現已離婚。試問乙是否得審查甲之申請案？依據為何？

壹、商標審查人員

　　有鑑於商標審查工作具有專業性、技術性及複雜性，為提升審查品質

---

[1] 陳文吟，商標法論，三民書局股份有限公司，2001年4月，初版2刷，頁79。

[2] 林洲富，商標法—案例式，五南圖書出版股份有限公司，2021年7月，5版1刷，頁124。

與維護申請人權益，故商標專責機關對於商標註冊之申請、異議、評定及廢止案件之審查，應指定審查人員審查之，審查人員（examiner）之資格，以法律定之（商標法第14條）。商標之審查官分為商標高級審查官、商標審查官及商標助理審查官（商標審查官資格條例第2條）。再者，智慧財產局得聘用專業審查人員，擔任商標審查工作（經濟部智慧財產局組織條例第16條、第16條之1）。為表示審查人員對審查工作之負責，並強化商標審查品質，商標專責機關對商標註冊之申請、異議、評定及廢止案件之審查，應作成書面之處分，並記載理由送達申請人。前開書面之行政處分，應由審查人員具名（商標法第15條）。至於商標權管理事項，不以指定專業審查人審查為必要。例如，商標註冊變更登記、延展商標權期間、授權登記等事項。

貳、審查程序

一、商標註冊要件

(一)積極註冊要件

　　商標應足以使商品或服務之相關消費者認識其為表彰商品或服務之標識，並得藉以與他人之商品或服務相區別（商標法第18條第2項）。故商標之首要要件，應具備識別性。所謂識別性，係指依據一般生活經驗判斷，商標所指定使用之商品或服務，就相關消費者之認知、實際交易情況及其使用方式，足以使相關消費者認識其為表彰商品或服務之標識，並得藉以與他人之商品或服務相區別（商標識別性審查要點第2點）[3]。

(二)消極不得註冊事由

1.商標本體事由

　　商標有下列不具識別性情形之一，不得註冊：(1)僅由描述所指定商品

---

[3] 最高行政法院73年度判字第461號行政判決。

或服務之品質、用途、原料、產地或相關特性之說明所構成者（商標法第29條第1項第1款）；(2)僅由所指定商品或服務之通用標章或名稱所構成者（第2款）；(3)僅由其他不具識別性之標識所構成者（第3款）；(4)僅為發揮商品或服務之功能所必要者（商標法第30條第1項第1款）。

2.公益事由

商標有下列情形之一，不得註冊：(1)相同或近似於中華民國國旗、國徽、國璽、軍旗、軍徽、印信、勳章或外國國旗，或世界貿易組織會員依巴黎公約第6條之3第3款所為通知之外國國徽、國璽或國家徽章者（商標法第30條第1項第2款）；(2)相同於國父或國家元首之肖像或姓名者（第3款）；(3)相同或近似於中華民國政府機關或其主辦展覽會之標章，或其所發給之褒獎牌狀者（第4款）；(4)相同或近似於國際跨政府組織或國內外著名且具公益性機構之徽章、旗幟、其他徽記、縮寫或名稱，有致公眾誤認誤信之虞者（第5款）；(5)相同或近似於國內外用以表明品質管制或驗證之國家標誌或印記，且指定使用於同一或類似之商品或服務者（第6款）；(6)妨害公共秩序或善良風俗者（第7款）；(7)使公眾誤認誤信其商品或服務之性質、品質或產地之虞者（第8款）；(8)相同或近似於中華民國或外國之葡萄酒或蒸餾酒地理標示，且指定使用於與葡萄酒或蒸餾酒同一或類似商品，而該外國與中華民國簽訂協定或共同參加國際條約，或相互承認葡萄酒或蒸餾酒地理標示之保護者（第9款）。

3.第三人權利衝突

商標有下列情形之一，不得註冊：(1)相同或近似於他人同一或類似商品或服務之註冊商標或申請在先之商標，有致相關消費者混淆誤認之虞者。但經該註冊商標或申請在先之商標所有人同意申請，且非顯屬不當者，不在此限（商標法第30條第1項第10款）；(2)相同或近似於他人著名商標或標章，有致相關公眾混淆誤認之虞，或有減損著名商標或標章之識別性或信譽之虞者。但得該商標或標章之所有人同意申請註冊者，不在此限（第11款）；(3)相同或近似於他人先使用於同一或類似商品或服務之商標，而申請人因與該他人間具有契約、地緣、業務往來或其他關係，知悉

他人商標存在，意圖仿襲而申請註冊者。但經其同意申請註冊者，不在此限（第12款）；(4)有他人之肖像或著名之姓名、藝名、筆名、字號者。但經其同意申請註冊者，不在此限（第13款）；(5)有著名之法人、商號或其他團體之名稱，有致相關公眾混淆誤認之虞者。但經其同意申請註冊者，不在此限（第14款）；(6)商標侵害他人之著作權、專利權或其他權利，經判決確定者。但經其同意申請註冊者，不在此限（第15款）。

二、程序審查

審查申請案之次序，先為程序審查，再為實體審查。先審查申請案是否符合申請程序，倘違反法定程序者，應通知申請人限期補正，逾期未補正者，應駁回申請。換言之，凡申請人為有關商標之申請及其他程序，遲誤法定期間、不合法定程序不能補正或不合法定程序經通知限期補正屆期未補正者，均應予駁回。

三、實體審查

嗣申請案符合申請程序者，即進入申請案之實體審查，審查是否符合註冊要件，其有無不准註冊之事由，採全面審查制度或絕對審查制度。其審定結果可分為核駁審定與核准審定兩種類型。

（一）核駁審定

商標註冊申請案經審查認有不合法或有不得註冊之情形者，應予核駁審定。智慧財產局於核駁審定前，應將核駁理由以書面通知申請人，此為核駁理由先行通知書，並限期申請人陳述意見，此為法定原則與先行通知原則（商標法第31條第2項；行政程序法第102條）。

（二）核准審定

商標註冊申請案經審查，認合法與具備註冊之要件者，應予核准審定（商標法第32條第1項）。經核准審定之商標，申請人應於審定書送達後2個月內，繳納註冊費後，始予註冊公告，並發給商標註冊證；屆期未繳費

者，不予註冊公告（第2項）。原則上申請人非因故意，未於前項所定期限繳費者，得於繳費期限屆滿後6個月內，繳納2倍之註冊費後，由商標專責機關公告之。例外情形，係影響第三人於此期間內申請註冊或取得商標權者，不得為之（第3項）。準此，繳納註冊費，為註冊之前提要件與商標權之維持要件。經核准審定之商標，並繳納第1期註冊費後，即予註冊公告，並發給商標註冊證。

參、例題解析—利害迴避

大陸地區人民依據「大陸地區人民在臺申請專利及商標註冊作業要點」，得委託臺灣地區之商標代理人辦理申請商標註冊，取得我國之商標權。商標審查員為公務員，其於審查申請商標註冊之行政程序中，有下列各款情形之一者，應自行迴避：(一)本人或其配偶、前配偶、四親等內之血親或三親等內之姻親或曾有此關係者為事件之當事人時；(二)本人或其配偶、前配偶，就該事件與當事人有共同權利人或共同義務人之關係者；(三)現為或曾為該事件當事人之代理人、輔佐人者；(四)於該事件，曾為證人、鑑定人者（行政程序法第32條）。甲為大陸地區人民，委託台灣地區之商標代理人辦理申請商標註冊，該申請案由智慧財產局之商標審查員乙負責審查，甲父之妹前嫁於乙父，現已離婚，是甲與乙曾為三親等內之姻親，是乙得自行迴避，甲亦得聲請乙迴避（行政程序法第33條第1項第1款）。倘乙不自行迴避，而未經甲申請迴避者，應由智慧財產局依職權命乙迴避（第5項）。

肆、相關實務見解—商標註冊之申請程序

商標法第29條第1項與第30條第1項各款所規定之情況，係為不得註冊之消極情事，並得據予准駁之程序，其與商標主管機關實質審查商標申請

人所申請註冊之商標是否具積極要件之識別性，兩者均為商標註冊之合法申請程序[4]。

第二節　異　議

我國商標法採審查主義，商標註冊應取得核准審定後，輔以公眾審查制，使審查結果可愈周全。我國商標法兼採：「審定公告期間異議制」、「核准註冊後之評定與廢止」[5]。

例題2

A公司為銷售冰淇淋之業者，向經濟部智慧財產局申請商標註冊，其申請商標圖樣，以圓錐圖形為主，經智慧財產局核准註冊在案，試問：(一)銷售冰淇淋之同業B公司，是否得提起異議？(二)A公司之商標圖樣為文字與圓錐圖形之聯合式，B公司提起異議，是否有理由？

例題3

C公司以「天天亮」之文字申請註冊商標用於照明器材，經智慧財產局核准註冊在案，D公司以「日日亮」之文字申請註冊商標用於相同商品，亦經智慧財產局核准註冊在案。試問C公司是否得提起異議？依據為何？

---

[4]　智慧財產法院99年度行商訴字第78號行政判決。
[5]　林洲富，商標法—案例式，五南圖書出版股份有限公司，2021年7月，5版1刷，頁128。

例題4

　　甲主張乙侵害其商標權，提起民事訴訟請求乙負損害賠償責任，乙於民事訴訟期間，向智慧財產局提起異議，主張甲之商標有異議事由，應撤銷商標註冊。試問法院應如何處理？理由為何？

壹、異議之定義

　　所謂商標異議者（opposition），係指任何人因商標註冊有異議事由，得以聲明異議之方式，請求商標專責機關對其已核准之商標註冊，重新審查並為撤銷註冊之救濟處分，以確保他人或公眾之利益，藉此補救商標審查之錯誤與疏失。

貳、異議人與異議期間

　　我國商標法採註冊後異議制度，任何人得於註冊公告之日起3個月內，向商標專責機關提出異議（商標法第48條第1項後段）。經由此公眾審查之機制，檢討核准註冊之正確性，以提高商標權之可信度。其採獨任制審查，其由非原案審查人員之1人負責（商標法第51條）。原審查員必須迴避受理該異議案件，避免審查員對於異議案件已有定見，導致無法客觀與公平審查異議案。

參、異議之事由

　　商標之註冊違反第29條第1項、第30條第1項或第65條第3項規定之情形者，任何人得自商標註冊公告日後3個月內，向商標專責機關提出異議（商標法第48條第1項）。第29條第1項、第30條第1項為商標不准註冊之消

極事由；第65條第3項為商標註冊後，有同法第63條第1項第1款規定之事由，經商標專責機關依職權或據申請廢止其註冊，原商標權人於廢止日後3年內，再為註冊之情形。

肆、異議之範圍

因一個商標權可能指定多項類別之商品與服務，倘僅有部分商品或服務有違法之情形，異議人得就註冊商標指定使用之部分商品或服務為異議（商標法第48條第2項）。反之，異議人認為數個註冊商標均有異議事由，則異議應就每一註冊商標各別申請之，一個異議案僅能就一個註冊商標異議（第3項）。

伍、異議之程序

一、異議書

提出異議者，應以異議書載明事實及理由，並附副本。倘異議書有提出附屬文件者，副本中應提出（商標法第49條第1項）。商標專責機關應將異議書送達商標權人限期答辯；商標權人提出答辯書者，商標專責機關應將答辯書送達異議人限期陳述意見（第2項）。使異議人得以知悉商標權人之答辯內容，並給予陳述意見之機會。依前開規定提出之答辯書或陳述意見書有遲滯程序之虞，或其事證已臻明確者，商標專責機關得不通知相對人答辯或陳述意見，逕行審理（第3項）。

二、當事人恆定原則

異議程序進行，被異議之商標權移轉者，異議程序不受影響（商標法第52條第1項）。前項商標權受讓人得聲明承受被異議人之地位，續行異

議行政程序或訴訟程序（第2項）[6]。再者，因商標權移轉後，商標權之存滅最有直接影響關係者，應為商標權之受讓人，故由商標權受讓人承受被異議人之地位，續行異議程序，並以後手為當事人。例如，甲原為A商標之商標權人，乙以A商標違反商標法第30條第1項第10款至第12款規定，對之提起異議。甲於異議期間，將A商標權移轉登記予丙，並經智慧財產局於商標公報公告。因丙表示不願承受被異議人之地位，甲為商標行政異議程序與行政訴訟之當事人[7]。

陸、異議之審查

一、撤銷註冊

異議案件經審定異議成立者，表示原註冊商標確有違法事由，自應撤銷其註冊（商標法第54條）。商標專責機關基於審定異議成立之決定，再作成撤銷註冊之行政處分，使原核准註冊之行政處分自始失其效力。倘撤銷之事由，存在於註冊商標所指定使用之部分商品或服務者，得僅就該部分商品或服務撤銷其註冊（商標法第55條）。例如，甲註冊商標指定使用於商標法施行細則第13條第3類化妝品商品與第13類衣服商品，其中僅第3類化妝品商品有應予撤銷之事由，智慧財產局僅得就第3類化妝品商品撤銷其註冊，甲註冊商標在第25類衣服商品仍保有商標權。甲亦可就該有爭議之化妝品加以減縮或分割[8]。倘異議案件經審查異議不成立者，不影響原註冊之效力，商標專責機關基於審定異議不成立之決定，作成駁回異議之行政處分。

---

[6] 民事訴訟法第254條第1項規定：訴訟繫屬中為訴訟標的之法律關係，雖移轉於第三人，於訴訟無影響。但第三人如經兩造同意，得聲請代當事人承當訴訟。

[7] 智慧財產法院104年度行商訴字第13號行政判決；商標法逐條釋義，經濟部智慧財產局，2013年12月，頁192、193。

[8] 經濟部智慧財產局，商標法逐條釋義，2005年12月，頁119。

二、異議商標註冊之違法基準時

異議商標之註冊有無違法事由，原則上依其註冊公告時之規定（商標法第50條）。例外情形，係2011年5月31日修正之條文施行前，已受理而尚未處分之異議或評定案件，以註冊時及本法修正施行後之規定，均為違法事由為限，始撤銷其註冊；其程序依修正施行後之規定辦理。而修正施行前已依法進行之程序，其效力不受影響（商標法第106條第1項）。對本法2011年5月31日修正之條文施行前註冊之商標、證明標章及團體標章，而於本法修正施行後提出異議、申請或提請評定者，以其註冊時及本法修正施行後之規定均為違法事由為限（第3項）。

柒、異議之撤回

異議人為程序之主體，故異議人得於異議審定書送達前，撤回其異議。異議人撤回異議者，不得以同一事實、同一證據及同一理由，再提異議或申請評定，以避免異議人一再反覆，影響程序安定（商標法第53條）。

捌、異議確定之效力

經過異議確定後之註冊商標，任何人不得就同一事實、同一證據及同一理由，申請評定，此為異議不成立確定後之效力（商標法第56條）。因案件於確定後，基於法之安定性，不得再持以爭執，應適用一事不再理之原則。所謂同一證據，係指具有同一性之證據而言。縱使證據資料本身不同，而其內容實質上同一，仍屬同一證據。例如，甲刊物記載之內容與乙刊物記載之內容實質上相同者，應屬同一證據，縱使證據資料形式上不同，自不因出版日期有異，而視為不同證據[9]。

9　最高行政法院76年度判字第2008號行政判決。

玖、例題解析

一、例題2解析 —— 表示商品之形狀

(一)商品本身之通用形狀

A公司為銷售冰淇淋之業者，向智慧財產局申請商標註冊，其申請商標圖樣以圓錐圖形為主，雖經智慧財產局核准註冊在案，然圓錐圖形已成冰淇淋商品本身習慣上所通用名稱形狀，其表示商品之形狀，不應核准註冊（商標法第29條第1項第2款）。準此，銷售冰淇淋之同業B公司，提起異議有理由。

(二)聲明不專用

A公司申請商標註冊時，其商標圖樣為文字與圓錐圖形之聯合式，雖有表示冰淇淋商品之形狀。然刪除該部分則失其商標之完整性，經A公司聲明該部分不在專用之列者，得以該商標申請註冊（商標法第29條第3項）[10]。是同業B公司提起異議，為無理由，因A公司未獨占該不在專用之圓錐圖形。

二、例題3解析 —— 相似商標使用於同一商品

C公司以「天天亮」之文字申請註冊商標使用於照明設備，「天天亮」經智慧財產局核准註冊在案，D公司以「日日亮」之文字申請註冊商標用於相同商品，亦經智慧財產局核准註冊在案，「天天亮」與「日日亮」兩者觀念近似，屬近似商標，均使用在照明設備，為同一商品，有導致相關消費者混淆誤認之虞（商標法第30條第1項第10款）。準此，C公司得提起異議，應有理由。

---

[10] 劉瀚宇，智慧財產權法，中華電視股份有限公司，2005年8月，頁120。

三、例題4解析——紛爭解決一回性

　　甲主張乙侵害其商標權,提起民事訴訟請求乙負損害賠償責任,乙於民事訴訟期間,向智慧財產局提起異議,主張甲之商標有異議事由。當事人主張或抗辯商標權有應撤銷之原因時,法院應就其主張或抗辯有無理由自為判斷(智慧財產案件審理法第16條第1項)。法院認為商標權有撤銷之原因時,商標權人不得在侵害商標權之民事訴訟中對於他造主張權利(第2項)。職是,民事法院應就商標權有效性之爭執與權利之侵害事實於同一訴訟程序一次解決,不得以有商標異議程序,而裁定停止侵害商標權事件之民事訴訟程序。

拾、相關實務見解——致相關消費者混淆誤認之虞

　　商標相同或近似於他人同一或類似商品或服務之註冊商標或申請在先之商標,有致相關消費者混淆誤認之虞者,不得註冊(商標法第30條第1項第10款本文)。所謂有致相關消費者混淆誤認之虞者,係指兩商標因相同或構成近似,致使同一或類似商品或服務之相關消費者,誤認兩商標為同一商標;或雖不致誤認兩商標為同一商標,而極有可能誤認兩商標之商品或服務為同一來源之系列商品或服務;或誤認兩商標之使用人間有關係企業、授權關係、加盟關係或其他類似關係而言。簡言之,商標有使相關消費者對其表彰之商品或服務之來源或產製主體,發生混淆誤認之虞而言[11]。故判斷有無混淆誤認之虞,應參酌商標之近似、商品或服務類似、商標識別性之強弱、先權利人多角化經營之情形、實際混淆誤認之情事、商標申請人是否善意、相關消費者之認知及行銷場所等相關因素,就強弱程度、相互影響關係及各因素等綜合認定,是否已達有致相關消費者產生混淆誤認之虞[12]。

---

[11] 最高行政法院98年度判字第455號行政判決。
[12] 智慧財產法院104年度行商訴字第46號行政判決。

第三節　評　定

　　異議與評定之作用與目的大致相同，故評定程序有準用異議程序規定，為減少行政負擔與簡化救濟途徑，兩者有無調整統合之必要性，容有立法加以探討[13]。

例題5

　　E公司以「breakfast」之文字作為主要部分，指定用於早餐店之服務，經2015年1月1日註冊公告，利害關係人於2021年1月2日申請評定。試問經濟部智慧財產局應如何處理？理由為何？

例題6

　　試比較分析我國商標法中公眾審查制度「異議」與「評定」間之差異？試以制度之目的、發動主體、提起期間、法定事由、審查主體、法律效果、分割商標、指定商品減縮、一事不再理及行政救濟等項目，說明兩者之異同。

壹、評定之定義

　　評定制度（invalidation）係商標法之公眾審查制度，經由利害關係人或審查人員認為商標專責機關核准註冊之商標，有違反商標法之規定，請求原處分機關撤銷原授與商標權之行政處分[14]。

---

[13] 林洲富，商標法—案例式，五南圖書出版股份有限公司，2021年7月，5版1刷，頁136。

[14] 劉瀚宇，智慧財產權法，中華電視股份有限公司，2004年8月，2版，頁121。

貳、申請評定人

商標之註冊違反第29條第1項、第30條第1項或第65條第3項規定之情形者，利害關係人或審查人員得申請或提請商標專責機關評定其註冊（商標法第57條第1項）。評定之主體為審查人員或利害關係人，其評定之客體與異議之客體大致相同。評定之立法目的在於解決當事人間之糾紛，並救濟商標專責機關審查之疏失，使具有違法事由之註冊商標失其效力。

參、評定之期間

一、自註冊公告日起5年內

商標之註冊違反第29條第1項第1款、第3款、第30條第1項第9款至第15款或第65條第3項規定之情形，自註冊公告日後滿5年者，不得申請或提請評定（商標法第58條第1項）。

二、自註冊滿10年內

商標註冊違反第29條第1項第2款、第30條第1項第4款至第8款之事由，提起評定者，雖不受5年之期間限制，惟仍應受註冊滿10年之限制，故逾10年者，不得申請或提請評定[15]。

三、無期間之限制

商標註冊違反第30條第1項第9款、第11款規定之情形，係屬惡意者，申請或提請評定之期間不受限制。詳言之：(一)惡意取得註冊相同或近似於中華民國或外國之葡萄酒或蒸餾酒地理標示，且指定使用於與葡萄酒或蒸餾酒同一或類似商品，而該外國與中華民國簽訂協定或共同參加國際條約，或相互承認葡萄酒或蒸餾酒地理標示之保護者；(二)未得著名商標或

---

[15] 大法官釋字第370號解釋。

標章之所有人同意申請註冊，惡意取得註冊相同或近似於他人著名商標或標章，有致相關公眾混淆誤認之虞，或有減損著名商標或標章之識別性或信譽之虞者。

肆、評定之事由

一、消極註冊要件

商標之註冊違反第29條第1項、第30條第1項不得註冊事由（商標法第57條第1項）。以商標之註冊違反第30條第1項第10款規定，向商標專責機關申請評定，其據以評定商標之註冊已滿3年者，應檢附於申請評定前3年有使用於據以主張商品或服務之證據，或其未使用有正當事由之事證（第2項）。依前開規定提出之使用證據，應足以證明商標之真實使用，並符合一般商業交易習慣（第3項）。

二、廢止之事由

註冊商標自行變換商標或加附記，致與他人使用於同一或類似之商品或服務之註冊商標構成相同或近似，而有使相關消費者混淆誤認之虞者，經廢止其註冊者，原商標權人於廢止日後3年內，不得註冊、受讓或被授權使用與原註冊圖樣相同或近似之商標於同一或類似之商品或服務；其於商標專責機關處分前，聲明拋棄商標權者，亦同（商標法第63條第1項第1款、第65條第3項）。此類重行註冊之情形，亦為提起異議之事由（商標法第48條第1項）。

伍、評定之審查

商標評定案件，係由商標專責機關首長指定審查人員3人以上，為評定委員評定之（商標法第59條）。故評定採合議制，採多數決方式評決

之，其不同於異議係採1人之獨任制。商標評定為行政行為，其程序應遵守行政程序法之規範。

陸、評定案之評決

評定商標之註冊有無違法事由，原則上依其註冊公告時之規定（商標法第50條、第62條）。例外情形，係2011年5月31日修正之條文施行前，已受理而尚未處分之評定案件，以註冊時及本法修正施行後之規定均為違法事由為限，始撤銷其註冊；其程序依修正施行後之規定辦理。而修正施行前已依法進行之程序，其效力不受影響（商標法第106條第1項）。對本法2011年5月31日修正之條文施行前註冊之商標、證明標章及團體標章，於本法修正施行後提請評定者，以其註冊時及本法修正施行後之規定均為違法事由為限（第3項）。評定案件經評決成立者，應撤銷其註冊。但於評決時，該情形已不存在者，經斟酌公益及當事人利益後，得為不成立之評決，此為例外情況裁決（商標法第60條）。當事人對於智慧財產局所作之商標評定書不服者，依法得提起訴願與行政訴訟等行政救濟。

柒、評決後之效力

評定案件經評決後，任何人不得以同一事實、同一證據及同一理由，申請評定（商標法第61條）。以免浪費行政資源與徒增當事人困擾，並使商標權之權利狀態陷於不安定，故應適用一事不再理原則。

捌、評定案準用異議程序之規定

評定案有準用異議程序之規定（商標法第62條）。詳言之，申請或提請評定，得就註冊商標指定使用之部分商品或服務為之。並應就每一註冊商標各別申請之（商標法第48條第2項、第3項）。申請或提請評定者，應

以申請或提請評定書載明事實及理由，並附副本。申請或提請評定書如有提出附屬文件者，副本中應提出。商標專責機關認為申請或提請評定不合程式而可補正者，應通知限期補正（商標法第49條第1項、第2項）。評定審查程序，應指定未曾審查原案之審查人員進行審查（商標法第51條）。評定程序進行中，被申請或提請評定之商標權移轉者，評定程序不受影響。前項商標權受讓人得聲明承受被評定人之地位，續行評定程序（商標法第44條）。申請或提請評定得於評定書送達前，撤回其申請。撤回申請者，不得以同一事實、同一證據及同一理由，再提評定（商標法第53條）。評定之事由，存在於註冊商標所指定使用之部分商品或服務者，得僅就該部分商品或服務撤銷其註冊（商標法第55條）。

玖、例題解析

一、例題5解析——評定期間之限制

　　E公司以「breakfast」之文字作為主要部分，指定用於早餐店之服務，係直接明顯表示其營業服務時間之說明（商標法第29條第1項第2款），其於2015年1月1日註冊公告，利害關係人遲於2021年1月2日申請評定，已逾5年之評定期間，自不得申請評定。

二、異議與評定之比較

事　項	異議制度	評定制度
制度目的	經公眾審查制度，提高商標之公信力	解決當事人之紛爭
發動主體	任何人	利害關係人或智慧財產局之商標審查人員
提起期間	自註冊公告3個月內	1.自註冊公告之日起5年內 2.商標保護期間 3.無期間之限制
法定事由	違反商標法第29條第1項、第30條第1項、第65條第3項	違反商標法第29條第1項、第30條第1項、第65條第3項

事　項	異議制度	評定制度
審查主體	非原案審查人員之1人，採獨任制	指定非原案審查人員之3人以上審查，採合議制
法律效果	撤銷註冊	原則撤銷註冊，例外情形，評決時，該違法情形已不存在，得斟酌公益與當事人利益後，為情況評決
分割商標權或指定商品減縮	異議案件確定前	評定案件確定前
一事不再理	經異議確定	經評決而不待確定
行政救濟	訴願與行政訴訟	訴願與行政訴訟

拾、相關實務見解─評定準據法

　　對商標法2011年5月31日修正之條文施行前註冊之商標、證明標章及團體標章，而於本法修正施行後提出異議、申請或提請評定者，以其註冊時及本法修正施行後之規定，均為違法事由為限（商標法第106條第3項）。原告前於2014年3月5日以系爭商標違反註冊時即2003年11月28日修正施行之商標法第23條第1項第2款及現行商標法第29條第1項第1款規定，對之申請評定。因系爭商標之申請日為2011年5月16日，准註冊公告日為2012年1月16日，且為2012年7月1日商標法修正施行後，經受理而尚未處分之評定案件。因系爭商標所涉註冊時商標法第23條第1項第2款，業經修正為商標法第29條第1項第1款。系爭商標是否撤銷註冊之判斷，應依核准審定時有效之2003年5月28日修正公布，同年11月28日施行，暨2011年6月29日修正公布，2012年7月1日施行之商標法併為判斷。查系爭商標「Sun Be Bar」指定使用於「營養補充品、醫用營養補助劑、嬰兒乳粉、嬰兒食品、敷藥用材料、動物用藥品、生理期用襯墊、農業用殺蟲劑、隱形眼鏡清潔液、已裝藥急救箱、空氣淨化製劑、失禁用尿布、檢驗試劑、填牙材料、環境衛生用殺蟲劑」商品，並非直接描述所指定商品之品質、功用、成分、性質或特徵，係經相關消費者運用想像與推理後，得將文字之特定

既有涵義與所指定之商品或服務特性，兩者產生聯想，進而具有隱喻效果，相關消費者得將其視為指示及區別來源之標識時。職是，系爭商標並無修正前商標法第23條第1項第2款及現行商標法第29條第1項第1款規定之適用[16]。

第四節　廢　止

商標之異議與評定，經審定成立而認定商標註冊有違法之事由，而撤銷原違法作成之行政處分，使商標權自始失效。至於商標之廢止，係自審定成立時，使原合法之註冊商標自後失效，其並無溯及效力[17]。

例題7

F公司以「瑪麗亞」申請註冊用於寵物店之服務商標經核准在案，其嗣後擅自改為「瑪麗」，與G公司之「瑪莉」寵物店之服務商標近似，導致發生爭議。試問經濟部智慧財產局應如何處理？理由為何？

例題8

H公司以熊形圖形申請註冊使用於文具商品，經智慧財產局核准在案，因停業逾3年，期間未使用該商標於文具上。試問智慧財產局應如何處理？理由為何？

---

[16] 智慧財產法院104年度行商訴字第131號行政判決。

[17] 林洲富，商標法—案例式，五南圖書出版股份有限公司，2021年7月，5版1刷，頁144。

例題9

　　甲農產品產銷經營協會，以I標章證明有機農產品及其加工製品符合該協會所訂定之標準，甲協會將I標章作為商標使用。試問智慧財產局應如何處理？理由為何？

例題10

　　試比較分析我國商標法中公眾審查制度「異議」、「評定」及「廢止」之差異？試以提起主體、時期限制、事由及審查人員，分別說明之。

壹、商標廢止之定義

　　所謂商標廢止（revocation），係指對合法授與商標之行政處分使其失效之一種行政處分，以另一行政處分使原先合法取得商標註冊之效力終止，其屬廢止之行政處分。商標法之廢止制度，係參考行政程序法第122條至第126條規定而廢止。

貳、廢止權人

　　商標廢止之目的，係促使商標權人於商標註冊後，得持續、合法使用該商標，在商標權人不合法使用商標，而有廢止商標之事由存在時，商標專責機關得依職權或任何人得聲請廢止商標權。

參、廢止之事由

一、變換商標圖樣或附記

　　商標權人於商標註冊後，自行變換商標或加附記，致與他人使用於同一或類似之商品或服務之註冊商標構成相同或近似，而有使相關消費者混淆誤認之虞者（商標法第63條第1項第1款）[18]。所謂近似商標者，係指外觀、觀念或讀音之近似者，而導致混同誤認之虞者。是否構成類似商品或服務，應依一般社會通念與市場交易而定之。所謂變換或加附記，係指就註冊商標本體之圖樣文字色彩等，加以變換，或就該註冊商標本體，加以附記而言[19]。蓋商標權人任意自行變換商標或加附記，除已逾商標權所賦予使用商標內容之範圍外，倘有侵害他人之商標權時，實有廢止其商標之必要。至於有客觀事證可判斷商標圖樣有明顯錯誤，倘不影響商標圖樣之同一性者，則可更正商標圖樣。同理，對商標圖樣作小修正，而不影響商標圖樣之同一性者，亦可更正商標圖樣，均不生變更之問題。

二、未使用商標逾3年

　　商標權人無正當事由迄未使用或繼續停止使用已滿3年者。但被授權人有使用者，不在此限（商標法第63條第1項第2款）。所謂之正當事由，係指商標專用權人由於事實上之障礙或其他不可歸責於己之事由，以致無法使用註冊商標而言[20]。所謂商標之使用，係指為行銷之目的，將商標用於商品、服務或其有關之物件，或利用平面圖像、數位影音、電子媒體或其他媒介物足以使相關消費者認識其為商標（商標法第5條）。例如，商標之使用，應使相關消費者認識其所表彰商品或服務之標識，倘註冊商標圖樣僅作為裝飾圖案使用，或者成為商品形狀之一部分，均不足引起消

---

[18] 智慧財產法院108年度行商訴字第34號行政判決。
[19] 最高行政法院48年度判字第108號行政判決。
[20] 最高行政法院56年度判字第71號行政判決。

費者注意，並得藉以與他人商品或服務相區別者，非屬商標之使用。除此，商標權人有下列情形之一者，應視為有使用其註冊商標：(一)實際使用之商標與其註冊商標不同，而依社會一般通念並不失其同一性者；(二)在以出口為目的之商品或其有關之物件上，標示註冊商標者（商標法第58條）。

三、移轉商標權未附加區別標示

移轉商標權之結果，有二以上之商標權人使用相同商標於類似之商品或服務，或使用近似商標於同一或類似之商品或服務，而有致相關消費者混淆誤認之虞者，各商標權人使用時應附加適當區別標示（商標法第43條）。是移轉商標權之結果，有致相關消費者混淆誤認之虞者，而未附加適當區別標示者，自應廢止該商標（商標法第63條第1項第3款本文）。例外情形，係商標權人於商標專責機關處分前，已附加區別標示並無產生混淆誤認之虞者，該不合法之現象已改善為合法使用，則無必要廢止原註冊商標之必要（但書）。

四、通用標章、名稱或形狀

商標經使用相當期間，成為所指定商品或服務之通用標章、名稱或形狀者，導致喪失識別性，其已不具備商標之基本功能，自應廢止其商標註冊，不賦予專用與排他之效力（商標法第63條第1項第4款）。

五、有誤認或誤信

商標實際使用時有致公眾誤認誤信其商品或服務之性質、品質或產地之虞者（商標法第63條第1項第5款）。其屬不當使用，為維護公益，自應廢止其商標。

六、不當使用標章

證明標章權人、團體標章權人或團體商標權人有下列情形之一者，商標專責機關得依任何人之申請或依職權廢止證明標章、團體標章或團體

商標之註冊：(一)證明標章作為商標使用；(二)證明標章權人從事其所證明商品或服務之業務；(三)證明標章權人喪失證明該註冊商品或服務之能力；(四)證明標章權人對於申請證明之人，予以差別待遇；(五)違反第92條規定而為移轉、授權或設定質權[21]；(六)未依使用規範書為使用之管理及監督；(七)其他不當方法之使用，致生損害於他人或公眾之虞（商標法第93條第1項）。

肆、商標廢止程序

一、申請程序

　　商標專責機關應將廢止申請之情事通知商標權人，並限期答辯。但申請人之申請無具體事證或其主張顯無理由者，得逕為駁回（商標法第65條第1項）。以無正當事由迄未使用或繼續停止使用已滿3年者為廢止事由，其答辯通知經送達者，商標權人應證明其有使用之事實，屆期未答辯者，得逕行廢止其註冊（第2項）。而商標權人證明其有使用之事實，應符合商業交易習慣（第3項）。再者，商標註冊後有無廢止之事由，適用申請廢止時之規定（商標法第66條）[22]。

二、廢止案準用異議程序之規定

　　廢止案有準用異議程序之規定（商標法第67條）。詳言之，申請廢止，得就註冊商標指定使用之部分商品或服務為之。並應就每一註冊商標各別申請之（商標法第48條第2項、第3項）。申請廢止者，應以申請或提請評定書載明事實及理由，並附副本。申請廢止書如有提出附屬文件者，

---

[21] 商標法第92條規定：證明標章權、團體標章權或團體商標權不得移轉、授權他人使用，或作為質權標的物。但其移轉或授權他人使用，無損害消費者利益及違反公平競爭之虞，經商標專責機關核准者，不在此限。

[22] 智慧財產法院108年度行商訴字第34號行政判決。

副本中應提出。商標專責機關認為申請廢止不合程式而可補正者，應通知限期補正（商標法第49條第1項、第2項）。廢止程序進行中，被申請廢止之商標權移轉者，審查程序不受影響。前項商標權受讓人得聲明承受被申請廢止之商標權人之地位，續行廢止審理程序（商標法第52條）。

伍、例題解析

一、例題7解析——變換商標圖樣或附記

　　F公司以「瑪麗亞」申請註冊用於寵物店之服務商標經核准在案，其嗣後擅自改為「瑪麗」，與G公司之「瑪莉」寵物店之服務商標近似，導致該自行變換之商標與G公司之「瑪莉」商標使用於同一服務時，而有使相關消費者混淆誤認之虞者（商標法第63條第1項第1款）。準此，智慧財產局得依職權或據申請廢止其商標。

二、例題8解析——未使用商標逾3年

　　商標權人無正當事由迄未使用或繼續停止使用註冊商標已滿3年者，構成商標廢止之事由（商標法第63條第1項第2款本文）。H公司以熊形圖形申請註冊使用於文具商品，因停業逾3年，期間未使用該商標於文具，智慧財產局自應廢止其註冊。例外情形，係H公司有授權他人使用該商標，則不得廢止其商標註冊（同條項款但書）。

三、例題9解析——證明標章作為商標使用

　　證明標章權人將證明標章作為商標使用，商標專責機關得依任何人之申請或依職權廢止證明標章（商標法第93條第1項第1款）。甲農產品產銷經營協會，以I標章證明有機農產品及其加工製品符合該協會所訂定之標準，甲協會將I標章作為商標使用，容易誤導大眾認為其商品具備其所證明之品質，將扭曲證明標章原有之證明功能，導致淪為表彰商品來源之標

章[23]。職是，甲協會不得將I標章作為商標使用，以表彰商品之提供者，商標專責機關得依任何人之申請或依職權廢止該證明標章註冊。

四、例題10解析——異議、評定及廢止之比較

商標爭議	主體	時期	事由	審查人員
異議	任何人（商標法第48條）	3個月（商標法第48條第1項）	商標法第48條第1項	獨任制（商標法第51條）
評定	利害關係人、審查人員（商標法第57條）	5年、10年或無期限（商標法第58條）	商標法第57條	合議制（商標法第59條）
廢止	任何人、商標專責機關（商標法第63條、第93條）	商標權期間	商標法第63條、第93條	獨任制，原審查人員無需迴避

陸、相關實務見解—商標法第63條第1項第2款

一、商標維權使用

　　商標之維權使用，應使相關消費者識別標識與商品或服務，以表彰商標來源或信譽。如何判斷商標權人自己真正使用，除應考量商標法第5條商標使用之規定外，客觀判斷標準應對其指定商品或服務範圍內而為使用。倘商標權人所行銷之商品或服務，不在商標所指定之商品或服務者，則不足以使相關消費者識別標識與商品或服務，以表彰商標來源或信譽，難認商標權人有真正使用註冊商標。申言之，審究參加人是否有使用商標，是否符合商標維權使用之要件，應綜合考慮因素如後：(一)商標權人之主觀意思，係以行銷為目的；(二)商標權人在客觀將商標用於商品、服務或其有關之物件，或利用平面圖像、數位影音、電子媒體或其他媒介物足以使相關消費者認識其為商標；(三)商標權人應使用整體商標，不得任

---

[23] 張澤平、張桂芳，商標法，書泉出版社，2004年3月，4版1刷，頁294。

意分割；(四)禁止致有誤認為他人商標之虞，商標權不得隨意變換或加附記使用；(五)商標應使用於註冊時指定之商品或服務；(六)商標註冊後未使用之期間，不得逾3年，否則商標註冊應予廢止[24]。

二、商標權人之舉證責任

商標權人實際使用之商標與註冊商標不同，而依社會一般通念並不失其同一性者，應認為有使用其註冊商標（商標法第64條）。商標有無使用之事實，應由商標權人負舉證責任，即提出相關證據證明商標於申請廢止日前3年內，有使用商標於指定商品或服務之事實，其使用應符合商業交易習慣，並足以使相關消費者識別標識與商品、服務表彰商標權人之來源或信譽，始符合為商標權人自己註冊商標之真正使用[25]。

---

[24] 智慧財產法院103年度行商訴字第50號行政判決。

[25] 最高行政法院98年度判字第356號、101年度判字第597號行政判決。

第三章　商標訴願

　　行政爭訟係指當事人對於行政案件，為尋求權利之救濟或法律關係之釐清，依法所得採行之正式權利保護機制[1]。行政爭訟主要包含訴願與行政訴訟二階段，是商標行政爭訟制度有商標訴願與商標行政訴訟程序。而商標行政救濟程序，除商標訴願與商標行政訴訟程序外，尚包括訴願前之先行程序，即異議、評定及廢止程序。商標訴願係憲法第16條賦予人民之基本權利，係人民認為智慧財產局就商標案件所作成之行政處分，有違法或不當者，導致其權利或利益受損害時，請求智慧財產局或經濟部審查該行政處分之合法性與正當性，並為一定決定之權利。準此，商標訴願之目的，係藉由商標主管機關與商標專責機關之行政自我控制，作為司法審查前之先行程序（商標法第3條第1項、第2項）。

第一節　商標訴願事件

　　商標行政爭訟制度有商標訴願與商標行政訴訟程序，而商標行政救濟程序，除商標訴願與商標行政訴訟程序外，亦包括訴願前之先行程序，即異議、評定及廢止程序。商標訴願事件會因智慧財產局是否作成行政處分而有所區別，有行政處分之案件，訴願人依據訴願法第1條規定，提起積極行政處分之訴願；反之，無行政處分之案件，訴願人依據訴願法第2條之規定，提起怠為行政處分之訴願。依據商標訴願之決定內容，有撤銷訴願與課予義務訴願兩種類型。

---

[1] 林三欽，智慧財產專業法官培訓課程—行政訴訟中商標案件之違法判斷基準，司法院司法人員研習所，2004年6月，頁6。

第一項 積極商標處分之訴願

人民對於中央或地方機關之行政處分，認為違法或不當，致損害其權利或利益者，得依本法提起訴願（訴願法第1條第1項本文）。商標權人、異議人、申請評定人或申請廢止人、對於智慧財產局所為之行政處分，得依據訴願法第1條第1項本文提起訴願之類型，可分為不予商標處分、異議成立或不成立之處分、評決成立或不成立之處分、廢止成立或不成立處分。

例題1

B公司申請註冊之「可利痛」商標，其名稱中「利痛」二字，其與經核准A公司註冊之「散利痛」商標名稱主要部分「利痛」二字相同，而其英文商標Coridon與Saridon後五個字母完全相同，字型亦相似，此二商標極相近似，其「龍頭圖」形商標與「虎頭圖」形商標之布局形狀亦屬相似，尤其裝盒圖樣文字排列構造均相仿效。試問：(一)經濟部智慧財產局就B公司申請註冊之「可利痛」商標予以核駁審定，B公司應如何救濟？(二)倘智慧財產局就B公司申請註冊之「可利痛」商標予以核准審定，A公司應如何救濟？

壹、不予商標處分

商標申請人向智慧財產局申請商標註冊或有關商標之其他程序，倘智慧財產局均有可能作成不予商標之處分，倘申請人對於不予商標之處分有不服者，得提出訴願救濟之。不予商標之事由，有「駁回事由」與「不予審定事由」。

一、申請商標案駁回

申請商標人為商標之申請或有關商標之其他程序，倘有下列事由之

一，其屬申請程序不合法，智慧財產局應予駁回，毋庸審查實質之法律事由（商標法第8條第1項）。

(一)延誤法定期間

所謂法定期間，係指法律所規定之案件當事人應為完成一定行為之期間。舉例說明如後：1.優先權申請人應於申請註冊日次日起3個月內，檢送已在某外國申請商標註冊受理之申請文件（商標法第20條第4項）。申請人延誤3個月之法定期間，則無法主張優先權；2.商標之註冊違反第29條第1項、第30條第1項或第65條第3項規定之情形者，任何人得自商標註冊公告日後3個月內，向智慧財產局提出異議（商標法第48條第1項）。異議人延誤3個月之法定期間，應駁回異議。

(二)不合法定程序無法補正

所謂不合法定程序無法補正者，係指商標申請中，有發生不合法定程序之情形，而無法嗣後補充文件或資料，以滿足法定程序之要求[2]。舉例說明如後：1.主張優先權者，應於申請註冊同時提出聲明，並於申請書中載明在外國之申請日及受理該申請之國家（商標法第20條第3項），無法於嗣後補充資料，在原先申請商標程序主張優先權；2.異議人撤回異議者，不得以同一事實、同一證據及同一理由，再提異議或評定（商標法第53條第2項）。倘再提異議或評定，應駁回異議或評定，其違反一事不再理原則。

(三)不合法定程序經期限補正而未補正

合法定程序經通知期限補正而屆期未補正，係指商標申請程序中，有不合法定程序之情形，經智慧財產局限期命補充文件或資料，申請人未於期限提出。舉例說明如後：1.申請商標之文件應用中文，證明文件或其他文件為外文者，應檢附必要中文譯本或節譯本（商標法施行細則第3條）。倘申請人未提出上揭文件，經智慧財產局限期命補充資料，申請人

---

[2] 張澤平、張桂芳，商標法，書泉出版社，2004年3月，4版1刷，頁37。

未於期限提出,應駁回商標申請;2.智慧財產局認為異議之事實與理由不明確或不完備,或未附副本或文件,屬不合程式而可補正者,應通知限期補正,俾於完備提出異議之法定程序(商標法第49條第2項)。倘異議人未於期限提出,自應駁回商標申請。

二、不予商標之審定

申請案符合申請程序者,即進入實體審查,以審查是否符合註冊要件。有如後事由,應予核駁審定應予核駁審定(商標法第31條第1項):(一)商標註冊申請案經審查,認申請案無識別性或不具備第二意義等商標註冊積極要件(商標法第29條第1項、第2項);(二)應聲明部專用而未聲明不專用(商標法第29條第3項);(三)有第30條第1項規定商標註冊之消極要件;(四)第65條第3項規定不得註冊之情形者。前項核駁審定前,應將核駁理由以書面通知申請人,並限期陳述意見(第2項)。俾使商標註冊案之審定結果,更具正確性與公信力。

貳、異議成立或不成立之處分

我國商標法採註冊後異議制度,商標之註冊違反第29條第1項、第30條第1項或第65條第3項規定之情形者,任何人得自商標註冊公告日後3個月內,向商標專責機關提出異議(商標法第48條第1項)。經由此公眾審查之機制,檢討核准註冊之正確性,以提高商標權之可信度。其採獨任制之1人審查,由非原申請商標案之審查人員負責(商標法第51條)。原審查員必須迴避受理該異議案件,避免審查員對於異議案件已有定見,導致無法客觀與公平審查異議案。不論異議成立或不成立,均須作成審定書,送達商標權人及異議人(行政程序法第110條第1項;商標法第54條)。

一、異議成立之處分

智慧財產局所作成之異議成立處分,其法律效果導致損害商標權人之

權利，商標權人可依據訴願法第1條第1項本文提起訴願之行政救濟，請求經濟部撤銷異議成立之處分，其性質為撤銷訴願（訴願法第81條）。

二、異議不成立之處分

智慧財產局所作成之異議不成立處分，倘其法律效果導致損害異議人之權利或利益，異議人可依據訴願法第1條第1項本文提起訴願之行政救濟，請求經濟部撤銷異議不成立之處分，另為異議成立之處分，其兼具撤銷訴願與課予義務訴願之性質（訴願法第81條）。

參、評決成立或不成立之處分

評定制度我國商標法所特有之規範，經由利害關係人或審查人員認為商標專責機關核准註冊之商標，有違反商標法第29條第1項、第30條第1項或第65條第3項，請求智慧財產局撤銷原授與商標權之行政處分（商標法第57條第1項）。以商標之註冊違反相同或近似於他人同一或類似商品或服務之註冊商標或申請在先之商標，有致相關消費者混淆誤認之虞者。向商標專責機關申請評定，其據以評定商標之註冊已滿3年者，應檢附於申請評定前3年有使用於據以主張商品或服務之證據，或其未使用有正當事由之事證（商標法第30條第1項第10款、第57條第2項）。依前開規定提出之使用證據，應足以證明商標之真實使用，並符合一般商業交易習慣（第57條第3項）。商標評定案件，係由商標專責機關首長指定審查人員3人以上為評定委員評定之（商標法第59條）。故評定採合議制，採多數決方式評決之。商標評定為行政行為，其程序應遵守行政程序法之規範。不論評決成立或不成立，均須並作成評決書，送達商標權人及申請評定人（行政程序法第110條第1項；商標法第59條）。

一、評決成立之處分

智慧財產局所作成之評決成立處分，其法律效果導致損害商標權人之

權利，商標權人可依據訴願法第1條第1項本文提起訴願之行政救濟，請求經濟部撤銷評決成立之處分，其性質為撤銷訴願（訴願法第81條）。

二、評決不成立之處分

　　智慧財產局所作成之異議不成立處分，其法律效果導致損害申請評定人之權利或利益，申請評定人可依據訴願法第1條第1項本文提起訴願之行政救濟，請求經濟部撤銷評決不成立之處分，另為評決成立之處分，其兼具撤銷訴願與課予義務訴願之性質（訴願法第81條）。

肆、廢止成立或不成立處分

　　所謂商標廢止者，係指對合法授與商標之行政處分使其失效之一種行政處分，以另一行政處分使原先合法取得商標註冊之效力終止，其屬廢止之行政處分。商標註冊有商標法第63條規定之廢止事由存在時，智慧財產局應依職權或據申請廢止其註冊。智慧財產局審查商標廢止案，因非審查商標註冊之合法性，故原申請商標案之商標審查人員無迴避之必要性。不論廢止成立或不成立，均應作成審定書，送達商標權人及申請廢止人（行政程序法第110條第1項；商標法第65條）。商標註冊後有無廢止之事由，適用申請廢止時之規定（商標法第66條）。

一、廢止成立之處分

　　智慧財產局所作成之廢止成立處分，其法律效果導致損害商標權人之權利，商標權人可依據訴願法第1條第1項本文提起訴願之行政救濟，請求經濟部撤銷廢止成立之處分，其性質為撤銷訴願（訴願法第81條）。

二、廢止不成立之處分

　　智慧財產局所作成之廢止不成立處分，其法律效果導致損害申請廢止人之權利或利益，申請廢止人可依據訴願法第1條第1項本文提起訴願之行

政救濟，請求經濟部撤銷廢止不成立之處分，另為廢止成立之處分，其兼具撤銷訴願與課予義務訴願之性質（訴願法第81條）。

伍、例題解析

一、核駁商標審定之救濟

　　相同或近似於他人同一或類似商品或服務之註冊商標或申請在先之商標，有致相關消費者混淆誤認之虞者，不得為商標註冊（商標法第30條第1項第10款本文）。所謂商標近似者，係指以具有普通知識經驗之購買人，於購買時施以普通所用之注意，有無混淆誤認之虞。本款制定之目的，在於保護已取得註冊商標之商標權人及申請中商標之申請人權益。因此，經該註冊商標或申請在先之商標所有人同意申請者，而兩者之商標及指定使用之商品或服務均不同，則可准予註冊。例如，甲公司申請註冊之「可利痛」商標，其名稱中「利痛」二字，其與經核准乙公司註冊之「散利痛」商標名稱主要部分「利痛」二字既屬相同，而其英文商標Coridon與Saridon後五個字母完全相同，字型亦相似，此兩商標極相近似，其「龍頭圖」形商標與「虎頭圖」形商標之布局形狀亦屬相似，尤其裝盒圖樣文字排列構造均相仿效，將兩者所用之商標在異時異地隔離觀察，均有足以引起混同誤認之虞[3]。智慧財產局就B公司申請註冊之「可利痛」商標予以核駁審定（商標法第31條第1項）。B公司不服智慧財產局所為不予商標之處分不服者，得向經濟部提起訴願救濟之。

二、核准商標審定之救濟

　　智慧財產局就B公司申請註冊「可利痛」商標，經審查結果，認為無商標法第30條第1項之商標消極註冊要件，予以核准審定（商標法第32條第1項）。A公司應先對該商標處分提起異議（商標法第48條第1項）或評

---

[3]　最高法院49年度台上字第2627號民事判決。

定（商標法第57條第1項），不得對該商標處分提起訴願（訴願法第1條第1項但書）。倘智慧財產局作成異議不成立或評決不成立之處分，A公司不服智慧財產局所為商標處分，始向經濟部提起訴願救濟之（訴願法第4條第6款、商標法第3條）。反之，智慧財產局作成異議成立或評決成立之處分，B公司得就商標處分不服，向經濟部提起訴願救濟之。

陸、相關實務見解—商標法第30條第1項第14款

姓名乃用以區別人己之一種語言標誌，將人個別化，以確定其人之同一性，公司名稱之法律意義及功能亦在於識別企業之主體性，得以與其他企業主體區別。公司名稱依固有意義與功能予以普通使用，其與作為表彰商品或服務來源賦予商標之積極使用，兩者迥異。有著名之法人、商號或其他團體之名稱，有致相關公眾混淆誤認之虞者，不得註冊商標（商標法第30條第1項第14款）。可見立法者就公司姓名權與商標權間有所權衡，故公司名稱須達於著名程度，始有防止商標權意欲攀附不當竊用公司著名名聲而否准註冊之必要；反之，公司名稱未達著名程度，立法者准許商標權註冊，兩法益得以併存，商標權未侵害公司名稱[4]。

第二項　怠為商標處分之訴願

人民因中央或地方機關對其依法申請之案件，於法定期間內應作為而不作為，認為損害其權利或利益者，亦得提起訴願（訴願法第2條第1項）。前開期間，法令未規定者，自機關受理申請之日起為2個月（第2項）。智慧財產局對於人民依商標法申請或異議之案件，不論其申請類型或異議事由為何，均負有作出准駁或成立與否之決定義務，倘怠為商標處分，申請人或異議人即可依據訴願法第2條第1項規定，提起訴願加以救濟。

---

[4] 最高法院101年度台上字第1868號民事判決。

例題2

　　C食品公司向智慧財產局申請註冊之「悶燒」商標圖樣，並指定使用於燒賣、叉燒包、小籠包等商品，智慧財產局核准商標註冊，D食品公司先以商標法第29條第1項第3款為由，認為該商標圖樣不具識別性，提起異議，經智慧財產局審定結果，做成異議不成立之處分。嗣後D公司以利害關係人之身分，提出不同之事實、證據及理由，依據商標法第29條第1項第2款之事由，向智慧財產局申請評定，智慧財產局發函通知D公司，謂前有異議不成立處分已確定，無重為評決之必要等情。試問D公司應如何救濟？依據為何？

壹、課予義務訴願

　　智慧財產局對於人民依法申請或異議之商標案件，均負有作出核准審定、核駁審定、異議成立或異議不成立、評決成立或不成立、廢止成立或不成立等決定義務，倘怠為商標處分，係對申請或異議案件應作為而不作為，申請人或異議人即可依據訴願法第2條第1項規定，提起訴願請求智慧財產局為一定之商標處分，其屬課予義務訴願類型（訴願法第82條）。

貳、商標案件之辦理期間

　　行政機關對於人民依法規之申請，除法規另有規定外，應按各事項類別，訂定處理期間公告之（行政程序法第51條第1項）。未依前項規定訂定處理期間者，其處理期間為2個月（第2項）。行政機關未能於前2項所定期間內處理終結者，雖得於原處理期間之限度內延長之，然以1次為限（第3項）。準此，智慧財產局有制定商標各項申請案件處理時限表，如

表2-3-1所示[5]。

參、例題解析—評定案之事由

一、商標法第29條第1項第1款與第3款

C食品公司向智慧財產局申請註冊「悶燒」商標圖樣，並指定使用於燒賣、叉燒包、小籠包等商品，智慧財產局核准商標註冊，D食品公司先以商標法第29條第1項第3款為由，認為該商標圖樣不具識別性，提起異議，經智慧財產局審定結果，作成異議不成立之處分。嗣後D公司以利害關係人之身分，提出不同事實、證據及理由，依據商標法第29條第1項第1款之事由，向智慧財產局申請評定，並無一事不再理之適用（商標法第56條）。智慧財產局應審查D公司提出之新事實、新證據及新理由，以認定評決是否成立（商標法第57條第1項）。

表2-3-1　智慧財產局制定商標各項申請案件處理時限表

序號	事項類別	處理期間
1	商標註冊申請案	8個月
2	商標權期限延展註冊申請案	2個月
3	商標權授權與再授權登記申請案	1個月
4	商標權授權與再授權消滅登記申請案	1個月
5	商標權移轉登記申請案	2個月
6	分割商標註冊申請案	2個月
7	分割商標權案	2個月

---

[5] 2007年5月25日修正實施商標各項申請案件處理時限表。處理時限自收文日起算，但通知補正、申復、答辯期間或因其他正當事由緩辦之期間不計算在內。智慧財產局網站—http://www.tipo.gov.tw/ch/AllInOne_Show.aspx?path=1205&guid=d4237b95-749e-4bfd-86eb-7e723f1f0e92&lang=zh-tw. 2008年10月23日參閱。

表2-3-1　智慧財產局制定商標各項申請案件處理時限表（續）

序號	事項類別	處理期間
8	註冊事項變更案	1個月
9	註冊商標商品減縮案	2個月
10	商標質權設定登記申請案	1個月
11	商標質權消滅登記申請案	1個月
12	商標註冊證補發或換發申請案	1個月
13	各種證明書申請案	1個月
14	廢止商標權申請案	6個月
15	商標異議案	5個月
16	商標評定案	6個月

二、智慧財產局怠於未作處分

　　表示商品或服務之品質、用途、原料、產地或相關特性之說明者，因不具識別性，故不得註冊（商標法第29條第1項第1款）。C食品公司申請註冊之「悶燒」商標圖樣，其中文「悶燒」二字，實與燜燒讀音近似，有將食物密封並加以調理烹煮之意，C食品公司以之作為商標圖樣，並指定使用於燒賣、叉燒包、小籠包等商品，顯係表示該等商品之製作方式，自係直接明顯表示該等商品有密切關聯之文字，其為商品之說明，不具識別性，應核駁其申請註冊案。依據智慧財產局制定商標各項申請案件處理時限表，處理商標評定期間為6個月，倘智慧財產局於前開期間未作成評決成立或不成立處分，D公司得以智慧財產局怠為商標處分為由，依據訴願法第2條第1項規定，提起訴願加以救濟。

肆、相關實務見解─訴之變更或轉換

　　行政機關對人民依法申請之案件，未依法作成處分或作成否准授益之行政處分時，人民得提起課予義務訴訟請求行政機關應為行政處分或應為

特定內容行政處分之訴訟（行政訴訟法第5條）。例如，商標申請事件。並得於同一程序中，合併請求損害賠償或其他財產上給付，以資救濟（行政訴訟法第7條）。倘事後因情事或法律變更，致行政法院無法判命行政機關作成人民原請求特定內容之行政處分時。例如，行政機關作成否准授益行政處分時，人民原符合授益申請案件之法定要件，因至最後事實審言詞辯論終結時，已不符合授益申請案件之法定要件。準此，人民前為符合授益申請案件之法定要件而有所作為，致受有損害者，人民對於否准授益行政處分，有確認為違法之訴訟利益，應許其為訴之變更或轉換（行政訴訟法第6條）[6]。

第二節　商標訴願制度

　　商標訴願制度之目的，在於矯正智慧財產局所為違法或不當之商標處分，以保護人民之權利或利益，以貫徹依法行政之本旨。商標訴願依據訴願法所定之程序為之，其屬形式化之行政救濟[7]。

第一項　商標訴願之要件

　　訴願法第1條與第2條規定，為提起商標訴願之要件，前者為積極商標處分之訴願要件，須有行政處分存在；後者為怠為商標處分之訴願要件，應作成行政處分而不作為。

例題3

　　甲向經濟部智慧財產局申請商標註冊經核准審定在案，因甲嗣後未於商標權期間屆滿前6個月內提出延展申請，並繳納延展註冊費；或於

---

[6] 最高行政法院99年度判字第1039號行政判決。
[7] 李震山，行政法導論，三民書局股份有限公司，1999年10月，頁413。

商標權期間屆滿後6個月內提出延展申請，繳納2倍延展註冊費，致甲之商標權消滅。智慧財產局發函通知甲，謂甲之商標權消滅等語。試問甲得否以智慧財產局發函，提起訴願救濟之？

例題4

B公司以「Hi網際電視網」商標圖樣申請商標註冊，指定使用於「電信網路之傳輸服務」，並聲明「網際電視網」不在專用之列，智慧財產局准予註冊。試問同業乙以該商標係表示服務之說明，依據商標法第29條第1項第1款規定提起異議，有無理由？

壹、積極商標處分之訴願要件

一、須為智慧財產局之商標處分

智慧財產局所為不予商標處分、異議成立或不成立之處分、評決成立或不成立之處分、廢止成立或不成立處分，均屬訴願法第3條與行政程序法第92條所稱之行政處分，係智慧財產局就具體商標申請或提起舉發案件，依據商標法之規定所為公法上之決定，而對外直接發生法律效果之單方行政行為。例如，商標申請日之認定（商標法第19條第2項）、商標註冊申請案核駁審定（商標法第31條第1項）、智慧財產局依職權或申請廢止商標授權登記（商標法第41條）、智慧財產局經審定異議成立而撤銷商標註冊（商標法第54條）、智慧財產局經評決成立而撤銷商標註冊（商標法第60條本文）。至於智慧財產局所為之單純事實敘述或理由說明，非屬商標處分，不得提起商標訴願。例如，核駁理由先行通知書（商標法第31條第2項）、商標權消滅通知（商標法第47條）。

二、商標處分有違法或不當

所謂商標處分有違法或不當，係指商標處分有應予撤銷之瑕疵。詳言

之：(一)所謂商標處分違法，係指其欠缺合法要件而言；(二)所謂商標處分不當者，係指商標處分雖非違法，惟不合目的性。商標申請人、商標權人、異議人、申請評定人或申請廢止人，僅要主觀上認為商標處分違法或不當，即可提起訴願。至於商標處分是否有違法或不當處，其屬訴願有無理由之決定。

三、須損害權利或法律上利益

商標處分須有權利或法律上利益受有損害，始得提起商標訴願，否則欠缺權利保護要件[8]。商標申請人、商標權人、提起異議人、申請評定人或申請廢止人，僅要主觀上認為商標處分有損害其權利或法律上利益，即可提起訴願。至於是否確有損害其權利或利益，係實體上應審究之事項[9]。所謂損害其權利或法律上利益，係指商標處分所生之具體效果，直接損害其權利或法律上利益而言[10]。商標處分與損害結果間，須具有直接因果關係。

四、須商標法無特別規定

商標申請人、商標權人、提起異議人、申請評定人或申請廢止人對於智慧財產局之商標處分，認為違法或不當，致損害其權利或利益者，得依法提起訴願。但商標法另有規定者，從其規定（訴願法第1條第1項）。舉例說明如後：(一)依據商標法第48條第1項規定，任何人均得提起異議，倘智慧財產局作成異議不成立處分，異議人不服，始得提起訴願；(二)依據商標法第57條第1項規定，利害關係人得申請評定，倘智慧財產局作成評決不成立處分，申請評定人不服，始得提起訴願。

---

[8] 大法官釋字第469號解釋。
[9] 最高行政法院69年度判字第234號行政判決。
[10] 最高行政法院48年度判字第67號行政判決。

貳、怠為商標處分之訴願要件

一、須智慧財產局怠為商標行政處分

　　智慧財產局怠為商標行政處分，僅限於商標申請人、商標權人、提起異議人、申請評定人或申請廢止人對智慧財產局依商標法申請或異議之案件，並不含智慧財產局應依職權辦理之商標事項。

二、須損害權利或法律上利益

　　商標申請人、商標權人、提起異議人、申請評定人或申請廢止人僅要主觀上認為智慧財產局怠為商標處分，致有損害其權利或法律上利益，即可提起訴願。至於是否確有損害其權利或利益，其屬訴願有無理由之決定。

三、須商標法無特別規定

　　商標申請人、商標權人、提起異議人、申請評定人或申請廢止人對於智慧財產局怠為商標處分，認為違法或不當，致損害其權利或利益者，得依法提起訴願。但商標法另有規定者，從其規定（訴願法第1條第1項）。例如，對不予商標之處分提起訴願，僅得核駁審定不予商標之處分為之（商標法第24條第1項）。不得對核駁理由先行通知書，提起商標訴願（第2項）。

參、例題解析

一、例題3解析──商標權消滅通知

　　經核准審定之商標，申請人應於審定書送達之次日起2個月內，繳納註冊費後，始予註冊公告，並發給商標註冊證；屆期未繳費者，不予註冊公告，原核准審定，失其效力（商標法第32條第2項）。原則上申請人非因故意，未於前項所定期限繳費者，得於繳費期限屆滿後6個月內，繳納2倍之註冊費後，由商標專賣機關公告之（第3項本文）。例外情形，

係影響第三人於此期間內申請註冊或取得商標權者,不得為之(第3項但書)。商標權之延展,應於商標權期間屆滿前6個月內提出申請,並繳納延展註冊費;其於商標權期間屆滿後6個月內提出申請者,應繳納2倍延展註冊費(商標法第34條第1項)。前開核准延展之期間,自商標權期間屆滿日後起算(第2項)。職是,甲未於商標權期間屆滿前6個月內提出申請,並繳納延展註冊費;或於商標權期間屆滿後6個月內提出申請者,繳納2倍延展註冊費,其商標權自該商標權期間屆滿後消滅(商標法第47條第1款)。智慧財產局雖發函通知,然智慧財產局所為商標權消滅通知,僅屬單純之意思通知,而非商標處分,甲不得提之提起救濟。例外情形,甲依第8條第2項規定,以不可歸責於己之事由申請回復原狀,智慧財產局作出核駁處分,甲自得就該核駁處分提起訴願。

二、須損害權利或法律上利益

(一)聲明不在專用

B公司以「Hi網際電視網」商標圖樣申請商標註冊,指定使用於「電信網路之傳輸服務」,「Hi網際電視網」整體因具有識別性,然其中「網際電視網」屬說明文字,倘令申請人刪除該部分內容,將喪失該商標圖樣之完整性,故B公司於申請註冊時聲明該部分不在專用之列,再以該完整商標圖樣註冊,除可確保B公司取得完整之商標圖樣註冊外,亦可避免B公司於取得商標後,就「網際電視網」單獨主張商標權而產生爭議[11]。職是,智慧財產局得准予註冊。

(二)提起訴願與行政訴訟之要件

異議為公眾審查程序,無利害關係者就商標事件雖得提起異議,然其未因異議不成立之處分,導致有權利或法律上利益受損害,故不得提起訴

---

[11] 陳律師,智慧財產權法,高點文化事業有限公司,2005年3月,10版,頁3至39。

願或行政訴訟。反之，不服智慧財產局所為評決之利害關係人，主觀上可認定智慧財產局所為之評決不成立，有致損害利害關係人之權利或法律上利益，自得據此提起訴願與行政訴訟。準此，同業乙為利害關係人時，始得提起訴願或行政訴訟。

肆、相關實務見解—當事人適格

訴願法第18條及行政訴訟法第4條第3項之利害關係，係指權利或法律上之利益受侵害之利害關係。所謂當事人適格，係指當事人就特定訴訟標的有實施訴訟之權能而言，僅須主張自己為權利人，而對其主張之義務人提起，即為當事人適格。當事人是否適格，應依訴願人或原告起訴主張之事實為斷，而非依訴願或審判之結果認定[12]。

第二項　訴願人與受理訴願機關

我國商標訴願管轄採上級管轄原則，應由智慧財產局之上級機關，即經濟部為受理商標訴願之機關。凡得依商標法規定提出申請之人，倘因智慧財產局之商標處分違法或不當，致損害其權利或法律上利益，均可提起訴願。

例題5

乙以「台灣網」之文字向智慧財產局申請服務商標，經智慧財產局作成核准商標審定處分，台灣網國際網路傳訊股份有限公司，認為其為著名之公司，乙以「台灣網」申請服務商標與其公司名稱相同，而有致相關公眾混淆誤認之虞者，依據商標法第30條第1項第14款之事由，對商標提起異議，智慧財產局認為有異議事由，作成異議成立之處分，乙

---

[12] 最高行政法院99年度判字第923號行政判決。

不服提起訴願。試問經濟部是否得通知台灣網國際網路傳訊股份有限公司，參加本件商標訴願？

壹、商標訴願人

自然人、法人、非法人之團體或其他受行政處分之相對人及利害關係人均具有商標訴願當事人能力或資格，得提起商標訴願（訴願法第18條）[13]。至於具體商標訴願事件，是否具有商標訴願之當事人適格，應視其是否為專利處分之相對人或利害關係人而定。能獨立以法律行為負義務者，有訴願能力（訴願法第19條）。無訴願能力人應由其法定代理人代為訴願行為（訴願法第20條第1項）。地方自治團體、法人、非法人之團體應由其代表人或管理人為訴願行為（第2項）。關於訴願之法定代理，依民法規定（第3項）。商標訴願能力是有欠缺，為訴願之合法要件，故為受理商標訴願之經濟部應依職權調查[14]。

貳、商標訴願參加

一、利害關係相同

與商標訴願人利害關係相同之人，由經濟部允許，得為商標訴願人之利益參加訴願。經濟部認有必要時，亦得通知其參加訴願（訴願法第28條第1項）。例如，商標被授權人（商標法第39條第1項）、商標質權人（商

---

[13] 行政程序法第18條規定：有行政程序之當事人能力者如下：1.自然人；2.法人；3.非法人之團體設有代表人或管理人者；4.行政機關；5.其他依法律規定得為權利義務之主體者。

[14] 最高法院43年度台抗字第99號民事裁定。

標法第44條第3項）與商標權人之利害關係相同[15]，是被授權人或質權人可參加商標訴願。申請參加訴願應以書面提出，供經濟部審酌（訴願法第29條）。再者，商標訴願決定，對於參加人亦有效力。是經濟部已通知其參加或允許其參加而未參加者，商標訴願決定亦為效力所及（訴願法第31條）。

二、原商標處分撤銷或變更足以影響權益

商標訴願決定因撤銷或變更原處分，足以影響第三人權益者，經濟部應於作成商標訴願決定之前，通知其參加商標訴願程序，表示意見（訴願法第28條第2項）。例如，異議、申請評定或申請廢止撤銷他人商標權之案件（商標法第48條第1項、第57條第1項、第63條第1項）。倘商標處分撤銷或變更，其足以影響他異議人、申請評定人、申請廢止人或商標權人之權利。準此，經濟部得依職權通知他異議人、申請評定人、申請廢止人或商標權人參加商標訴願程序。

參、商標訴願代理人與輔佐人

一、商標訴願代理人

依商標訴願人或參加人之授權，以商標訴願人或參加人之名義，為商標訴願行為與受商標訴願行為之第三人，稱為商標訴願代理人。商標訴願人或參加人得委任代理人進行訴願，是商標訴願代理人制度，係採任意訴願代理主義或本人訴願主義，非僅律師始得代理商標訴願。每一商標訴願人或參加人委任之訴願代理人不得超過3人（訴願法第32條）。商標訴願代理人之資格如後：(一)律師；(二)依法令取得與訴願事件有關之代理人資格者；(三)具有該訴願事件之專業知識者；(四)因業務或職務關係為訴

---

[15] 商標法第45條第1項規定：商標權人得拋棄商標權。但有授權登記或質權登記者，應經被授權人或質權人同意。

願人之代理人者：(五)與訴願人有親屬關係者（訴願法第33條第1項）。前項第3款至第5款之商標訴願代理人，經濟部認為不適當時，得禁止之，並以書面通知商標訴願人或參加人。經濟部應依職權調查商標訴願代理人之權限範圍，以認定是否為普通權限之商標訴願代理人或特別權限之商標訴願代理人（訴願法第35條）。

二、商標訴願輔佐人

因商標訴願案件具有高度之技術性與專業性，非訴願人、參加人或一般訴願代理人所能知悉與瞭解，為使商標訴願程序得順利進行，由輔佐人輔佐商標訴願人、參加人或代理人為商標訴願上之陳述。訴願人、參加人或訴願代理人經受理訴願機關之許可，得於期日偕同輔佐人到場（訴願法第41條第1項）。受理訴願機關認為必要時，亦得命訴願人、參加人或訴願代理人偕同輔佐人到場（第2項）。前2項之輔佐人，受理訴願機關認為不適當時，得廢止其許可或禁止其續為輔佐（第3項）。輔佐人到場所為之陳述，訴願人、參加人或訴願代理人不即時撤銷或更正者，視為其所自為（訴願法第42條）。

肆、受理商標訴願機關

不服中央各部、會、行、處、局、署所屬機關之行政處分者，向各部、會、行、處、局、署提起訴願（訴願法第4條第6款）。商標法之主管機關為經濟部（商標法第3條第1項）。商標業務，由經濟部指定專責機關辦理（第2項）。經濟部係指定其所屬之智慧財產局辦理，故對智慧財產局所為之商標處分不服者，應以經濟部為受理訴願之機關。再者，有鑑於人民對訴願制度並非熟悉，故商標訴願人誤向經濟部或智慧財產局以外之機關作不服原商標處分之表示者，視為自始向經濟部提起訴願（訴願法第61條第1項）。前開收受之機關應於10日內，將該事件移送於智慧財產局，並通知商標訴願人（第2項）。

伍、例題解析—商標訴願參加

　　商標有著名之法人、商號或其他團體之名稱，有致相關公眾混淆誤認之虞者，不得註冊（商標法第30條第1項第14款）。商標訴願決定因撤銷或變更原處分，足以影響第三人權益者，經濟部應於作成商標訴願決定之前，通知其參加商標訴願程序，表示意見（訴願法第28條第2項）。乙以「台灣網」之文字向智慧財產局申請服務商標，經智慧財產局作成核准商標審定處分，台灣網國際網路傳訊股份有限公司，認為其為著名之公司，乙以「台灣網」申請服務商標與其公司名稱相同，而有致相關公眾混淆誤認之虞者，依據商標法第30條第1項第14款之事由，對商標異議提起異議，智慧財產局認為無異議事由，作成異議成立之處分，乙不服提起訴願，因商標訴願決定，倘有撤銷或變更異議成立處分，足以影響台灣網國際網路傳訊股份有限公司之權利，經濟部得通知該公司參加本件商標訴願，表示意見，以協助發現事實，作成正確決定，並維護該公司之權益。

陸、相關實務見解—命應作為機關速為一定處分

　　對於依第2條第1項提起之訴願，受理訴願機關認為有理由者，應指定相當期間，命應作為之機關速為一定之處分（訴願法第82條第1項）。受理訴願機關未為前項決定前，應作為之機關已為行政處分者，受理訴願機關應認訴願為無理由，以決定駁回之（第2項）。自程序之保障及訴訟經濟之觀點，訴願法第82條第2項所謂應作為之機關已為行政處分，係指有利於訴願人之處分而言。至全部或部分拒絕當事人申請之處分，應不包括在內。故於訴願決定作成前，應作為之處分機關已作成之行政處分，非全部有利於訴願人時，無須要求訴願人對於該處分重為訴願，訴願機關應續行訴願程序，對嗣後所為之行政處分併為實體審查，倘逕依訴願法第82條

第2項規定駁回，並非適法[16]。

第三項　提起商標訴願之程序

不服商標處分提起商標訴願，訴願人應於訴願法第14條規定之法定不變期間，依據訴願法第56條規定之檢具訴願書，得向經濟部智慧財產局或經濟部提起訴願。

例題6

丙以「移民」文字之服務標章取得商標註冊，遭同業以該商標為表示服務之說明性文字，向智慧財產局提起評定，經評定結果作成評決成立之處分，丙之代理人於2021年5月1日收受該審定書，該代理人之住所位於台北市，丙不服提出訴願，訴願書於2021年6月10日送達智慧財產局，丙之代理人於訴願書中主張其於2021年5月20日曾於電話向經濟部承辦人表示不服。試問經濟部應如何作成訴願決定？理由為何？

壹、提起商標訴願之期間[17]

一、法定不變期間

(一)訴願之提起期間

商標訴願之提起，應自商標處分達到或公告期滿之次日起30日內為之，30日為法定不變期間（訴願法第14條第1項）。利害關係人提起商標訴願者，前項期間之計算，自知悉時起算，利害關係人對於何時知悉商標處分，應負證明責任[18]。但自行政處分達到或公告期滿後，已逾3年者，不

---

[16] 最高行政法院101年度2月份庭長法官聯席會議。
[17] 訴願法第17條規定：期間之計算，除法律另有規定外，依民法規定。
[18] 最高行政法院45年度判字第58號、55年度判字第316號行政判決。

得提起（第2項）。商標訴願之提起，以智慧財產局或經濟部收受訴願書之日期為準（第3項）。商標訴願人誤向智慧財產局或經濟部以外之機關提起商標訴願者，以該機關收受日，視為提起商標訴願日（第4項）。

(二)補送訴願書

訴願人在第14條第1項所定期間向經濟部或智慧財產局作不服原商標處分之表示者，雖視為已在法定期間內提起訴願。然應於30日內補送訴願書（訴願法第57條）。例如，商標訴願人曾向智慧財產局陳情，已有不服之表示，當有法定不變期間之遵守[19]。

二、扣除在途期間

商標訴願人不在經濟部所在地住居者，計算法定期間，雖應扣除其在途期間。然有商標訴願代理人住居智慧財產局或經濟部所在地，得為期間內應為之訴願行為者，不扣除在途期間（訴願法第16條第1項）。前項扣除在途期間辦法，由行政院定之（第2項）。公司提起商標訴願之情形，應以其主事務所之所在地，認定有無扣除在途期間之適用，不以代表人或負責人之住居所為據（公司法第3條）。

貳、回復原狀

商標訴願人因天災或其他不應歸責於己之事由，致遲誤訴願法第14條之訴願期間者，而於其原因消滅後10日內，得以書面敘明理由向受理訴願機關申請回復原狀。但遲誤訴願期間已逾1年者，不得為之（訴願法第15條第1項）。例如，延誤主張優先權之6個月之法定不變期間，申請回復原狀（商標法第20條第1項、第8條第2項）。應同時補行期間內，應為申請行為與訴願行為（商標法第8條第3項；訴願法第15條第2項）。

---

[19] 最高行政法院81年度判字第58號行政判決。

參、訴願之程序

一、受理訴願書機關

(一)智慧財產局

　　商標訴願人應繕具訴願書，經由智慧財產局向經濟部提起訴願（訴願法第58條第1項）。智慧財產局對於商標訴願應先行重新審查原商標處分是否合法妥當，其認商標訴願為有理由者，得自行撤銷或變更原商標處分，其具有自我省察之功能，智慧財產局並將結果陳報經濟部（第2項）。智慧財產局不依商標訴願人之請求撤銷或變更原商標行政處分者，應儘速附具答辯書，並將必要之關係文件，送於經濟部（第3項）。智慧財產局檢卷答辯時，應將答辯書抄送商標訴願人（第4項）。使商標訴願人即時知悉智慧財產局之答辯內容，賦予補充商標訴願理由之機會，以保障商標訴願人之權益。

(二)經濟部

　　商標訴願人向經濟部提起商標訴願，經濟部應將訴願書影本或副本送交智慧財產局依第58條第2項至第4項規定辦理（訴願法第59條）。經濟部為智慧財產局之上級行政機關，可藉由商標訴願制度，行使對下級機關之監督權。

二、訴願書記載事項

　　商標訴願不得以口頭代替訴願書，其為要式行為[20]。是提起積極專利處分之訴願，應具訴願書，載明下列事項，由訴願人或代理人簽名或蓋章：(一)訴願人；(二)訴願代理人者；(三)智慧財產局；(四)商標訴願請求事項；(五)商標訴願之事實及理由；(六)收受或知悉商標處分日；(七)經濟部；(八)證據，其為文書者，應添具繕本或影本；(九)作成訴願書之年月

---

[20] 張自強、郭介恆，訴願法釋義與實務，瑞興圖書股份有限公司，2002年2月，頁215。

日（訴願法第56條第1項）。訴願應附商標處分書影本（第2項）。提起怠為商標處分之訴願應載明應為商標處分之智慧財產局、提出申請日，並附原申請書之影本及智慧財產局收受證明（第3項）。

肆、例題解析—逾法定不變期間提起訴願

一、30日與在途期間

商標訴願之提起，應自商標處分達到之次日起30日內為之（訴願法第14條第1項）。商標訴願之提起，以智慧財產局或經濟部收受訴願書之日期為準（第3項）。商標訴願代理人住居於智慧財產局所在地，得為期間內應為之訴願行為者，計算法定期間不扣除在途期間（訴願法第16條第1項）。丙以「移民」文字之服務標章取得商標註冊，遭同業以該商標為表示服務之說明性文字，向智慧財產局提起評定，經評定結果作成評決成立之處分，丙之代理人於2021年5月1日收受該審定書，該代理人之住所位於臺北市，丙之代理人住所與智慧財產局所在地均為臺北市，丙不服提出訴願之法定期間，並無在途期間可資扣除，故自2021年5月2日起算30日，丙應於2021年5月31日前提出訴願，始符合法定程序。丙不服提出訴願，訴願書遲至2021年6月10日始送達智慧財產局，已逾30日之法定不變期間，該商標訴願之程序不合法，經濟部應為不受理之決定，無須審究實體部分（訴願法第77條第2款前段）。

二、舉證責任

訴願人在第14條第1項所定期間向經濟部或智慧財產局作不服原專利處分之表示者，視為已在法定期間內提起訴願（訴願法第57條本文）。至於丙之代理人雖於訴願書主張其於2021年5月20日曾於電話向經濟部承辦人表示不服，倘丙無法舉證證明其有不服事實，自不能僅憑事後所提出之

訴願書主張，認為其主張之事實為真實[21]。

伍、相關實務見解―視為於法定期間內提起訴願

　　訴願法第57條規定之立法意旨乃在保護訴願人之訴願權利，並非在縮短行政程序法第98條第3項所定，視為於法定期間內提起訴願之期間。故原行政處分未依行政程序法第96條第1項第6款規定教示救濟期間等事項，致訴願人雖遲誤訴願法第14條第1項所定之訴願期間，惟已於行政程序法第98條第3項規定，視為於法定期間內提起訴願者，倘仍要求訴願人應依訴願法第57條但書規定於30日內補送訴願書，否則為訴願不受理之決定，不啻縮短行政程序法第98條第3項規定，視為於法定期間內提起訴願之期間，而與訴願法第57條規定係為保護訴願人之訴願權利之立法意旨相悖。因行政程序法第98條第3項規定，視為於法定期間內提起訴願之期間，非訴願法第57條但書規定，補送訴願書之期間為法定期間，倘原行政處分未依行政程序法第96條第1項第6款規定，教示救濟期間等事項，致訴願人固於行政程序法第98條第3項規定，視為於法定期間內提起訴願，然未於視為於法定期間內提起訴願，補送訴願書者，訴願機關應定期命訴願人補送訴願書。訴願機關雖未定期命訴願人補正或定期命訴願人補正，惟在訴願機關以訴願人逾期，即視為於法定期間內提起訴願或訴願機關命訴願人補正所定之期間，未補送訴願書為由，而為訴願不受理之決定前，訴願人已補送訴願書者，訴願機關不得以訴願人逾期未補送訴願書為由，而為訴願不受理之決定[22]。

---

[21] 最高行政法院80年度判字第1730號行政判決：主張積極事實者就該事實負有舉證責任，此為舉證責任分配之原則，倘主張積極事實者不能立證，即應推定該事實並不存在。

[22] 最高行政法院99年度判字第1162號行政判決。

第四項　商標訴願之審理

　　經濟部對於商標訴願應先為程序之審查，有程序不合而其情形可補正者，應酌定相當期間，通知商標訴願人補正。其無不應受理之情事者，進而為實體之審理[23]。

例題7

　　丁於商標權期間屆滿前6個月，向經濟部智慧財產局申請延展商標權期間，智慧財產局進行實體審查，認為丁在申請延展註冊前3年內，無正當事由而未實際使用商標，作成不准延展商標權期間之處分。試問丁應如何救濟？依據為何？

壹、審理方式

一、原　則

　　商標訴願程序雖屬商標行政救濟之一環，惟本質為行政程序，故商標訴願審理採書面審理為原則，商標訴願應就書面審查決定之，除非有例外事由，始為意見陳述與言詞辯論（訴願法第63條）。

二、例　外

（一）陳述意見

　　經濟部認為有必要時，得通知商標訴願人、參加人或利害關係人到達指定處所陳述意見（訴願法第63條第2項）。商標訴願人或參加人請求陳述意見而有正當理由者，應予到達指定處所陳述意見之機會（第3項）。訴願審議委員會主任委員得指定委員聽取商標訴願人、參加人或利害關係

---

[23] 李震山，行政法導論，三民書局股份有限公司，1999年10月，頁430。

人到場之陳述（訴願法第64條）。

（二）言詞辯論

經濟部應依商標訴願人、參加人之申請或於必要時，得依職權通知訴願人、參加人或其代表人、訴願代理人、輔佐人及智慧財產局派員於指定期日到達指定處所言詞辯論（訴願法第65條）。賦予程序保障權，以保障當事人權益與發現真實。

貳、證據調查

一、實施調查、檢驗或勘驗

因商標處分具有專業性、複雜性及技術性，故經濟部應依職權或囑託有關機關或人員，實施調查、檢驗或勘驗，不受商標訴願人主張之拘束（訴願法第67條第1項）。原則上，商標訴願人或參加人有聲請調查證據之權利，是經濟部應依商標訴願人或參加人之申請，調查證據（第2項本文）。以促進事實真相之發現，並維護商標訴願當事人之程序權利。例外情形，係經濟部就其申請調查之證據中認為不必要者，則不予調查（但書）。為避免商標訴願人或參加人遭受突襲性之不利決定，經濟部依職權或依申請調查證據之結果，應賦予訴願人及參加人表示意見之機會，始得採為對之不利之訴願決定之基礎（第3項）。

二、提出證據書類或證物

商標訴願人或參加人得提出證據書類或證物，以供經濟部審酌（訴願法第68條本文）。經濟部限定於一定期間內提出者，應於該期間內提出，此為商標訴願人或參加人之協力義務（但書）。

三、鑑　定

(一)交付鑑定

商標審查涉及專業性與技術性，故智慧財產局有配置各技術領域之審查官職司其事。而經濟部並無此人員，是經濟部得依職權或依商標訴願人、參加人之申請，囑託有關機關、學校、團體或有專門知識經驗者為鑑定（訴願法第69條第1項）。經濟部認為無鑑定之必要，而商標訴願人或參加人願自行負擔鑑定費用時，得向經濟部請求准予交付鑑定，經濟部非有正當理由不得拒絕，鑑定人由經濟部指定之（第2項、第3項）。

(二)鑑定費用

鑑定所需費用由經濟部負擔，並得依鑑定人之請求預行酌給之（訴願法第72條第1項）。依第69條第2項規定交付鑑定所得結果，據為有利於商標訴願人或參加人之決定或裁判時，商標訴願人或參加人得於訴願或行政訴訟確定後30日內，請求經濟部償還必要之鑑定費用（第2項）。

參、例題解析─申請延展商標權期間

商標自註冊公告當日起，由權利人取得商標權，商標權期間為10年（商標法第33條第1項）。商標權期間得申請延展，每次延展專用期間為10年（第2項）。申請商標權期間延展註冊者，應於期間屆滿前6個月起至屆滿後6個月內申請（商標法第34條第1項前段）。前項核准延展之期間，自商標權期間屆滿之次日起算（第2項）。丁於商標權期間屆滿前6個月，向智慧財產局申請延展商標權期間，符合商標法第28條第1項前段規定。2004年5月28日修正之商標法為提高行政效能，使申請人儘速取得延展商標權期間，已廢除舊法有關延展申請時之實體審查制度，故智慧財產局不得進行實體審查[24]。職是，智慧財產局以丁在申請延展註冊前3年內，無正

---

[24] 商標法條約（Trademark Law Treaty）第13條第6項明文禁止就申請延展註冊時進行實體審查。

當事由而未實際使用商標，作成不准延展商標權間之處分，丁得對該商標處分提起訴願救濟之。

肆、相關實務見解—專案諮詢

訴願審議委員會委員至訴願審議委員會閱卷，進行實質之書面審查，並核提審查意見，得依支給審查費。依訴願法第64條規定聽取陳述意見，屬專案諮詢性質，得支給出席費[25]。

第五項　商標訴願之決定

經濟部就商標訴願之審理原則，係先程序後實體，先審查商標訴願之提起是否合法，倘提起商標訴願不合法者，應從程序上為不受理決定。提起商標訴願合法者，繼而審議實體上有無理由。商標訴願有無理由，係以原商標處分是否違法或不當為斷。

例題8

戊先於2020年10月11日以「蓮妝」商標圖樣，指定使用於髮膏、髮水、香皂、洗面乳、成衣、布疋等商品，向經濟部智慧財產局申請商標註冊，嗣後於2020年12月9日向智慧財產局提出申請分割商標，智慧財產局認為戊之商標已遭他人異議為由，作成不准商標申請案分割之處分。試問戊應如何救濟？依據為何？

---

[25] 2004年6月25日院臺訴字第0930086475號函。

壹、不受理決定

一、定 義

　　商標訴願駁回分為程序駁回與實體駁回兩種類型，程序駁回為不受理決定，係指程序不合法規定而予駁回，不進行實體審理。例如，商標權人於收受商標異議成立處分，其逾30日後，始提起商標訴願，提起商標訴願逾法定期間（訴願法第14條第1項、第77條第2款前段）。

二、事 由

　　商標訴願事件有下列各款情形之一者，應為不受理之決定，經濟部應依職權調查之（訴願法第77條）：(一)商標訴願書不合法定程式不能補正，或經通知補正逾期不補正者（第1款）；(二)提起商標訴願逾法定期間，或未於第57條但書所定期間內補送商標訴願書者（第2款）；(三)商標訴願人不符合第18條之訴願人適格規定者（第3款）；(四)商標訴願人無訴願能力而未由法定代理人代為訴願行為，經通知補正逾期不補正者（第4款）；(五)地方自治團體、法人、非法人之團體，未由代表人或管理人為商標訴願行為，經通知補正逾期不補正者（第5款）；(六)商標處分已不存在者（第6款）[26]；(七)對已決定或已撤回之商標訴願事件，重行提起訴願者（第7款）；(八)對於非商標處分或其他依法不屬訴願救濟範圍內之事項，提起商標訴願者（第8款）。

貳、商標訴願無理由決定

　　商標訴願無理由，係指商標訴願所提出之主張，在實體上無理由。故商標訴願無理由者，經濟部應以決定駁回之（訴願法第79條第1項）。原

---

[26] 最高行政法院76年度判字第1184號行政判決：行政處分不存在，係指原行政處分經撤銷之情形而言。

商標處分所憑理由雖屬不當，但依其他理由認為正當者，應以商標訴願為無理由（第2項）。

參、商標訴願有理由決定

一、決定撤銷原商標處分

　　商標訴願人主張原商標處分違法或不當為理由，而其事證明確，經濟部認為訴願有理由者，應以決定撤銷原商標處分之全部或一部，回復至未為商標處分之狀態，無須命智慧財產局另為商標處分（訴願法第81條第1項本文前段）。例如，經濟部依據商標法第48條第1項規定，認定並無異議事由，故作成撤銷商標異議成立處分之決定，回復至未為撤銷商標註冊之效果，智慧財產局不須重為商標處分。

二、決定變更原商標處分

　　事證已臻明確，原商標處分確有違法或不當，且不涉及智慧財產局之第一次判斷權時，經濟部認為商標訴願有理由者，得視商標訴願事件之情節，逕為變更之決定（訴願法第81條第1項本文後段）[27]。經濟部於商標訴願人表示不服之範圍內，不得為更不利益之變更或處分（訴願法第81條第1項但書）。在商標訴願實務上，經濟部變更原商標處分之案例，極為少見。

三、決定發回智慧財產局另為商標處分

　　經濟部審議結果，認原商標處分有違法或不當，因事實未臻明確或涉及智慧財產局之權責，應由智慧財產局重新處分者，經濟部不逕為變更商標處分之決定，而將案件發回智慧財產局另為適法或適當之處分（訴願法

---

[27] 張自強、郭介恆，訴願法釋義與實務，瑞興圖書股份有限公司，2002年2月，頁328。

第81條第1項本文後段）。智慧財產局於商標訴願人表示不服之範圍內，不得為更不利益之變更或處分（訴願法第81條第1項但書）[28]。該商標訴願決定撤銷原商標處分，發回智慧財產局另為商標處分時，應指定相當期間命其為之（第2項）。在商標訴願實務上，此發回智慧財產局另為商標處分之決定，係經濟部最常作成之決定。在商標訴願實務上，商標訴願決定書主文記載：原處分撤銷，由原處分機關另為適法之處理。

四、命智慧財產局為一定之商標處分

對於依第2條第1項提起怠為商標處分之訴願，經濟部認為有理由者，應指定相當期間，命智慧財產局速為一定之商標處分（訴願法第82條第1項）。經濟部未為前開決定前，智慧財產局已為商標處分者，原未為商標處分之情形不復存在，是商標訴願標的已消失，經濟部應認商標訴願為無理由，以決定駁回之[29]。

五、情況決定

經濟部發現原商標處分雖屬違法或不當，但其撤銷或變更於公益有重大損害，經斟酌商標訴願人所受損害、賠償程度、防止方法及其他一切情事，認原商標處分之撤銷或變更顯與公益相違背時，得駁回其訴願（訴願法第83條第1項）。前開情形，應於決定主文中載明原商標處分違法或不當（第2項）。經濟部為情況決定時，得斟酌商標訴願人因違法或不當處分所受損害，而於決定理由中載明由智慧財產局與商標訴願人進行協

---

[28] 最高行政法院62年度判字第298號行政判決：依行政救濟之法理，除原處分適用法律錯誤外，申請復查之結果，不得為更不利於行政救濟人之決定。

[29] 最高行政法院89年度判字第1211號行政判決：人民對於行政機關應作為而不作為之消極行為，認損害其權益者，固得依法提起行政爭訟，惟訴願及行政訴訟之提起，以有行政機關之行政處分存在為前提要件，倘行政機關之行政處分已不復存在，則訴願及行政訴訟之標的即已消失，自無許其提起訴願及行政訴訟之餘地。原行政機關已另為處分，故原未為處分之情形已不復存在，即訴願標的業已消失，自不得提起訴願及行政訴訟。

議（訴願法第83條第1項）。智慧財產局與商標訴願人間之協議，與國家賠償法之協議有同一效力（第2項）。職是，是協議成立時，應作成協議書，該項協議書得為執行名義（國家賠償法第10條第2項後段）。

肆、商標訴願決定之效力

商標訴願決定為行政處分之一種，而具有存續力、拘束力及執行力。是商標訴願之決定確定後，就該商標事件，有拘束各關係機關之效力（訴願法第95條）。經濟部所作成之商標訴願決定，有一事不再理原則之適用（訴願法第77條第7款）。原商標行政處分經撤銷後，智慧財產局須重為處分者，應依商標訴願決定意旨為之，並將處理情形以書面告知經濟部（訴願法第96條）。

伍、再審程序

一、定　義

再審係對於確定之訴願決定不服之非常救濟方法，倘非同一原因事實而符合法定要件者，並無申請次數之限制[30]。而對於未確定之訴願決定不服，應循行政訴訟程序救濟之。

二、事　由

原則上，商標訴願人、參加人或其他利害關係人為申請再審之主體，得對確定商標訴願決定，向經濟部申請再審。例外情形，係商標訴願人、參加人或其他利害關係人已依行政訴訟主張其事由或知其事由而不為主

---

[30] 最高行政法院46年度裁字第41號行政裁定：行政訴訟之當事人，對於本院所為裁定，聲請再審，經駁回後，不得復以同一原因事實，對駁回再審聲請之裁定，更行聲請再審。

張者，則不得申請再審（訴願法第97條第1項），關於再審之法定事由如後：(一)適用法規顯有錯誤者（第1款）；(二)決定理由與主文顯有矛盾者（第2款）；(三)決定機關之組織不合法者（第3款）；(四)依法令應迴避之委員參與決定者（第4款）；(五)參與決定之委員關於該訴願違背職務，犯刑事上之罪者（第5款）；(六)訴願之代理人，關於該訴願有刑事上應罰之行為，影響於決定者（第6款）；(七)為決定基礎之證物，係偽造或變造者（第7款）；(八)證人、鑑定人或通譯就為決定基礎之證言、鑑定為虛偽陳述者（第8款）；(九)為決定基礎之民事、刑事或行政訴訟判決或行政處分已變更者（第9款）；(十)發見未經斟酌之證物或得使用該證物者（第10款）。

三、提起期間

　　商標訴願人、參加人或其他利害關係人申請再審，應於30日內提起（訴願法第97條第2項）。前開期間，自訴願決定確定時起算。但再審之事由發生在後或知悉在後者，自知悉時起算（第3項）。

陸、例題解析─商標權分割申請

　　申請人得以一商標註冊申請案，指定使用於二個以上類別之商品或服務（商標法第19條第4項）。故可能產生申請案內容包含各種類之商品或服務之結果。商標權人得就註冊商標指定使用之商品或服務，向商標專責機關申請分割商標權（商標法第37條）。註冊商標涉有異議、評定或廢止案件時，申請分割商標權，應於處分前為之（商標法第38條第3項）。戊先於2020年10月11日以「蓮妝」商標圖樣，指定使用於髮膏、髮水、香皂、洗面乳、成衣、布疋等商品，向智慧財產局申請商標註冊，嗣後於2020年12月9日向智慧財產局提出申請分割商標，智慧財產局不得以戊之商標已遭他人異議為由，作成不准商標申請案分割之處分，戊得對該商標處分提出訴願。

柒、相關實務見解—禁止不利益原則

　　訴願有理由者，受理訴願機關應以決定撤銷原行政處分之全部或一部，並得視事件之情節，逕為變更之決定或發回原處分機關另為處分。但於訴願人表示不服之範圍內，不得為更不利之變更處分（訴願法第81條第1項）。所謂禁止不利益原則，係指受理訴願機關為變更決定時，或發回原處分機關另為處分時，不得為更不利於受處分人之變更處分[31]。

---

[31] 最高行政法院92年度判字第1144號行政判決。

第四章　商標行政訴訟

商標處分是否合法或適當，固得經由智慧財產局之自我省察與經濟部之行政權監督，惟行政自我控制有時不周詳，必須藉由智慧財產及商業法院對商標之行政行為作事後之審查，以司法審查之方式，確保法治國家依法行政之目的。

第一節　商標行政訴訟之類型

商標行政訴訟之類型，分為撤銷訴訟（行政訴訟法第4條）、確認訴訟（行政訴訟法第6條）、一般給付訴訟（行政訴訟法第8條）、課予義務訴訟（行政訴訟法第5條）及再審之訴（行政訴訟法第273條第1項）。商標行政訴訟之類型，有須經訴願程序與不必先經訴願程序之分。提起撤銷訴訟與課予義務訴訟，須經訴願程序，此為訴願前置主義。而提出確認訴訟與一般給付訴訟不必先經訴願程序。

第一項　撤銷訴訟

提起撤銷訴訟應以客觀上有商標處分存在為前提，所謂客觀上有商標處分存在，係指具有行政程序法第92條或訴願法第3條定義之商標處分存在而言。撤銷訴訟為商標行政訴訟法，最典型之權利防禦訴訟類型。

例題1

甲以「寶島青年流行館」文字圖樣之服務商標，指定於「眼鏡及零件零售」服務，向經濟部智慧財產局申請商標註冊，經准予商標註冊在案，寶島眼鏡公司以商標法第30條第1項第10款之事由，主張其商標與甲之商標有致相關消費者混淆誤認之虞者，對之申請評定，智慧財產局

審定結果，作成評決成立之商標處分，甲不服提起商標訴願，遭經濟部決定駁回。試問甲應如何救濟？依據為何？

例題2

甲所有A商標核准註冊以後，乙以其違反商標法第30條第1項第13款之商標近似之規定，檢具所有B註冊商標，對之申請評定，經智慧財產局評定A商標註冊無效，甲不服提起訴願，遭經濟部決定駁回，甲據此提起行政訴訟，請求撤銷原處分及訴願決定。在行政訴訟中，據以評定之B註冊商標，因有違商標法第63條第1項第2款規定之未使用商標滿3年，業經智慧財產局另案處分廢止其商標權確定在案。試問智慧財產及商業法院在審理本件撤銷之訴，是否須審酌據以評定B註冊商標權，嗣後已被撤銷確定之事實？

壹、定義與要件

一、定　義

人民因智慧財產局之違法商標處分，認為損害其權利或法律上之利益，經依訴願法提起訴願而不服經濟部決定，或提起訴願逾3個月而經濟部不為決定，或延長訴願決定期間逾2個月不為決定者，得向智慧財產及商業法院提起撤銷訴訟（行政訴訟法第4條第1項；智慧財產及商業法院組織法第2條第1款、第3條第3款；智慧財產案件審理法第31條第1項；智慧財產案件審理細則第4條）。逾越權限或濫用權力之商標處分，以違法論（行政訴訟法第4條第2項）。商標訴願人以外之利害關係人，認為商標訴願決定，損害其權利或法律上之利益者，得向智慧財產及商業法院提起撤銷訴訟（第3項）。例如，商標權人之商標權經異議、評定或廢止，智慧財產局為撤銷商標權之審定或評決，商標權人對該不利益之負擔處分，提起訴願救濟，經濟部認該商標訴願無理由，以訴願決定書駁回其訴願。商

標權人不服該商標訴願決定，得向智慧財產及商業法院提起撤銷訴訟以救濟之，請求撤銷商標訴願決定與原商標處分[1]。

二、要　件

　　原告提起撤銷訴訟之要件如後：(一)須有商標處分或商標訴願決定存在，原告訴請撤銷該行政處分；(二)原告須主張商標處分或商標訴願決定違法，並損害其權利或法律上利益，此為撤銷訴訟之訴訟標的[2]；(三)須經商標訴願程序而未獲救濟，採訴願前置程序；(四)應於訴願決定書送達後2個月內為之，此為法定不變期間，不得縮短或延長（行政訴訟法第106條）[3]。

三、撤銷訴訟之裁判基準時

　　行政訴訟法第4條之撤銷訴訟，旨在撤銷行政機關之違法行政處分，藉以排除其對人民之權利或法律上之利益所造成之損害。而行政機關作成行政處分後，其所依據之事實發生變更，因非行政機關作成行政處分時事實認定錯誤，除有特別規定外，行政法院不得據此認該處分有違法之瑕疵而予撤銷。本件A註冊商標經商標主管機關評定成立撤銷其註冊後，在訴訟繫屬中，據以評定之B註冊商標，經商標主管機關另案廢止其商標權確定在案。智慧財產及商業法院審理本案時，應以商標主管機關評定A商標註冊時之事實狀態，為其裁判之基礎，毋庸審酌據以評定之B註冊商標權事後已被廢止之事實。職是，撤銷訴訟原則上應以原處分作成時為判斷基準時，其後發生之事實或法律之變更，尚非法院所得審究之範圍[4]。

---

[1] 智慧財產法院107年度行商訴第31號、第37號行政判決。

[2] 林石猛，行政訴訟類型之理論與實務，學林文化事業有限公司，2004年9月，2版3刷，頁41。

[3] 最高行政法院92年度裁字第736號行政裁定。

[4] 最高行政法院2003年12月30日92年12月份第2次庭長法官聯席會議決議；最高行政法院98年度判字第779號、92年度判字第1331號行政判決；智慧財產法院

貳、例題解析

一、撤銷訴訟

　　相同或近似於他人同一或類似商品或服務之註冊商標或申請在先之商標，有致相關消費者混淆誤認之虞者，該商標不得註冊（商標法第30條第1項第10款本文）。商標之註冊違反第29條第1項、第30條第1項或第65條第3項規定之情形者，利害關係人或審查人員得申請評定其註冊（商標法第57條第1項）。甲以「寶島青年流行館」文字圖樣之服務商標，指定於「眼鏡及零件零售」服務，向智慧財產局申請商標註冊，經准予商標註冊在案，寶島眼鏡公司主張其商標（據以評定商標）與甲之商標（系爭商標），有商標法第23條第1項第13款規定之近似商標有致相關消費者混淆誤認之虞，對之申請評定，智慧財產局審定結果，就系爭商標作成評決成立之商標處分，甲不服提起商標訴願，遭經濟部決定駁回，甲得於商標訴願決定書送達後2個月內（行政訴訟法第106條第1項本文），向智慧財產及商業法院提起撤銷訴訟以救濟之（行政訴訟法第13條第1項；智慧財產及商業法院組織法第3條第3款；智慧財產案件審理法第31條第1項），以智慧財產局為被告（行政訴訟法第24條第1款），請求撤銷商標訴願決定與原商標處分。倘智慧財產及商業法院認為原告起訴，為有理由，應將商標訴願決定與原商標處分一併撤銷，應為甲勝訴之判決（行政訴訟法第195條第1項前段）。前經智慧財產局撤銷之商標權，即回復為未經撤銷前之狀態；反之，認為原告起訴，為無理由，應以判決駁回甲之起訴（同法條項後段）。

二、智慧財產及商業法院審理事實之範圍

　　關於撤銷、廢止商標註冊之行政訴訟中，當事人於言詞辯論終結前，就同一撤銷或廢止理由提出之新證據，智慧財產及商業法院仍應審酌之

99年度行商訴第79號行政判決。

（智慧財產案件審理法第33條第1項）。是商標評定固應適用註冊時之商標法，惟在評定之爭訟程序未終結前，法律或事實有所變更時，應依變更後之法律或事實處理。準此，商標評定爭訟程序中，據以評定B商標既因被撤銷而不復存在，乙已非利害關係人，自無權申請評定，是智慧財產及商業法院應審酌據以評定B商標嗣後發生撤銷之事實，本件事實基準時，應以智慧財產及商業法院之言詞辯論終結時。準此，法院應撤銷評定成立之商標處分與維持評定成立之訴願決定。

參、相關實務見解─提起撤銷之訴為無理由

參加人具本件利害關係人資格，得提起本件商標評定案。經法院斟酌全辯論意旨及調查證據結果，認參加人有先使用據以評定商標、原告與參加人間具同業競爭關係而知悉據以評定商標、系爭商標仿襲攀附據以評定商標等事實，足證系爭商標之註冊違反商標法第30條第1項第12款規定。職是，原處分所為系爭商標應予撤銷之處分，其於法有據，訴願決定予以維持，洵屬無誤。原告仍執前詞訴請撤銷原處分與訴願決定，為無理由，應予駁回[5]。

第二項　課予義務訴訟

課予義務訴訟之功能，在於使人民對於違反作為義務之智慧財產局或經濟部，經由行政法院之判決課以作成行政處分之義務，其本質為給付訴訟（行政訴訟法第5條）[6]。撤銷訴訟與課予義務訴訟之主要差異，在於撤銷訴訟僅請求撤銷違法之商標處分，而課予義務訴訟有請求智慧財產局應

---

[5]　智慧財產法院104年度行商訴第98號行政判決。
[6]　吳庚，行政法之理論與實用，三民書局股份有限公司，1999年6月，增訂5版，頁558。

為商標處分或應為特定內容之商標處分。

例題3

　　乙於2021年8月19日以「大家說中文」之文字，指定使用於「中文雜誌之出版、經銷及教學」服務，向經濟部智慧財產局申請商標註冊，經智慧財產局審查結果認為該文字僅為服務之功能或說明，其不具識別性之商標註冊積極要件，作成不予商標處分，乙不服提起商標訴願，遭經濟部決定駁回。試問乙應如何救濟？依據為何？

壹、定義與要件

一、定　義

　　課予義務訴訟分為怠為處分之訴與拒絕申請之訴兩種類型。怠為處分之訴，係人民因智慧財產局對其依法申請之商標案件，於法令所定期間內應作為而不作為，認為其權利或法律上利益受損害者，經依訴願程序後，得向智慧財產及商業法院提起請求該機關應為行政處分或應為特定內容之行政處分之訴訟（行政訴訟法第5條第1項；智慧財產及商業法院組織法第2條第1款、第3條第3款；智慧財產案件審理法第31條第1項；智慧財產案件審理法審理細則第4條）。拒絕申請之訴，係人民因智慧財產局對其依法申請之商標案件，予以駁回，認為其權利或法律上利益受違法損害者，經依訴願程序後，得向智慧財產及商業法院提起請求智慧財產局應為商標處分或應為特定內容之商標處分之訴訟（行政訴訟法第5條第2項）。

二、要　件

（一）怠為處分之訴

　　原告提起怠為處分之訴的要件如後：1.智慧財產局對原告之申請，於法令所定期間內應為商標處分或應為特定內容之商標處分；2.原告須主張

智慧財產局應作為而不作為，損害其權利或法律上利益；3.須經商標訴願程序而未獲救濟，採用訴願前置主義；4.須於法定期間內提起（行政訴訟法第106條）。

(二)拒絕申請之訴

1.商標申請註冊

原告提起拒絕申請之訴的要件如後：(1)智慧財產局作成駁回原告申請之處分；(2)原告須主張智慧財產局所為之駁回處分，損害其權利或法律上利益；(3)須經商標訴願程序而未獲救濟，採用訴願前置主義；(4)須請求智慧財產局應為商標處分或應為特定內容之商標處分；(5)須於法定期間內提起（行政訴訟法第106條）。例如，智慧財產局對於商標申請註冊案，作成不予商標之處分，商標申請人提起商標訴願救濟，經濟部認為商標訴願無理由，作成駁回訴願決定，倘商標申請人提起撤銷訴訟，即使智慧財產及商業法院判決撤銷訴願決定與商標處分，智慧財產局依據該判決重為商標處分，非當然為核准商標註冊之處分。職是，商標申請人須聲明請求智慧財產局應為核准商標註冊之處分，始得達成救濟之目的[7]。

2.商標異議案、評定案或廢止案

智慧財產局對於商標異議案、評定案或廢止案，作成異議不成立、評決不成立或廢止不成立之處分，異議人或申請人提起商標訴願救濟，經濟部認為商標訴願無理由，作成駁回訴願決定，倘異議人或申請人提起撤銷訴訟，即使智慧財產及商業法院判決撤銷訴願決定與商標處分，智慧財產局依據該判決重為商標處分，非當然為有核准商標之處分。準此，商標異議人或申請人須聲明請求智慧財產局應為異議成立、評決成立或廢止成立之審定處分，始得達成救濟之目的[8]。

---

[7]　智慧財產法院107年度行商訴第49號、108年度行商訴第50號行政判決。
[8]　智慧財產法院107年度行商訴字第26號、108年度行商訴字第34號行政判決。

貳、例題解析─拒絕申請之訴

一、提起課予義務訴訟

　　乙以「大家說中文」之文字，指定使用於「中文書籍之出版與經銷」服務，向智慧財產局申請商標註冊，經智慧財產局審查結果認為該文字不具有商標註冊要件，作成不予商標處分，乙不服提起商標訴願，遭經濟部決定駁回，乙得於商標訴願決定書送達後2個月內（行政訴訟法第106條第1項本文）。向智慧財產及商業法院提起課予義務訴訟加以救濟（行政訴訟法第13條第1項；智慧財產及商業法院組織法第3條第3款），以智慧財產局為被告（行政訴訟法第24條第1款），除聲明撤銷商標訴願決定與原商標處分外，並請求智慧財產局應為核准商標註冊之處分（行政訴訟法第5條第2項）。

二、智慧財產及商業法院審理

　　智慧財產及商業法院之裁判如後：(一)智慧財產及商業法院認為原告起訴，為無理由，應以判決駁回乙之起訴（行政訴訟法第195條第1項後段）[9]；(二)智慧財產及商業法院認為「大家說中文」具有識別性（商標法第18條第2項）或第二意義（商標法第29條第1項）之積極要件，而無商標法第30條第1項所列之不得註冊事由，則原告起訴，為有理由，除應將商標訴願決定與原商標處分一併撤銷外（行政訴訟法第195條第1項前段）；(三)案件事證明確者，應判命智慧財產局作成核准商標註冊之處分（行政訴訟法第200條第3款）；(四)認案件事證尚未臻明確或涉及智慧財產局之先行審定處分之權限行使（商標法第3條、第29條、第30條），應判命智慧財產局遵照其判決之法律見解對於原告另為商標處分（行政訴訟法第200條第4款）。

---

[9]　智慧財產法院108年度行商訴字第93號行政判決。

參、相關實務見解──提起課予義務之訴為無理由

原告前以系爭申請商標「東菱表維命」，指定使用於商標法施行細則第19條所定商及服務分類表第5類「營養補充品」商品，向被告申請註冊。案經被告審查，認系爭申請商標與據以核駁商標「回春表維命HUI CHUN BIOWEMIN」構成近似，復指定使用於同一或類似之商品，有致相關消費者混淆誤認之虞，應不准註冊，作成核駁之處分。原告不服，提起訴願。嗣經濟部作成訴願決定駁回，原告遂向智慧財產及商業法院提起行政訴訟。經審酌辯論意旨與調查證據結果，認系爭申請商標與據以核駁商標構成近似、指定使用於同一或高度類似商品、據以核駁商標有高度識別性、據以核駁商標之權利人無多角化經營之情形、系爭申請商標與據以核駁商標有實際混淆誤認之情事、行銷方式與行銷場所相同、相關消費者較熟悉據以核駁商標及系爭申請商標申請人非善意等因素，經綜合判斷後，認相關消費者極有可能誤認系爭申請商標與據以核駁商標指定之服務為同一來源之系列商品，抑是誤認兩商標之使用者間存在關係企業、授權關係、加盟關係或其他類似關係，而產生混淆誤認情事，足證系爭申請商標有商標法第30條第1項第10款不得註冊事由。職是，原處分所為核駁註冊申請之審定，其於法有據，訴願決定予以維持，洵屬無誤。原告仍執前詞訴請撤銷原處分與訴願決定，並命被告就系爭申請商標准予註冊之處分，為無理由，應予駁回[10]。

第三項　確認訴訟

確認訴訟的確認對象為無效或違法之商標處分，其訴訟類型分為確認商標處分無效、確認商標法之公法上法律關係成立或不成立、確認已消滅之商標處分違法。確認商標法之公法上法律關係不成立亦分為存在或不存在等態樣。

---

[10] 智慧財產法院104年度行商訴字第108號行政判決。

例題4

甲為某立體商標權人,其將該商標授權乙使用,並向經濟部智慧財產局辦理授權登記,甲未經被授權人乙同意,於商標授權期間屆滿前,向智慧財產局申請廢止商標授權登記,經智慧財產局廢止其授權登記。試問乙應如何救濟?依據為何?

例題5

商標權人或專利權人得否以智慧財產局為被告,提起確認專利權範圍或商標權範圍之確認訴訟?試以行政訴訟法第6條規定,說明不准或准許之理由。

壹、定義與要件

一、定　義

確認商標處分無效及確認公法上商標法律關係成立或不成立之訴訟,原告有即受確認判決之法律上利益者,得提起確認訴訟(行政訴訟法第6條第1項前段)。其確認已執行完畢或已消滅之商標處分為違法之訴訟,得提起確認訴訟(同法條項後段)。對非無效或未消滅之違法商標處分,應提起撤銷訴訟、課予義務訴訟,倘原告誤為提起確認商標處分無效之訴訟,其未經訴願程序者,智慧財產法院應以裁定將該事件移送於經濟部,並以智慧財產及商業法院收受訴狀之時,視為提起商標訴願(第4項)。

二、要　件

原告提出確認訴訟之要件如後:(一)確認之對象須為無效之商標處分,或確認已執行而無回復原狀可能之商標處分或已消滅之商標處分為違

法：(二)提起確認商標處分無效之訴訟，須已向智慧財產局請求確認其無效未被允許，或經請求後於30日內不為確答者，始得提起之（行政訴訟法第6條第2項；行政程序法第113條）。是確認商標處分無效，應先經行政程序；(三)確認公法上商標法律關係成立或不成立之訴訟，於原告得提起撤銷訴訟、課予義務訴訟或一般給付訴訟者，不得提起（行政訴訟法第6條第3項）；(四)須有受確認判決之法律上利益。詳言之，所謂即受確認判決之法律上利益，須因法律關係之存否不明確，致原告在有關商標法之公法上地位有受侵害之危險，而此項危險得以對於被告之確認判決除去之者。

貳、例題解析

一、確認訴訟

　　商標授權期間屆滿前，經商標權人及被授權人雙方同意終止者，當事人得檢附相關證據，申請廢止商標授權登記（商標法第41條第1款）。甲為某立體商標權人，其授權乙使用，並向智慧財產局辦理授權登記，甲未經被授權人乙同意，不得於商標授權期間屆滿前，向智慧財產局申請廢止商標授權登記，因智慧財產局未發現而廢止授權登記。乙得提起確認之訴，如起訴時，該商標權尚在存續期限，應提起確認核准廢止授權登記處分無效之訴。反之，乙起訴時，該商標權已期滿，該商標當然消滅，應提起確認核准廢止授權登記處分違法之訴（商標法第47條第1款）。

二、確認之訴訟類型

　　依行政訴訟法第6條規定，確認訴訟之類型有確認公法上法律關係成立或不成立、確認行政處分無效或違法。至於確認行政處分有效、不存在或特定內容，均不得提起確認之訴訟。準此，確認專利權範圍或商標權範圍，其屬智慧財產局依職權以確認性處分處理之事項，是商標權人或專利權人不得以智慧財產局為被告，提起確認專利權範圍或商標權範圍之確認

訴訟[11]。

參、相關實務見解─提起確認行政處分違法訴訟

對於行政處分提起撤銷訴訟之目的，在於解除行政處分之規制效力，是以行政處分之規制效力如果存在，原則上即有提起撤銷訴訟之實益。而行政處分之執行與其規制效力之存續係屬兩事，已執行完畢之行政處分，倘其規範效力仍然存在，且有回復原狀之可能者，行政法院仍應准原告提起撤銷訴訟以為救濟，除非行政處分已執行，且無回復原狀之可能，或行政處分規制效力已因法律上或事實上之原因而消滅，始認其欠缺提起撤銷訴訟之實益，而於原告有即受確認判決之法律上利益時，許其依法提起確認該行政處分違法訴訟（行政訴訟法第4條、第6條、第196條）[12]。

第四項　一般給付訴訟

給付訴訟分為課予義務訴訟與一般給付之訴。前者，係原告請求法院以判決命智慧財產局為一定之給付，給付內容為商標處分（行政訴訟法第5條）。後者，原告請求之給付，非商標處分之其他特定作為、容忍或不作為（行政訴訟法第8條）。

例題6

丙以某音樂鈴聲向智慧財產局申請聲音商標註冊，經智慧財產局作成准予商標之處分，丙於審定書送達之次日內30日繳納註冊費，經智慧財產局註冊公告，嗣後丙發現其有重複繳納註冊費之情事，乃請求智慧

---

[11] 鄭凱文，專利行政救濟制度之研究，國立臺灣大學法律研究所碩士論文，2001年1月，頁41至42。

[12] 最高行政法院100年度判字第1046號行政判決。

財產局退回溢收之註冊費。智慧財產局以該溢繳之註冊費，得預先作為申請商標期間延展註冊之費用為由，而拒絕退還。試問丙應如何向智慧財產局請求償還溢繳之註冊費？依據為何？

壹、定義與要件

一、定　義

　　人民與智慧財產局或經濟部間，因公法上原因或公法上契約，發生財產上之給付或請求作成商標處分以外之其他非財產上之給付，得提起給付訴訟（行政訴訟法第8條第1項、第2項）。

二、要　件

　　原告提出一般給付訴訟之要件如後：(一)因公法上原因或公法上契約發生之給付；(二)限於請求財產上之給付或請求作成商標處分以外之其他非財產上之給付。簡言之，須限於商標處分以外之給付。例如，請求返還溢繳之商標規範、請求經濟部償還必要之鑑定費用、請求閱覽卷宗、請求將特定資料作廢等給付；(三)原告請求給付之權利有保護之必要；(四)須不屬於得在撤銷訴訟中併為請求之給付。因給付訴訟之裁判，以商標處分應否撤銷為據者，應於依第4條第1項或第3項提起撤銷訴訟時，併為請求。原告未為請求者，審判長應告知得為請求，不得提起一般給付訴訟（行政訴訟法第8條第2項）。以達訴訟經濟之目的，並避免有裁判牴觸之情事。

貳、例題解析─請求償還溢繳之註冊費

　　丙以某音樂鈴聲向智慧財產局申請聲音商標註冊，經智慧財產局作成准予商標之處分，丙於審定書送達之次日內30日繳納註冊費，經智慧財產局註冊公告，嗣後丙發現其有重複繳納註冊費之情事，有權請求智慧財產

局退回溢收之註冊費。智慧財產局以該溢繳之註冊費，得預先作為申請延展註冊之費用為由，而拒絕退還，其於法未合。蓋商標權人於商標權屆滿前，其通常會以商標權是否有市場價值，作為是否申請延展商標權期間之考量（商標法第33條、第34條）。智慧財產局無權強制商標權人申請商標權期間延展註冊，是智慧財產局拒絕退費，丙得向經濟部提起商標訴願，倘經濟部作成訴願無理由之決定，丙得向智慧財產及商業法院提起一般給付之訴（智慧財產及商業法院組織法第2條第1款、第3條第3款；智慧財產案件審理法第31條第1項），請求智慧財產局償還溢領之註冊費用。

參、相關實務見解──提起一般給付訴訟要件

人民與中央或地方機關間，因公法上原因發生財產上之給付或請求作成行政處分以外之其他非財產上之給付，得提起給付訴訟因公法上契約發生之給付，亦同（行政訴訟法第8條第1項）。故應可認因請求金錢給付，而提起一般給付訴訟者，應以訴訟可直接行使給付請求權時為限[13]。

第五項　再審之訴

再審為對於確定判決不服之方法，為避免輕易動搖確定判決之效力，行政訴訟法第273條與第274條有規定再審之訴的法定事由，其屬訴訟程序或判決基礎有重大瑕疵之情事者。該等再審之法定事由，大致與民事訴訟法第496條與第497條所規定之再審事由相同。

例題7

丁取得某顏色商標註冊登記，戊以該商標不具識別性之商標積極要件，對之提起異議，智慧財產局審定結果，作成異議成立之商標處分，

---

[13] 最高行政法院100年度判字第2161號行政判決。

丁不服提起商標訴願，遭經濟部決定駁回，丁不服該商標訴願決定，提起撤銷訴訟，經智慧財產及商業法院、最高行政法院判決敗訴確定後，丁發現未經斟酌之證物，足以證明其顏色商標具有識別性。試問丁應如何救濟？依據為何？

壹、定義與事由

一、定　義

　　原則上，當事人有法定再審事由，得以再審之訴對於確定終局判決聲明不服。例外情形，當事人已依上訴主張其事由，其事由已經法院審酌，或當事人知其事由而不為主張者，係可歸責於自己知之過怠，均不得提起再審之訴[14]。

二、事　由

　　再審之法定事由如後：(一)適用法規顯有錯誤者（行政訴訟法第273條第1項第1款）；(二)判決理由與主文顯有矛盾者（第2款）；(三)判決法院之組織不合法者（第3款）；(四)依法律或裁判應迴避之法官參與裁判者（第4款）；(五)當事人於訴訟未經合法代理或代表者（第5款）；(六)當事人知他造之住居所，指為所在不明而與涉訟者。但他造已承認其訴訟程序者，不在此限（第6款）；(七)參與裁判之法官關於該訴訟違背職務，犯刑事上之罪者（第7款）；(八)當事人之代理人、代表人、管理人或他造或其代理人、代表人、管理人關於該訴訟有刑事上應罰之行為，影響於判決者（第8款）；(九)為判決基礎之證物係偽造或變造者（第9款）；(十)證人、鑑定人或通譯就為判決基礎之證言、鑑定或通譯為虛偽陳述者（第10款）；(十一)為判決基礎之民事或刑事判決及其他裁判或行政處分，依

---

[14] 翁岳生主編，行政訴訟法逐條釋義，五南圖書出版股份有限公司，2003年5月，初版2刷，頁719。

其後之確定裁判或行政處分已變更者（第11款）；(十二)當事人發現就同一訴訟標的，在前已有確定判決或和解或得使用該判決或和解者（第12款）；(十三)當事人發現未經斟酌之證物或得使用該證物者。但以如經斟酌可受較有利益之裁判者為限（第13款）；(十四)原判決就足以影響於判決之重要證物漏未斟酌者（第14款）。所謂重要證物漏未斟酌者，係指當事人在前訴訟程序已經提出，確定判決漏未於判決理由中斟酌者而言。換言之，該項證物如經斟酌，原判決將不致為如此之論斷；若縱經斟酌，亦不足影響原判決之內容，或原判決曾於理由中說明其為不必要之證據者，均與本條規定之要件不符；(十五)確定終局判決所適用之法律或命令，經司法院大法官依當事人之聲請解釋為牴觸憲法者，其聲請人亦得提起再審之訴（第2項）；(十六)為判決基礎之裁判，有第273條所定之情形者，得據以對於該判決提起再審之訴（行政訴訟法第274條）。為避免當事人一再以同一事由提起再審之訴，致浪費行政法院資源。故再審之訴，行政法院認無再審理由，判決駁回後，不得以同一事由對於原確定判決或駁回再審之訴之確定判決，更行提起再審之訴（行政訴訟法第274條之1）。

貳、例題解析─發現未經斟酌之證物為再審理由

一、再審要件與管轄法院

當事人發現未經斟酌之證物或得使用該證物者，其經斟酌可受較有利益之裁判者，得對確定終局判決提起再審（行政訴訟法第273條第1項第13款）。所謂當事人發現未經斟酌之證物，係指前訴訟程序事實審之言詞辯論終結前已存在之證物，因當事人不知有此證物，致未經斟酌，現始知之者而言。倘在前訴訟程序事實審言詞辯論終結前，尚未存在之證物，或於前訴訟程序中已提出而未經斟酌之證物，均非屬發見者，不得以之為再審

理由[15]。對於最高行政法院之判決，本於第273條第1項第9款至第14款事由聲明不服者，專屬原高等行政法院管轄（行政訴訟法第275條第3項）。再審之訴應於30日之不變期間內提起。該不變期間自判決確定時起算，判決於送達前確定者，自送達時起算（行政訴訟法第276條第1項、第2項）。

二、智慧財產及商業法院管轄

　　丁之顏色商標，戊以該商標不具識別性為事由，對之提起異議，智慧財產局審定結果，作成異議成立之商標處分，丁不服提起商標訴願，遭經濟部決定駁回，丁不服該商標訴願決定，提起撤銷訴訟，經智慧財產及商業法院、最高行政法院判決敗訴確定後，倘丁發現智慧財產及商業法院之言詞辯論終結前，已存在而未經該法院審酌之證物，足以證明該顏色商標具有識別性，丁得於收受最高行政法院判決後之30日內，向智慧財產及商業法院提起再審。

參、相關實務見解─行政訴訟法第273條第1項第14款

　　原判決就足以影響於判決之重要證物漏未斟酌者，得以再審之訴對於確定終局判決聲明不服（行政訴訟法第273條第1項第14款）。所謂原判決就足以影響於判決之重要證物漏未斟酌者，係指當事人在前訴訟程序中已提出於事實審法院之證物，事實審法院漏未加以斟酌，且該證物為足以影響判決結果之重要證物者而言。倘非前訴訟程序事實審法院漏未斟酌其所提出之證物，或縱經斟酌亦不足以影響原判決之內容，或原判決曾於理由中已說明其為不必要之證據者，均不能認為具備本款規定之再審事由[16]。

---

[15] 最高法院29年上字第1005號、32年上字第1247號民事判決；最高行政法院91年度判字第539號行政判決。

[16] 最高行政法院102年度判字第624號行政判決。

第二節　商標行政訴訟制度

2008年6月30日之前,商標行政訴訟之審判機關分設最高行政法院與臺北高等行政法院,採二級二審。2008年7月1日以後,因智慧財產及商業法院組織法與智慧財產案件審理法之規定,智慧財產及商業法院為商標行政訴訟之第一審法院(智慧財產及商業法院組織法第2條第1款、第3條第3款;智慧財產案件審理法第31條第1項)。

第一項　訴訟當事人與管轄法院

商標行政訴訟當事人有原告、被告及參加訴訟人,第一審管轄法院為智慧財產及商業法院,其為事實審。第二審管轄法院為最高行政法院,則為法律審(行政訴訟法第238條)。

例題8

甲以「HEALTHY」文字,指定於「營養食品」商品,向智慧財產局申請商標註冊,經智慧財產局予以審查,作成准予商標處分,甲持該商標為乙設定商標質權,作為借款之擔保,並經登記在案。食品同業丙嗣後以該商標為表示商品之品質或說明為事由,對該商標權提起評定,智慧財產局作成評決不成立處分,申請評定人丙不服提起商標訴願,經濟部認為訴願無理由,作成駁回訴願之決定,申請評定人丙不服該商標訴願,嗣向智慧財產及商業法院提起課予義務訴訟,聲明請求智慧財產局應為評決成立之審定處分,試問:(一)丙應以何機關為被告?(二)商標權人甲得否參加訴訟?(三)原告丙於商標行政訴訟提出不具識別性之新證據,智慧財產及商業法院應否審酌?(四)經濟部認為訴願有理由,作成撤銷或變更原商標處分之訴願決定,商標權人甲不服該商標訴願而提起撤銷訴訟,智慧財產及商業法院得否命智慧財產局參加訴訟?(五)質權人乙得否參加訴訟?

壹、訴訟當事人

一、當事人範圍

　　訴訟當事人範圍有原告、被告及依第41條與第42條參加訴訟之人（行政訴訟法第23條）。是行政訴訟之參加人亦為當事人，為判決效力所及。自然人、法人、中央及地方機關、非法人之團體[17]，有訴訟當事人能力（行政訴訟法第22條；民事訴訟法第40條第3項）。當事人能力為法院依職權調查事項，欠缺當事人能力，法院應以訴不合法裁定駁回之（行政訴訟法第107條第1項第3款）。經商標訴願程序之行政訴訟，倘為駁回訴願者，以智慧財產局為被告（行政訴訟法第24條第1款）。而為撤銷或變更原處分或決定者，以經濟部為被告（行政訴訟法第24條第2款）。

(一)須經訴願程序

1.撤銷訴訟

　　提起撤銷訴訟與課予義務訴訟，須經訴願程序，此為訴願前置主義。就撤銷訴訟而言，倘經濟部作成駁回訴願決定，以智慧財產局之違法商標處分，認為損害其權利或法律上之利益之訴願人及其他利害關係人，係適格之原告（行政訴訟法第4條第1項、第3項），而智慧財產局為適格之被告（行政訴訟法第24條第1款）。反之，經濟部作成撤銷或變更原商標處分之訴願決定，以經濟部之違法決定，認為損害其權利或法律上之利益之相對人及其他利害關係人，係適格之原告（行政訴訟法第4條第1項、第3項），而以經濟部為適格之被告（行政訴訟法第24條第2款）。

2.課予義務訴訟

　　義務訴訟分為怠為處分之訴與拒絕申請之訴兩種類型。先就怠為處分之訴而言，倘經濟部作成駁回訴願決定，以智慧財產局於法令所定期間內

---

[17] 最高法院64年台上字第2461號民事判決；最高行政法院91年度裁字第1048號行政裁定：所謂非法人之團體設有代表人或管理人者，必須有一定之名稱及事務所或營業所，並有一定之目的及獨立之財產者，始足以當之。

應作為而不作為，認為損害其權利或法律上之利益之訴願人，係適格之原告（行政訴訟法第5條第1項），而智慧財產局為適格之被告（行政訴訟法第24條第1款）。反之，經濟部作成訴願有理由之決定，以經濟部之違法決定，認為損害其權利或法律上之利益之相對人，係適格之原告（行政訴訟法第5條第1項），而以經濟部為適格之被告（行政訴訟法第24條第2款）。再者，就拒絕申請之訴而論，倘經濟部作成駁回訴願決定，以智慧財產局對其依法申請之商標案件，認為其權利或法律上利益受違法損害者，係適格之原告（行政訴訟法第5條第2項），而智慧財產局為適格之被告（行政訴訟法第24條第1款）。反之，經濟部作成訴願有理由之決定，以經濟部之違法決定，認為其權利或法律上之利益受違法損害之相對人，係適格之原告（行政訴訟法第5條第2項），而以經濟部為適格之被告（行政訴訟法第24條第2款）。

(二)不經訴願程序

1.確認訴訟

提出確認訴訟與一般給付訴訟不必先經訴願程序。確認訴訟之對象有無效之商標處分，或已執行完畢或因其他事由而消滅之商標處分為違法。確認商標處分無效之訴，以向智慧財產局請求確認商標處分無效之當事人為適格原告。原告包含商標處分之相對人與具有利害關係之第三人（行政程序法第113條第2項）[18]。而以智慧財產局為適格之被告。確認已消滅之商標處分違法訴訟，以向智慧財產局請求確認已消滅之商標處分違法之處分相對人與其他利害關係人為適格原告，而以智慧財產局為適格之被告。

2.一般給付訴訟

人民與智慧財產局或經濟部間，因公法上原因或公法上契約，發生財產上之給付或請求作成商標處分以外之其他非財產上之給付，得提起給付

---

[18] 行政程序法第113條第2項規定：行政處分之相對人或利害關係人有正當理由請求確認行政處分無效時，處分機關應確認其為有效或無效。

訴訟（行政訴訟法第8條第1項、第2項）。是有權請求一般給付者為適格原告，被告則為智慧財產局或經濟部。

二、共同訴訟

二人以上於下列各款情形，得為共同訴訟人，一同起訴為共同原告或一同被訴為共同被告：(一)為訴訟標的之行政處分係二以上機關共同為之者（行政訴訟法第37條第1項第1款）；(二)為訴訟標的之權利、義務或法律上利益，為其所共同者。例如，商標權為共有者，倘商標權經評決成立，倘共有人不服該商標處分，經訴願決定駁回。因其訴訟標的之權利為共有，是共有人得一同起訴為共同原告（第2款）；(三)為訴訟標的之權利、義務或法律上利益，而於事實上或法律上有同一或同種類之原因者（第3款）。例如，二人以上對同一商標權以同一或同種類之證據分別提起異議（商標法第40條第1項），倘異議均不成立，經異議人提起訴願，經濟部作成維持異議之決定。因均基於同一或同種類之事實或法律上原因，故異議人得一同起訴為共同原告。

貳、訴訟能力

能獨立以法律行為負義務者，有訴訟能力（行政訴訟法第27條第1項）。法人、中央及地方機關、非法人之團體，應由其代表人或管理人為訴訟行為（第2項）。前項規定於依法令得為訴訟上行為之代理人準用之（第3項）。例如，民法第555條之經理人。欠缺訴訟行為能力，亦無法定代理人或特別代理人進行訴訟者，法院應以裁定駁回之（行政訴訟法第107條第1項第4款）。

參、訴訟參加

一、定　義

　　所謂訴訟參加者，係指原告或被告以外之第三人，參與他人間已繫屬之訴訟。參加人與共同訴訟人之最大差異處，在於前者係以第三人身分參與他人訴訟，而共同訴訟人為訴訟程序之原告與被告。

二、參加之類型

(一)必要共同訴訟之獨立參加訴訟

　　訴訟標的對於第三人及當事人一造必須合一確定者，智慧財產及商業法院就訴訟標的之法律關係，對當事人一造與第三人所為之裁判，不得有相異內容時，應以裁定命該第三人參加訴訟（行政訴訟法第41條；智慧財產案件審理法第1條）。例如，商標權為共有者，商標權經異議成立而撤銷商標註冊，僅有部分共有人提起訴願，並經訴願駁回。因其他共有人對該訴訟標的必須合一確定，智慧財產及商業法院應命其他共有人參加訴訟。

(二)利害關係人之獨立參加訴訟

　　智慧財產及商業法院認為撤銷訴訟之結果，第三人之權利或法律上利益將受損害者，得依職權命其獨立參加訴訟，並得因該第三人之聲請，裁定允許其參加（行政訴訟法第42條第1項）。因獨立參加訴訟係為自己利益而參加訴訟，參加人自得提出獨立之攻擊或防禦方法（第2項）。訴願人已向智慧財產及商業法院提起撤銷訴訟，利害關係人就同一事件再行起訴者，視為有參加訴訟（第4項）。以避免同一商標處分或商標訴願決定有2個以上訴訟，導致判決發生歧異。例如，就評決成立或不成立之案件，商標權人與申請評定人互為利害關係人，倘商標權人或申請評定人提起撤銷訴訟，智慧財產及商業法院得依職權命申請評定人或商標權人獨立參加訴訟，申請評定人或商標權人亦得聲請獨立參加訴訟。

（三）輔助參加

　　智慧財產及商業法院認其他行政機關有輔助一造之必要者，得命其參加訴訟（行政訴訟法第44條第1項）。前開行政機關或有利害關係之第三人亦得聲請參加（第2項）。例如，智慧財產局所為之異議不成立處分，經異議人提起訴願後，遭經濟部為撤銷商標處分之訴願決定，商標權人以經濟部為被告提起撤銷訴訟（行政訴訟法第24條第2款）。智慧財產及商業法院為釐清事實與有利程序之進行，得命智慧財產局輔助原告或被告而參加訴訟。

三、告知訴訟

　　行政訴訟之輔助參加，準用民事訴訟法之告知訴訟（行政訴訟法第44條、第48條）。當事人得於訴訟繫屬中，將訴訟告知於因自己敗訴而有法律上利害關係之第三人，以促其參加訴訟（民事訴訟法第65條第1項）。受訴訟之告知者，得遞行告知（第2項）。所謂有法律上利害關係之第三人如後：1.係指本訴訟之裁判效力及於第三人，該第三人私法上之地位，因當事人之一造敗訴，而將致受不利益；2.本訴訟裁判之效力雖不及於第三人，而第三人私法上之地位因當事人之一造敗訴，而於法律上或事實上依該裁判之內容或執行結果，將致受不利益者而言[19]。例如，第三人向智慧財產局對商標權提起異議，智慧財產局作成異議成立處分，商標權人不服提起商標訴願，經濟部認為訴願無理由，作成訴願駁回決定，商標權人不服提起撤銷訴訟。因商標權被撤銷，將影響商標權讓與人、商標權被授權人或商標質權人（商標法第39條、第40條、第42條、第44條）。準此，商標權人得將訴訟告知商標權讓與人、被授權人或質權人，以便輔助參加。

---

[19] 最高法院51年台上字第3038號民事判決。

四、參加之效力

　　參加訴訟制度係經由參加人參加訴訟之機會，達成紛爭解決一回性之目的，故判決除對第32條規定之訴訟當事人發生效力外，尚經智慧財產及商業法院依第41條及第42條規定，裁定命其參加或許其參加而未為參加者，判決對獨立參加訴訟人亦有效力（行政訴訟法第47條）。

肆、訴訟代理人與輔佐人

一、訴訟代理人

　　當事人得委任代理人為訴訟行為，每一當事人委任之訴訟代理人不得逾3人（行政訴訟法第49條第1項）。商標行政訴訟應以律師為訴訟代理人。非律師具有下列情形之一者，經審判長許可後，得為訴訟代理人或複代理人（第3項、第4項）：(一)商標行政事件，具備商標師資格或依法得為商標代理人者（第2項第2款）；(二)當事人為公法人、中央或地方機關、公法上之非法人團體時，其所屬專任人員辦理法制、法務、訴願業務或與訴訟事件相關業務者（第2項第3款）。

二、輔佐人

　　因商標行政訴訟內容常涉及專門技術或知識，並非當事人或一般訴訟代理人所熟悉。是當事人或訴訟代理人經智慧財產及商業法院之許可，得於期日偕同輔佐人到場（行政訴訟法第55條第1項）。智慧財產及商業法院認為必要時亦得命當事人或訴訟代理人偕同輔佐人到場（第2項）。智慧財產法院認為輔佐人不適當時，得撤銷其許可或禁止其續為訴訟行為（第3項）。

伍、管轄法院

一、智慧財產及商業法院之設置

　　智慧財產及商業法院依法掌理關於智慧財產之民事訴訟、刑事訴訟及行政訴訟之審判事務（智慧財產及商業法院組織法第2條第1款）。因專利法、商標法、著作權法、光碟管理條例、積體電路電路布局保護法、植物品種及種苗法或公平交易法涉及智慧財產權所生之第一審行政訴訟事件及強制執行事件，由智慧財產及商業法院管轄（智慧財產及商業法院組織法第3條第3款）。智慧財產及商業法院管轄下列行政訴訟事件：(一)因專利法、商標法、著作權法、光碟管理條例、積體電路電路布局保護法、植物品種及種苗法或公平交易法有關智慧財產權所生之第一審行政訴訟事件及強制執行事件（智慧財產案件審理法第31條第1項第1款）；(二)其他依法律規定由智慧財產及商業法院管轄之行政訴訟事件（第2款）；(三)其他行政訴訟與第1項各款訴訟合併起訴或為訴之追加時，應向智慧財產及商業法院為之（第2項）。

二、新制之實施

　　智慧財產案件審理法於2008年6月30日施行前，已繫屬於臺北高等行政法院之智慧財產行政訴訟事件，依其進行程度，由該法院依本法所定程序終結之，其已進行之程序，不失其效力（智慧財產及商業法院組織法第37條第3項）。準此，當事人於2008年6月30日前起訴之第一審商標行政訴訟，由智慧財產局或經濟部所在地之臺北高等行政法院管轄（行政訴訟法第13條第1項）。2008年7月1日後起訴之第一審商標行政訴訟，則由智慧財產及商業法院管轄（智慧財產及商業法院組織法第2條第1款、第3條第3款）。

陸、例題解析

一、商標行政訴訟之原告與被告

認為智慧財產局所為之商標處分，有損害其權利或法律上利益者，得對該商標處分不服，提起商標訴願，倘經濟部認為商標訴願無理由，而為駁回訴願之決定，以智慧財產局之違法商標處分，認為損害其權利或法律上之利益之相對人及其他利害關係人（行政訴訟法第4條第1項、第3項）。得為適格之原告，向智慧財產法院提出撤銷訴訟，應以智慧財產局為被告（行政訴訟法第24條第1款；智慧財產及商業法院組織法第2條第1款、第3條第3款）。甲以「HEALTHY」文字，指定於「營養食品」商品，向智慧財產局申請商標註冊，經作成准予商標處分。同業丙以該商標為表示商品之品質或說明為事由，對該商標權提起評定，智慧財產局作成評決不成立處分，申請評定人丙不服提起商標訴願，經濟部認為訴願無理由，作成駁回訴願之決定，申請評定人丙不服該商標訴願，嗣向智慧財產及商業法院提起課予義務訴訟，聲明請求智慧財產局應為評決成立之審定處分，丙應以智慧財產局為被告。

二、利害關係人之獨立參加訴訟

智慧財產及商業法院認為撤銷訴訟之結果，第三人之權利或法律上利益將受損害者，得依職權命其獨立參加訴訟，並得因該第三人之聲請，裁定允許其參加（行政訴訟法第42條第1項）。就評決不成立之案件，商標權人與申請評定人互為利害關係人，倘申請評定人提起撤銷訴訟，智慧財產及商業法院得依職權命商標權人獨立參加訴訟，商標權人亦得聲請獨立參加訴訟。是智慧財產及商業法院得依職權命商標權人甲獨立參加訴訟，甲亦得聲請獨立參加訴訟。

三、審酌商標撤銷之新證據

因行政訴訟判決確定後，利害關係人仍得以前行政訴訟中未能提出之

新證據，就同一商標權，再申請評定，而為另一行政爭訟程序（商標法第57條、第61條）。為避免同一商標權之有效性爭議，滋生多次之行政爭訟，是關於撤銷商標權之行政訴訟中，當事人於言詞辯論終結前，就同一撤銷理由提出之新證據，智慧財產及商業法院仍應審酌之（智慧財產案件審理法第33條第1項）。智慧財產專責機關就新證據應提出答辯書狀，表明他造關於該證據之主張有無理由（第2項）。職是，申請評定人丙不服該商標訴願，以原告地位提出撤銷訴訟，丙雖僅於評決前，提出甲之商標為表示商品品質或說明者的證據（商標法第29條第1項第1款）。未提出不具識別性之證據，供智慧財產局審酌（商標法第29條第1項第3款）。然原告乙仍得於商標行政訴訟提出不具識別性之新證據，智慧財產及商業法院仍應審酌，以求減少同一商標權有效性之爭執。

四、輔助參加

　　智慧財產及商業法院認其他行政機關有輔助一造之必要者，得命其參加訴訟（行政訴訟法第44條第1項）。前開行政機關或有利害關係之第三人亦得聲請參加（第2項）。智慧財產局所為之評決不成立處分，經申請評定人提起訴願後，遭經濟部為撤銷之訴願決定，商標權人以經濟部為被告提起撤銷訴訟（行政訴訟法第24條第2款）。乙為商標權之質權人，就商標權是否被撤銷，具有利害關係，其得聲請參加。

五、訴訟告知

　　行政訴訟之輔助參加，準用民事訴訟法之告知訴訟（行政訴訟法第44條、第48條）。當事人得於訴訟繫屬中，將訴訟告知於因自己敗訴而有法律上利害關係之第三人，以促其參加訴訟（民事訴訟法第65條第1項）。因商標權被撤銷，將影響商標質權人（商標法第45條）。是原告商標權人甲亦得將訴訟告知商標質權人乙，由乙決定是否聲請參加（行政訴訟法第44條第2項）。

柒、相關實務見解──依職權命獨立參加訴訟

智慧財產及商業法院認為撤銷訴訟之結果,第三人之權利或法律上利益將受損害者,得依職權命其獨立參加訴訟,於其他訴訟準用之(行政訴訟法第42條第1項、第3項)。利害關係人獨立參加訴訟之目的,主要係撤銷訴訟或其他訴訟之判決效力所及之第三人,因訴訟結果而受損害,故使其參加訴訟,賦予攻擊防禦之機會,以保護其權利,並維護裁判之正確性。參加人前於2011年10月11日以「BALL in diamond device」商標,指定使用於當時商標法施行細則第13條所定商品及服務分類表第25類「牛仔褲;褲子;夾克、衣服;襯衫;T恤;大衣;毛衣;鞋;靴鞋;罩杯」商品,向被告申請註冊審查,嗣後核准列為註冊商標。商標法嗣於2012年7月1日修正施行,依現行商標法第106條第3項規定,對該法修正施行前註冊之商標,於該法修正施行後提出異議者,以其註冊時及修正施行後之規定均為違法事由為限。原告以該商標有違註冊時商標法第23條第1項第12款、第14款暨現行商標法第30條第1項第11款、第12款等規定,對之提起異議。經被告審查,作成異議不成立之行政處分。原告不服,提起訴願,經濟部訴願決定駁回,原告不服,遂向智慧財產及商業法院提起行政訴訟。因法院認本件判決之結果,倘認原處分與訴願決定應予撤銷,將影響參加人之權利或法律上之利益,爰依職權命參加人獨立參加本件被告之訴訟[20]。

第二項　商標行政之起訴程序

商標行政訴訟程序分為通常訴訟程序與上訴審程序,前者為第一審,其屬事實審;後者係當事人或訴訟關係人,對於智慧財產及商業法院未確定而不利於己之終局判決,向最高行政法院聲明不服,其為第二審,係法律審。

---

[20] 智慧財產法院104年度行商訴字第106號行政裁定。

例題9

　　甲以「奧運黑螞蟻」文字商標，指定使用於汽水、果汁等商品，向智慧財產局申請商標註冊，智慧財產局審查結果，作為不予商標之核駁審定書，甲不服該商標處分，向經濟部提起商標訴願，經濟部維持原商標處分，作成駁回商標訴願決定。試問甲應如何救濟？依據為何？

壹、起訴期間

一、先經訴願程序者

(一)有訴願決定

　　商標訴願人提起撤銷訴訟（行政訴訟法第4條第1項）與課予義務訴訟（行政訴訟法第5條），應於訴願決定書送達之次日起2個月內向智慧財產及商業法院提起行政訴訟（訴願法第90條；行政訴訟法第106條第1項本文；智慧財產及商業法院組織法第3條第3款；智慧財產案件審理法第31條第1項）。再者，訴願人以外之利害關係人提起撤銷訴訟，應於知悉訴願決定書之次日起算2個月內向智慧財產及商業法院提起行政訴訟者（行政訴訟法第106條第1項但書）。撤銷訴訟、課予義務之訴，自訴願決定書送達後，已逾3年者，不得提起（第2項），不論是否有聲請回復原狀（行政訴訟法第91條至第93條）。

(二)未作成訴願決定

　　人民因智慧財產局之違法商標處分，認為損害其權利或法律上之利益，經依訴願法提起訴願逾3個月不為決定，或延長訴願決定期間逾2個月不為決定者，得向智慧財產及商業法院提起撤銷訴訟（行政訴訟法第4條第1項）。行政訴訟法未規定就未作成訴願決定之起訴期間，故於解釋上，僅要起訴時，經濟部尚未作成訴願決定，即可提起訴訟。

二、不經訴願程序者

(一)否定商標處分無效之確認訴訟

提出確認訴訟（行政訴訟法第6條）與一般給付訴訟（行政訴訟法第8條）不必先經訴願程序，其未規定起訴之期間。就智慧財產局否定商標處分無效而言（行政訴訟法第6條第2項前段），應可準用提起撤銷訴訟（行政訴訟法第4條第1項）與課予義務訴訟（行政訴訟法第5條）。應於否定商標無效之處分送達之次日起2個月內，向智慧財產及商業法院提起行政訴訟（訴願法第90條；行政訴訟法第106條第1項本文；智慧財產及商業法院組織法第3條第3款；智慧財產案件審理法第31條第1項）。

(二)無效商標處分不為確答之確認訴訟或一般給付之訴

智慧財產局就無效商標處分不為確答之情形（行政訴訟法第6條第2項後段），僅要原告提起確認之訴，智慧財產局尚未作成否定商標處分無效之處分，均可提起確認之訴。同理，原告提起一般給付訴訟，倘原告起訴時，智慧財產局尚未為非商標處分之其他特定作為、容忍或不作為，均可提起一般給付之訴。

三、在途期間之扣除

當事人不在智慧財產及商業法院所在地住居者，計算法定期間，雖應扣除其在途之期間，然有訴訟代理人住居智慧財產及商業法院所在地，得為期間內應為之訴訟行為者，則不扣除在途期間（行政訴訟法第89條第1項）。

貳、回復原狀

起訴期間為不變期間，原則上不得伸長或縮短之（行政訴訟法第90條第1項）。例外情形，係因天災或其他不應歸責於己之事由，致遲誤不變期間者，於其原因消滅後1個月內，如該不變期間少於1個月者，於相等之

日數內，得聲請回復原狀（行政訴訟法第90條第1項）。遲誤不變期間已逾1年者或第106條之撤銷訴訟的起訴期間已逾3年者，均不得聲請回復原狀（第3項）。

參、起訴程序

一、起訴程序

(一)起訴書狀

提起商標行政訴訟，應以訴狀表明：1.當事人；2.起訴之聲明；3.訴訟標的及其原因事實，並向智慧財產及商業法院提出（行政訴訟法第105條第1項）。訴訟標的之記載，非僅記載抽象之法律關係，應包含該法律關係所由發生之具體原因事實，倘訴狀記載之訴訟標的不明瞭者，審判長應行使闡明權，命原告補充或敘明之（行政訴訟法第125條第3項）。例如，訴訟標的及其原因事實為起訴必備之程式，商標註冊申請人對於駁回其商標註冊申請之商標處分與訴願決定，提起課予義務訴訟，據以請求之法律關係為申請商標註冊案符合商標法第32條第1項規定，其為訟爭之訴訟標的，原告所主張該當據以請求法律關係之事實則為原因事實，倘原告聲明或陳述有不明瞭或不完足者，智慧財產及商業法院應有義務闡明，命其敘明或補充之[21]。

(二)程序事項、證據方法、準備言詞辯論事項及決定書

訴狀內宜記載適用程序上有關事項、證據方法及其他準備言詞辯論之事項；其經訴願程序者，並附具決定書（行政訴訟法第105條第2項）。起訴之聲明，係請求法院應如何裁判。原告聲明之方式，其與商標處分、訴願決定或訴訟類型有關。例如，依據行政訴訟法第4條第1項提起撤銷之訴，倘有商標訴願決定，應請求撤銷原商標處分與訴願決定。反之，倘未

---

[21] 最高行政法院95年度判字第1037號行政判決。

作成商標訴願決定，僅請求撤銷原商標處分即可。訴訟標的者，係請求智慧財產法院予以判決之法律關係。例如，申請商標、異議撤銷商標權、評定撤銷商標權、廢止撤銷商標權。而訴訟標的之原因事實，係指發生法律關係之事由。例如，以異議撤銷商標權之法律關係為訴訟標的者，其原因事實為以何種事證對商標異議，該商標不符商標法之何項規定而應予撤銷，智慧財產局依據何理由作成異議成立或不成立之處分。

二、當事人書狀

　　當事人書狀，除別有規定外，應記載下列各款事項：(一)當事人，當事人範圍有自然人、法人、機關及其他團體；(二)有法定代理人、代表人或管理人，應記載之；(三)有訴訟代理人應記載之，訴訟代理人之資格依據本法第49條規定；(四)應為之聲明，其為當事人請求之目的，即請求行政法院為一定行為之意思表示；(五)事實上及法律上之陳述，以支持當事人之聲明，其為原告之攻擊方法與被告之防禦方法；(六)供證明或釋明用之證據；(七)附屬文件及其件數；(八)行政法院，其為智慧財產及商業法院或最高行政法院；(九)書狀作成之年月日（行政訴訟法第57條）。

肆、例題解析─課予義務訴訟之起訴程序

一、申請商標註冊

　　甲以「奧運黑螞蟻」文字商標，指定使用於汽水、果汁等商品，向智慧財產局申請商標註冊，智慧財產局審查結果，作為不予商標之核駁審定書，甲不服該商標處分，向經濟部提起商標訴願，經濟部維持原商標處分，作成駁回商標訴願決定，甲應向智慧財產及商業法院提起課予義務訴訟，以智慧財產局為被告（行政訴訟法第24條第1款）。其起訴聲明為撤銷商標訴願決定與原商標處分外，並請求智慧財產局應為核准商標之處分（行政訴訟法第5條第2項）。訴訟標的為申請商標之法律關係，其原因事實為原告以「奧運黑螞蟻」之商標於何時申請商標，智慧財產局以何規定

為不予商標之處分。

二、智慧財產及商業法院裁判

　　智慧財產及商業法院認為原告之訴有理由，其案件事證明確者，應判命智慧財產局作成甲所申請內容之准予商標處分（行政法院第200條第3款）。或者，雖認為原告之訴有理由，然案件事證尚未臻明確或涉及智慧財產局之行政裁量決定者，應判命智慧財產局遵照智慧財產及商業法院判決之法律見解對於甲作成決定。即命被告對原告「奧運黑螞蟻」商標申請案，應依本判決之法律見解另為處分。

伍、相關實務見解──駁回課予義務之訴

　　法院審酌辯論意旨與調查證據結果，認系爭申請註冊商標與據以核駁商標構成近似、指定使用於同一或高度類似服務、據以核駁商標有高度識別性、行銷方式與行銷場所相同、商標個案審查原則等因素，經綜合判斷後，認相關消費者極有可能誤認系爭申請商標與據以核駁商標指定之服務為同一來源之系列商品，抑是誤認兩商標之使用者間存在關係企業、授權關係、加盟關係或其他類似關係，而產生混淆誤認情事，足證系爭申請商標有違商標法第30條第1項第10款不得註冊事由。職是，原處分所為核駁註冊申請之審定，其於法有據，訴願決定予以維持，洵屬無誤。原告仍執前詞訴請撤銷原處分與訴願決定，並命被告就系爭申請商標准予註冊之處分，為無理由，應予駁回[22]。

第三項　商標行政訴訟之審理

　　原告提起商標行政訴訟，智慧財產及商業法院依職權審查訴訟要件，

---

[22] 智慧財產法院104年度行商訴字第3號行政判決。

其為本案判決或實體判決之要件，倘不具訴訟要件，其無法補正或逾期未補正，其訴不合法，應以裁定駁回。具備訴訟要件，智慧財產及商業法院繼而進行本案之辯論與判決。

例題10

乙於2002年10月1日以「小豆苗」文字圖樣，並指定使用於麵條、酒類、冰淇淋等各式民生食品，向智慧財產局申請商標註冊，智慧財產局審查結果，作為不予商標之核駁審定書，乙不服該商標處分，向經濟部提起商標訴願，經濟部維持原商標處分，作成駁回商標訴願決定，乙於2005年12月9日向臺北高等行政法院提起課予義務訴訟。試問智慧財產事件審理法施行後，臺北高等行政法院應如何處理該課予義務訴訟？

壹、商標行政訴訟要件

一、訴訟要件之定義

訴訟要件除為起訴之形式要件外，亦為實體判決之要件，此為程序上之合法要件，原告提起商標行政訴訟，應具備訴訟要件，智慧財產及商業法院始進行權利保護要件之調查，欠缺具備訴訟要件者，智慧財產及商業法院應以裁定駁回原告之訴。

二、訴訟要件之審查與補正

原則上原告之訴，倘未具備訴訟要件，因此為實體判決之要件，行政法院應以裁定駁回之。惟可補正者，審判長應定期間先命補正，商標行政訴訟要件如後（行政訴訟法第107條第1項）：(一)訴訟事件不屬行政訴訟審判之權限者。但本法別有規定者，從其規定（第1款）；(二)訴訟事件不屬受訴行政法院管轄而不能請求指定管轄，亦不能為移送訴訟之裁定者（第2款）；(三)原告或被告無當事人能力者（第3款）；(四)原告或被告未由合法之法定代理人、代表人或管理人為訴訟行為者（第4款）；(五)由

訴訟代理人起訴，而其代理權有欠缺者（第5款）；(六)起訴逾越法定期限者（第6款）；(七)當事人就已起訴之事件，而於訴訟繫屬中更行起訴者（第7款）；(八)本案經終局判決後撤回其訴，復提起同一之訴者（第8款）；(九)訴訟標的為確定判決或和解之效力所及者（第9款）；(十)起訴不合程序或不具備其他要件者（第10款）。

貳、言詞審理與直接審理

　　智慧財產及商業法院審理商標行政訴訟，應本於言詞辯論而為裁判。原則上為言詞審理主義，例外始採書面審理主義（行政訴訟法第188條第1項）。故當事人不得引用文件以代言詞陳述。如以舉文件之詞句為必要時，得朗讀其必要之部分（行政訴訟法第122條第3項）。法官非參與裁判基礎之辯論者，不得參與裁判，其為直接審理主義（行政訴訟法第188條第2項）。違反直接審理主義者，屬判決法院之組織不合法，其判決違背法令（行政訴訟法第243條第2項第1款），其為上訴最高行政法院之理由（行政訴訟法第242條）。

參、調查事實與證據

一、調查事實

　　當事人應就訴訟關係為事實上及法律上之陳述，以支持其聲明之理由（行政訴訟法第122條第2項）。為保障人民權益、維護公益及貫徹依法行政合法性之審查，行政訴訟採職權調查主義[23]。故行政法院應依職權調查事實關係，不受當事人主張之拘束（行政訴訟法第125條第1項）。審判長應使當事人得為事實上及法律上適當完全之辯論（第2項）。

---

[23] 翁岳生主編，行政訴訟法逐條釋義，五南圖書出版股份有限公司，2003年5月，初版2刷，頁427。

二、調查證據

　　商標行政訴訟程序採直接審理與言詞審理主義,是智慧財產及商業法院調查證據,除別有規定外,應於言詞辯論期日行之(行政訴訟法第123條第1項)。行政訴訟之舉證責任,雖準用民事訴訟之舉證責任分配(行政訴訟法第136條)[24]。然行政程序具有公共利益之性質,故行政訴訟法採實質真實發現主義,在調查證據上採用職權探知主義。準此,行政法院於撤銷訴訟或其他訴訟為維護公益者,應依職權調查證據(行政訴訟法第133條)。既採職權調查證據主義,當事人主張之事實,雖經他造自認,行政法院仍應調查其他必要之證據,期能發現實質之真實(行政訴訟法第134條)。當事人因妨礙他造使用,故意將證據滅失、隱匿或致礙難使用者,行政法院得審酌情形認他造關於該證據之主張或依該證據應證之事實為真實(行政訴訟法第135條第1項)。前開情形,應於裁判前使當事人有辯論之機會(第2項)。

三、心證公開

　　為使當事人有表示意見之機會,避免對當事人造成突襲裁判,並維護當事人聽審請求權與正當程序保障,智慧財產法院應賦予當事人辯論之機會與適度開示心證[25]。準此,法院已知之特殊專業知識,應予當事人有辯論之機會,始得採為裁判之基礎(智慧財產案件審理法第8條第1項)。審判長或受命法官就事件之法律關係,應向當事人曉諭爭點,並得適時表明其法律上見解及適度開示心證(第2項)。

---

[24] 民事訴訟法第277條規定:當事人主張有利於己之事實者,就其事實有舉證之責任。但法律別有規定,或依其情形顯失公平者,不在此限。

[25] 司法院行政訴訟及懲戒廳,智慧財產案件審理法新制問答彙編,司法院,2008年6月,頁24。

肆、例題解析—管轄恆定與程序從新

我國智慧財產及商業法院於2008年7月1日依據智慧財產及商業法院組織法正式設置，智慧財產事件審理法並於同日施行，而於智慧財產事件審理法施行前已繫屬於臺北高等行政法院之商標行政訴訟事件，依其進行程度，由該法院依智慧財產事件審理法第1章總則、第4章行政訴訟所定程序終結之，其已依法定程序進行之訴訟程序，其效力則不受影響，此為管轄恆定與程序從新原則之適用（智慧財產案件審理法第37條第3項）。

伍、相關實務見解—適當揭露特殊專業知識

法院已知之特殊專業知識，應予當事人有辯論之機會，始得採為裁判之基礎。審判長或受命法官就事件之法律關係，應向當事人曉諭爭點，並得適時表明法律見解及適度開示心證（智慧財產案件審理法第8條）。揆其立法意旨，係因智慧財產及商業法院審理是商標事件就自己具備與事件有關之專業知識，或經技術審查官為意見陳述所得之專業知識，而擬採為裁判基礎者，應予當事人有辯論之機會，以保障當事人之聽審機會及使其衡量有無進而為其他主張及聲請調查證據之必要，避免造成突襲性裁判及平衡保護訴訟當事人之實體利益及程序利益[26]。

第四項　商標行政訴訟之裁判

無論何種類型之訴訟，原告起訴之目的在於獲得如訴之聲明的判決。是行政法院認為原告之訴為有理由者，除別有規定外，應為其勝訴之判決；認為無理由者，應以判決駁回之（行政訴訟法第195條第1項）。當事人於言詞辯論時為訴訟標的之捨棄或認諾者，以該當事人具有處分權及不

---

[26] 最高法院100年度台上字第1013號、101年度台上字第38號民事判決。

涉及公益者為限，行政法院得本於其捨棄或認諾為該當事人敗訴之判決（行政訴訟法第202條）。

例題11

對商標法2011年5月31日修正之條文施行前註冊之商標，在本法修正施行後提出異議或提請評定者。試問智慧財產及商業法院應適用新法或舊法？理由為何？

例題12

商標權人丙對商標異議成立之案件，向經濟部提起訴願，經濟部以訴願無理由，作成駁回決定，丙不服該訴願於2019年12月9日向臺北高等行政法院提起撤銷訴訟，臺北高等行政法院認為丙起訴有理由，撤銷原商標處分與訴願決定，智慧財產局以智慧財產案件審理法，已於2008年7月1日後施行為由，認為有管轄錯誤之事由，向最高行政法院提起上訴。試問最高行政法院應如何審理？理由為何？

壹、裁判類型

裁判依其方式，分為裁定與判決兩種類型。商標行政訴訟裁判，除依本法應用判決者外，以裁定行之（行政訴訟法第187條）。行政訴訟除別有規定外，應本於言詞辯論而為裁判（行政訴訟法第188條第1項）。法官非參與裁判基礎之辯論者，不得參與裁判（第2項）。裁定得不經言詞辯論為之（第3項）。

貳、裁判之實質要件

　　智慧財產及商業法院為裁判時，應斟酌全辯論意旨及調查證據之結果，依論理及經驗法則判斷事實之真偽。但別有規定者，不在此限（行政訴訟法第189條第1項）。依前開判斷而得心證之理由，應記明於判決（第2項）。故智慧財產法院依自由心證判斷事實之真偽時，應於判決記載事項如後：(一)所斟酌調查證據之結果；(二)證據內容如何；(三)證據與應證事實之關聯如何；(四)證據取捨之原因如何。倘如未記明於判決，即屬行政訴訟法第243條第2項第6款所謂判決不備理由，其為上訴最高法院之上訴理由。準此，智慧財產及商業法院就技術審查官之陳述，不得直接採為認定待證事實之證據，且當事人就訴訟中待證之事實，仍應依各訴訟法所定之證據程序提出證據，以盡其舉證責任，不得逕行援引技術審查官之陳述而為舉證（智慧財產案件審理細則第18條）。

參、逕為判決與一造辯論判決之要件

一、逕為判決之要件

　　撤銷訴訟及其他有關維護公益之訴訟，當事人兩造於言詞辯論期日無正當理由均不到場者，無須停止訴訟，智慧財產及商業法院得依職權調查事實，不經言詞辯論，逕為判決（行政訴訟法第194條）。維護公益訴訟可包含確認訴訟與給付訴訟等類型。

二、一造辯論判決之要件

　　言詞辯論期日，當事人之一造不到場者，得依到場當事人之聲請，由其一造辯論而為判決；不到場之當事人，經再次通知而仍不到場者，並得依職權由一造辯論而為判決（行政訴訟法第218條準用民事訴訟法第385條第1項）。

肆、撤銷訴訟判決

一、不利益變更禁止

　　撤銷訴訟之判決，如係變更原商標處分或訴願決定者，不得為較原商標處分或訴願決定不利於原告之判決，此為不利益變更禁止之規定（行政訴訟法第195條第2項）。

二、情況判決

　　智慧財產及商業法院受理撤銷訴訟，發現原商標處分或訴願決定雖屬違法，但其撤銷或變更於公益有重大損害，經斟酌原告所受損害、賠償程度、防止方法及其他一切情事，認原商標處分或訴願決定之撤銷或變更顯與公益相違背時，得駁回原告之訴（行政訴訟法第198條第1項）。前項情形，應於判決主文中諭知原處分或決定違法（第2項）。智慧財產及商業法院為第198條判決時，應依原告之聲明，將其因違法商標處分或訴願決定所受之損害，於判決內命智慧財產局或經濟部賠償（行政訴訟法第199條第1項）。原告未為前項聲明者，得於前條判決確定後1年內，向智慧財產及商業法院訴請賠償（第2項）。

伍、課予義務訴訟

　　智慧財產及商業法院對於人民依第5條規定，請求應為行政處分或應為特定內容行政處分之訴訟，應先審查程序是否合法，繼而探究實體有無理由。

一、裁　定

　　原告之訴不合法者，無須審究實體上是否有理由，智慧財產及商業法院，得不經言詞辯論程序，而以裁定駁回原告之訴（行政訴訟法第188條第3項、第200條第1款）。

二、判　決

　　原告起訴合法，繼而審查原告之訴是否有理由，智慧財產及商業法院處理之方式如後：(一)原告之訴雖合法，惟原告之訴無理由者，應以判決駁回之（行政訴訟法第200條第2款）；(二)原告之訴有理由，且案件事證明確者，應判命行政機關作成原告所申請內容之行政處分，此為命決定之判決（第3款）；(三)原告之訴雖有理由，惟該商標案件事證尚未臻明確或涉及智慧財產局之行政裁量決定者，應判命智慧財產局遵照其判決之法律見解對於原告作成決定（第4款）。

陸、判決效力

一、判決之確定力

　　訴訟標的於確定之終局判決中經裁判者，有確定力（行政訴訟法第213條）。準此，為訴訟標的之法律關係於確定終局判決中經裁判，該確定終局判決中有關訴訟標的之判斷，即成為規範當事人間法律關係之基準，嗣後同一事項於訴訟中再起爭執時，當事人即不得為與該確定判決意旨相反之主張，法院亦不得為與該確定判決意旨相反之判斷，其積極作用在避免先後矛盾之判斷，消極作用則在禁止重複起訴[27]。確定判決，除當事人外，對於訴訟繫屬後為當事人之繼受人者及為當事人或其繼受人占有請求之標的物者，亦有效力（行政訴訟法第214條第1項）。對於為他人而為原告或被告者之確定判決，對於該他人亦有效力，此為判決之確定力（第2項）。

二、撤銷或變更原商標處分判決之效力

　　撤銷或變更原商標處分或決定之判決，其性質屬形成判決，對第三人亦有效力（行政訴訟法第215條）。任何人均不得對之爭執，主張原商標

---

[27] 最高行政法院93年度判字第782號行政判決。

處分或訴願決定仍屬有效或不具違法性，此為判決之對世效力。撤銷或變更原商標處分或決定之判決，除對一般人民有效力外，對有關之機關亦有拘束力。詳言之，撤銷或變更原商標處分或訴願決定之判決，就該商標事件有拘束各關係機關之效力（行政訴訟法第216條第1項）。原商標處分或訴願決定經判決撤銷後，機關須重為商標處分或訴願決定者，應依判決意旨為之（第2項）。以防止智慧財產局或經濟部依同一違法之理由，對一人為同一商標處分或訴願決定。前2項規定，其他訴訟準用之（第3項）。

柒、救濟方法

一、不服未確定之終局判決

(一)上訴最高行政法院

對於智慧財產及商業法院之終局判決，除法律別有規定外，得上訴於最高行政法院（行政訴訟法第238條第1項）。因最高行政法院為法律審，以審查智慧財產法院之判決適用法律是否適當為其主要之目的。故於上訴審程序，不得為訴之變更、追加或提起反訴（第2項）。提起上訴，應於智慧財產及商業法院判決送達後20日之不變期間內為之。但宣示或公告後送達前之上訴，亦有效力（行政訴訟法第241條）。

(二)上訴之理由

因最高行政法院為法律審，對於智慧財產及商業法院判決之上訴，非以其違背法令為理由，不得為之（行政訴訟法第242條）。判決不適用法規或適用不當者，為違背法令，本項為概括違背法令之規定（行政訴訟法第243條第1項）。至於有下列各款情形之一者，其判決當然違背法令，此為列舉之違反程序法之重要規定（第2項）：1.判決法院之組織不合法者（第1款）；2.依法律或裁判應迴避之法官參與裁判者（第2款）；3.行政法院於權限之有無辨別不當或違背專屬管轄之規定者（第3款）；4.當事人於訴訟未經合法代理或代表者（第4款）；5.違背言詞辯論公開之規定

者（第5款）；6.判決不備理由或理由矛盾者（第6款）。

(三) 審　理

1.上訴聲明不服範圍

基於處分主義之適用，最高行政法院應於上訴聲明不服之範圍內調查之，對於兩造不爭執事項，無須審究之（行政訴訟法第251條第1項）。因適用法規為法院之職務，最高行政法院調查智慧財產及商業法院判決有無違背法令，不受上訴理由之拘束，應依職權為調查（第2項）。

2.法律審與書面審查

最高行政法院為法律審，原則上採書面審查，法院判決不經言詞辯論為之。例外有下列情形之一者，得依職權或依聲請行言詞辯論：(1)法律關係複雜或法律見解紛歧，有以言詞辯明之必要者；(2)涉及專門知識或特殊經驗法則，有以言詞說明之必要者；(3)涉及公益或影響當事人權利義務重大，有行言詞辯論之必要者（行政訴訟法第253條第1項）。言詞辯論之範圍，應於上訴聲明範圍為之（第2項）。

3.審查判決有無違背法令

原則上最高行政法院僅審查智慧財產及商業法院判決有無違背法令，無須調查新事實，故應以智慧財產法院判決確定之事實為判決基礎（行政訴訟法第254條第1項）。例外情形有二：(1)以違背訴訟程序之規定為上訴理由時，所舉違背之事實，暨以違背法令確定事實或遺漏事實為上訴理由時，所舉之該事實，最高行政法院得斟酌之，此係違法認定事實之調查（第2項）；(2)依第253條第1項但書行言詞辯論所得闡明或補充訴訟關係之資料，最高行政法院亦得斟酌之，不受原判決所確定之事實拘束，俾能發揮言詞辯論之功能（第3項）。

(四) 裁　判

1.上訴無理由之判決

最高行政法院認為上訴為無理由者，應為駁回之判決（行政訴訟法第255條第1項）。基於訴訟經濟原則，原判決依其理由雖屬不當，而依其他

理由認為正當者，應以上訴為無理由（第2項）。

2.上訴有理由之判決

最高行政法院認為上訴為有理由者，就該部分應廢棄原判決（行政訴訟法第256條第1項）。因違背訴訟程序之規定廢棄原判決者，其違背之訴訟程序部分，視為亦經廢棄（第2項）。除第243條第2項第1款至第5款之判決違背法令情形外，智慧財產及商業法院判決違背法令而不影響裁判之結果者，不得廢棄原判決（行政訴訟法第258條）。

3.自為判決、發回判決或發交判決

最高行政法院廢棄原判決，除自為判決外，應作成發回或發交判決。前者，最高行政法院廢棄原判決者，其應就該事件自為判決之情形有三：(1)因其於確定之事實或依法得斟酌之事實，不適用法規或適用不當廢棄原判決，而事件已可依該事實為裁判者；(2)因事件不屬行政法院之權限，而廢棄原判決者；(3)依第253條第1項行言詞辯論者（行政訴訟法第259條）。後者，係除有特別規定者，經廢棄原判決者，最高行政法院應將該事件發交智慧財產法院（行政訴訟法第260條第1項；智慧財產案件審理法施行細則第5條第1項）。前項發回或發交判決，就應調查之事項，應詳予指示（行政訴訟法第260條第2項）。受發回或發交之法院，應以最高行政法院所為廢棄理由之法律上判斷，作為其判決基礎（第3項）。

二、不服確定之終局判決

(一)再審事由

再審為對確定終局判決聲明不服之方法，為避免輕易動搖確定判決之效力，必須有法定事由，始得提起再審。對於確定終局判決提起再審之訴，須為原判決之當事人或其繼受人始得為之[28]。有下列各款情形之一者，得以再審之訴對於確定終局判決聲明不服，其為訴訟程序或判決基礎

---

[28] 最高行政法院91年度裁字第1051號行政裁定。

有重大瑕疵。但當事人已依上訴主張其事由或知其事由而不為主張者，其可歸責於當事人之過怠，自不許以再審之訴為救濟之必要（行政訴訟法第273條第1項）：1.適用法規顯有錯誤者；2.判決理由與主文顯有矛盾者；3.判決法院之組織不合法者；4.依法律或裁判應迴避之法官參與裁判者；5.當事人於訴訟未經合法代理或代表者；6.當事人知他造之住居所，指為所在不明而與涉訟者。但他造已承認其訴訟程序者，不在此限；7.參與裁判之法官關於該訴訟違背職務，犯刑事上之罪者；8.當事人之代理人、代表人、管理人或他造或其代理人、代表人、管理人關於該訴訟有刑事上應罰之行為，影響於判決者；9.為判決基礎之證物係偽造或變造者；10.證人、鑑定人或通譯就為判決基礎之證言、鑑定或通譯為虛偽陳述者；11.為判決基礎之民事或刑事判決及其他裁判或商標處分，依其後之確定裁判或商標處分已變更者；12.當事人發現就同一訴訟標的在前已有確定判決或和解或得使用該判決或和解者；13.當事人發現未經斟酌之證物或得使用該證物者。但以如經斟酌可受較有利益之裁判者為限；14.原判決就足以影響於判決之重要證物漏未斟酌者。

（二）管轄法院

　　再審之訴為專屬管轄，為判決之原行政法院管轄（行政訴訟法第275條第1項）。對於審級不同之行政法院就同一事件所為之判決提起再審之訴者，由最高行政法院合併管轄之（第2項）。對於最高行政法院之判決，本於第273條第1項第9款至第14款事由聲明不服者，因其涉及事實審所確定之事實為基礎，雖有前2項之情形，仍專屬智慧財產及商業法院管轄（第3項）。

（三）再審期間

　　提起再審之訴，應於30日之不變期間內提起（行政訴訟法第276條第1項）。前項期間自判決確定時起算，判決於送達前確定者，自送達時起算；其再審之理由發生或知悉在後者，均自知悉時起算（第2項）。再審之訴自判決確定時起，如已逾5年者，不得提起。但以第273條第1項第5

款、第6款或第12款情形為再審之理由者，不在此限（第4項）。

捌、例題解析

一、認定商標應撤銷之基準法

2011年6月29日修正公布、2012年7月1日施行之商標法第29條第1項、第30條第1項規定，不得商標註冊之18款消極要件，相當於2003年5月28日修正公布商標法第23條第1項之規定。而異議或評定商標之註冊有無違法事由，除第106條第1項及第3項規定外，依其註冊公告時之規定（商標法第50條、第62條）。原則上商標是否准許註冊之判斷，有無異議或評定之事由，其涉及有無取得商標權之實體法問題，此為實體從舊原則。有關商標有效性之認定，應適用註冊公告時之商標法規定。例外情形，對商標法2011年5月31日修正之條文施行前註冊之商標、證明標章及團體標章，於本法修正施行後提出異議或提請評定者，以其註冊時及本法修正施行後之規定均為違法事由為限（商標法第106條第3項）。職是，智慧財產及商業法院適用註冊時及現行商標後，認均有異議或評定事由者，始得認定商標有撤銷事由。

二、優先管轄

智慧財產行政訴訟事件非專屬智慧財產及商業法院管轄，其他行政法院就實質上應屬智慧財產民事、行政訴訟事件而實體裁判者，上級法院不得以管轄錯誤為由廢棄原裁判（智慧財產案件審理細則第9條）。是智慧財產及商業法院對於商標行政訴訟事件僅有優先管轄權（智慧財產及商業法院組織法第3條第3款；智慧財產案件審理法第31條第1項）。因非專屬管轄權，最高行政法院不得以臺北高等行政法院無管轄權而廢棄原判決。

玖、相關實務見解──行政機關第一次判斷權

　　系爭申請商標是否與據以核駁商標，有致相關消費者混淆誤認之虞，或有無其他不應准予註冊之理由，仍待被告智慧財產局審查之。況被告是否應受先前行政處分之見解拘束，亦成為被告審酌系爭申請商標，是否准予註冊之重要因素，故本件未達智慧財產及商業法院可為特定行政處分內容。參諸憲法上權力分立原則，核准或核駁系爭申請商標之註冊申請，應由被告智慧財產局先為第一次判斷，藉由行政之自我控制，作為司法審查前之先行程序。是本件事證未臻明確，有待發回審查，俟被告依智慧財產及商業法院上揭之法律見解，再為審查裁量，智慧財產及商業法院不得逕予為之。原告請求告應就系爭申請商標之申請案，作成准予註冊之審定部分，為無理由，應予駁回。準此，智慧財產及商業法院判決主文應諭知訴願決定及原處分均撤銷。被告對申請第102880264號「MI」商標註冊申請案，應依本判決之法律見解另為處分[29]。

---

[29] 智慧財產法院103年度行商訴字第149號行政判決。

第三編

著作行政程序與救濟

第一章　集體管理團體與委員會

　　著作權審議及調解委員會就著作權或製版權爭議進行調解，其屬著作財產權侵害爭端之非訟解決。著作權審議及調解委員會之組織規程及有關爭議之調解辦法，由主管機關擬訂，報請行政院核定後發布之（著作權法第83條）。著作權法主管機關訂有「經濟部智慧財產局著作權審議及調解委員會組織規程」與「著作權爭議調解辦法」。

第一節　著作權集體管理團體

　　著作權法第81條為著作權集體管理團體成立之法律依據，而著作權集體管理團體條例之立法目的有二：(一)藉由著作財產權人之結合，成立集體管理團體，藉集體管理團體之力量，聘用各種專業人員來為會員行使著作財產權，使會員安心從事創作，間接提高創作品質，以促進社會整體文化經濟發展；(二)經由集體管理團體使利用人能順利取得授權，合法利用著作，對社會文化經濟秩序之維持，形成良性循環。

例題1

　　甲音樂著作權協會與乙簽訂概括授權契約，約定甲將其管理之全部著作財產權授權利用人乙在一定期間內，不限次數利用，利用人乙應支付使用報酬。試問乙未定期提供使用清單予甲音樂著作權協會，作為分配使用報酬計算之標準，甲音樂著作權協會應如何救濟？

壹、著作權集體管理團體之目的

　　所謂著作權集體管理團體，係指以促進公眾利用著作為目的，為著作

財產權人為管理其著作財產權,以集體管理團體之名義,行使權利、履行義務、收受及分配使用報酬,由著作財產權人與專屬授權之被授權人(著作權法第37條第4項)。依據著作權集體管理團體條例組織登記成立,並經著作權專責機關許可,具有公益性質之社團法人(著作權法第81條;著作權集體管理團體條例第3條第1款)。職是,著作權集體管理團體之許可設立、組織、職權及其監督、輔導,以著作權集體管理團體條例定之。

貳、集體管理團體之成立

集體管理團體者應依著作權集體管理團體條例組織登記,否則不得執行集體管理業務或以集體管理團體名義為其他法律行為,係採強制設立登記之制度(著作權集體管理團體條例第10條第1項)。違反前開規定者,其所訂之個別授權契約或概括授權契約無效;因而致他人受損害者,行為人應負賠償責任。行為人有2人以上者,連帶負責(第2項)。再者,著作權集體管理團體之會員,應將屬於集管團體管理之著作財產權,均交由集管團體管理,倘僅部分授權管理,則於法不符(著作權集體管理團體條例第14條)[1]。

參、個別授權契約與概括授權契約

著作財產權人與著作權集體管理團體為管理其著作財產權,當事人可約定由集體管理團體管理其著作財產權,並將所收受使用報酬分配予著作財產權人之管理契約(著作權集體管理團體條例第3條第5款)。著作權集體管理團體執行仲介業務,可向著作財產權人收取之管理費(第6款)。集體管理團體與利用人得簽訂個別授權契約與概括授權契約:(一)所謂個別授權契約,係指集體管理團體與利用人約定,集體管理團體

---

[1] 經濟部智慧財產局2013年9月23日電子郵件字第1020923號函。

將其管理之特定著作財產權授權利用人利用，利用人支付使用報酬之契約
（第3款）；(二)所謂概括授權契約，係指集體管理團體與利用人約定，集
體管理團體將其管理之全部著作財產權授權利用人在一定期間內，不限次
數利用，利用人支付使用報酬之契約（第4款）。

肆、集體管理團體之功能

　　集體管理團體之主要功能，在於蒐集使用資料與分配利益。蒐集使用
資料之任務有二：(一)必須確定被使用之著作；(二)必須確定真正應分配
之人。對於使用之數據與總收益之計算，集體管理團體通常會要求使用者
自行回報，繼而計算報酬。例如，廣播電台可利用電腦記錄其所播放之著
作[2]。

伍、例題解析—著作利用人之義務

　　利用人應定期將使用清單提供集體管理團體，作為分配使用報酬計算
之標準（著作權集體管理團體條例第37條第1項）。集體管理團體得支付
費用，隨時請求利用人提供使用清單（第2項）。利用人不提供使用清單
或所提供之使用清單錯誤不實情節重大者，集體管理團體得終止其與利用
人所訂之授權契約（第3項）。準此，甲音樂著作權協會與乙簽訂概括授
權契約，乙有義務定期提供使用清單予甲音樂著作權協會，作為分配使用
報酬計算之標準。倘利用人乙不提供使用清單，甲音樂著作權協會得終止
其與利用人乙所訂之概括授權契約。

---

[2] 蔡鏵宇，建立與伯恩公約／TRIPs相容之著作權形式要件（formalities）制度，
著作師季刊，21期，2015年4月，頁8。

第二節 著作權審議及調解委員會

著作權審議及調解委員會之組織規程及有關爭議之調解辦法，由主管機關擬訂，報請行政院核定後發布之（著作權法第83條）。經濟部智慧財產局有參照鄉鎮市調解條例，前於2004年4月14日制定公告著作權爭議調解辦法。

例題2

丙廣播電台向A音樂著作權仲介協會商談，欲利用該集體管理團體管理之音樂著作，因當事人對使用報酬發生爭議，乃向著作權審議及調解委員會申請調解，經調解成立後，經送法院核定在案，丙廣播電台竟拒絕依據調解內容給付使用報酬。試問A音樂著作權仲介協會，應如何向丙廣播電台主張權利？

壹、組織與職權

一、組　織

有關著作權集體管理團體與利用人間，對使用報酬之爭議。或著作權或製版權之爭議。由經濟部智慧財產局著作權審議及調解委員會依事件之性質或著作之類別指定委員1人至3人調解之（著作權爭議調解辦法第2條、第3條）。

二、職　權

著作權專責機關應設置著作權審議及調解委員會，辦理下列事項（著作權法第82條）：(一)第47條第4項規定使用報酬率之審議；(二)著作權集體管理團體與利用人間，對使用報酬爭議之調解。例如，經濟部智慧財產局對於使用報酬率具有審議與變更之權（著作權集體管理團體條例第25

條）[3]：(三)著作權或製版權爭議之調解。爭議之調解，倘涉及刑事者，以告訴乃論罪之案件為限。因非告訴乃論之罪，縱使調解成立，仍無從因撤回告訴而免除刑責；(四)其他有關著作權審議及調解之諮詢[4]。

三、專業判斷之餘地

　　著作權審議及調解委員會由智慧局局長聘派有關機關代表、學者、專家、權利人代表、利用人代表及智慧局業務有關人員兼任之。足認使用報酬率之形成，係專門學識經驗之學者專家、業者、利害關係人及機關代表組成，經由不同屬性及專業之代表，並以合議制及公開方式獨立行使職權，共同作成決定。因此涉及具高度屬人性之評定、專業性之判斷及獨立專家委員會，就使用報酬率所為之判斷，基於尊重其不可替代性、專業性及法律授權之專屬性，行政機關就此等事項享有專業判斷之餘地，行政法院僅得審查行政機關之判斷，是否有恣意濫用及其他違法情事[5]。

貳、調解制度

一、調解書之審核

　　著作權專責機關應於調解成立後7日內，將調解書送請管轄法院審核（著作權法第82條之1第1項）。前開調解書，法院應儘速審核，除有違反法令、公序良俗或不能強制執行者外，應由法官簽名並蓋法院印信，除抽存1份外，發還著作權專責機關送達當事人（第2項）。法院未予核定之事件，應將其理由通知著作權專責機關（第3項）。未經核定之調解書，雖不發生與確定判決之同一效果，惟屬民法之和解契約，倘當事人一方不履

---

[3]　最高行政法院104年度判字第464號、第465號行政判決；智慧財產法院102年度行著訴字第9號、第10號行政判決。

[4]　經濟部智慧財產局2014年4月16日電子郵件字第1030416號函。

[5]　智慧財產法院101年度行著訴字第5號行政判決。

行，另一方得持調解書向法院起訴，請求他方履行調解內容。

二、調解書之效力

(一)具有民事確定判決同一效力

　　調解經法院核定後，當事人就該事件不得再行起訴、告訴或自訴（著作權法第82條之2第1項）。經法院核定之民事調解，其與民事確定判決有同一之效力；經法院核定之刑事調解，以給付金錢或其他代替物或有價證券之一定數量為標的者，調解書具有執行名義（第2項）。此為著作爭議調解制度，得以取代司法爭訟程序之益處。

(二)撤回起訴、告訴或自訴

　　民事事件已繫屬於法院，在判決確定前，調解成立，並經法院核定者，視為於調解成立時撤回起訴（著作權法第82條之3第1項）。刑事事件於偵查中或第一審法院辯論終結前，調解成立，經法院核定，並經當事人同意撤回者，視為於調解成立時撤回告訴或自訴，使刑事訴訟程序終結（第2項）。

(三)宣告調解無效或撤銷調解之訴

　　民事調解經法院核定後，有無效或得撤銷之原因者，當事人得向原核定法院提起宣告調解無效或撤銷調解之訴（著作權法第82條之4第1項）。前開訴訟，當事人應於法院核定之調解書送達後30日內提起之（第2項）。

參、例題解析—調解之效力

　　丙廣播電台與A音樂著作權仲介協會，對使用音樂著作之報酬發生爭議，經著作權審議及調解委員會調解成立後，並送法院核定在案。經法院核定之民事調解，其與民事確定判決有同一之效力。準此，丙廣播電台拒絕依據調解內容給付使用報酬，A音樂著作權仲介協會得持該執行名義，向法院聲請執行丙廣播電台之責任財產。

第二章 著作訴願

著作訴願係憲法第16條賦予人民之基本權利,係人民認為智慧財產局就著作案件所作成之行政處分,有違法或不當者,導致其權利或利益受損害時,請求智慧財產局或經濟部審查該行政處分之合法性與正當性,並為決定之權利。準此,著作訴願之目的,係藉由著作主管機關與著作專責機關之行政自我控制,作為司法審查前之先行程序(著作權法第2條)。

第一節 著作訴願事件

著作行政爭訟制度有著作訴願與著作行政訴訟程序,而著作行政訴訟程序,適用訴願先行程序。著作訴願事件會因智慧財產局是否作成行政處分而有所區別,有著作行政處分之案件,訴願人依據訴願法第1條規定,提起積極行政處分之訴願。無著作行政處分之案件,訴願人依據訴願法第2條規定,提起怠為行政處分之訴願,依據著作訴願之決定內容。

例題1

社團法人甲音樂著作權協會受理會員或國外集管團體之委任,在國內授權國人利用其著作,其向經濟部智慧財產局申請核備,智慧財產局函覆社團法人甲音樂著作權協會,委任契約無須向其函備。試問甲音樂著作權協會是否得對智慧財產局函覆提起訴願?理由為何?

壹、積極著作處分之訴願

人民對於中央或地方機關之行政處分,認為違法或不當,致損害其權利或利益者,得依本法提起訴願(訴願法第1條第1項本文)。例如,著作

權集體管理團體或利用人對於智慧財產局所為之著作行政處分，得依據訴願法第1條第1項本文提起訴願，分為撤銷訴願與課予義務訴願兩種類型。

貳、怠為著作處分之訴願

人民因中央或地方機關對其依法申請之案件，於法定期間內應作為而不作為，認為損害其權利或利益者，亦得提起訴願（訴願法第2條第1項）。前開期間，法令未規定者，自機關受理申請之日起為2個月（第2項）。智慧財產局對於人民依著作權法申請之案件，不論其申請類型為何，均負有作出准駁或成立與否之決定義務，倘怠為著作處分，申請人可依據訴願法第2條第1項規定，提起訴願加以救濟，其為課予義務訴願。

參、例題解析—集管業務範圍

所謂集管業務，係指為多數著作財產權人管理著作財產權，訂定統一之使用報酬率及使用報酬分配方法，據以收取及分配使用報酬，並以管理人之名義與利用人訂定授權契約之業（著作權集體管理團體條例第3條第1項）。社團法人甲音樂著作權協會所送委任契約，並非統一之使用報酬率及使用報酬分配方法，非屬集體管理業務。其受會員或國外集管團體就集管業務範圍外之委任，得在國內授權國人利用其著作，應受委任辦理著作權管理有關之事項，非屬執行集管業務之範圍，授權之權利類型依簽署之協議內容而定，並不限於集管業務所管理之權利，始能為之，此屬民事代理委任關係，自須向智慧財產局申請核備，智慧財產局函覆甲音樂著作權協會，委任契約無須向其函備[1]。函覆性質屬法律諮詢意見，僅作為甲音樂著作權協會行使之權利參考，並非行政處分，不得作為行政爭訟之標的。職是，甲音樂著作權協會對智慧財產局函覆提起訴願，其於法無據。

---

[1] 經濟部智慧財產局2017年8月8日智著字第10600058310號函。

第二節　著作訴願制度

　　著作訴願制度之目的，在於矯正智慧財產局所為違法或不當之著作處分，以保護人民之權利或利益，以貫徹依法行政之本旨。著作訴願依據訴願法所定程序為之，其屬形式化之行政救濟[2]。

第一項　著作訴願要件

　　訴願法第1條與第2條規定，為提起著作訴願之要件，前者為積極著作處分之訴願要件，須有行政處分存在；後者為怠為著作處分之訴願要件，應作成行政處分而不作為。

例題2

　　社團法人甲音樂著作權協會於利用人乙衛星廣播電視事業商業同業公會提起審議後，其再次公告新費率，導致新公告費率，將被原費率審議結果所變更，智慧財產局著作權依集體管理條例第25條第6項與第7項規定，否准新公告費率。試問甲音樂著作權協會就智慧財產局否准新公告費率之處分，應如何救濟？

壹、積極行政處分之訴願要件

一、須為智慧財產局之行政處分

　　智慧財產局就有關著作權之行政處分，均屬訴願法第3條與行政程序法第92條所稱之行政處分，係智慧財產局就具體著作申請案件，依據著作法規定所為公法上之決定，而對外直接發生法律效果之單方行政行為。

---

[2]　李震山，行政法導論，三民書局股份有限公司，1999年10月，頁413。

二、行政處分有違法或不當

有關著作權之處分有違法或不當，係指處分有應予撤銷之瑕疵。詳言之：(一)所謂處分違法，係指其欠缺合法要件而言；(二)所謂處分不當者，係指處分雖非違法，惟不合目的性。訴願人僅要主觀上認為處分違法或不當，即可對之提起訴願。至於處分是否有違法或不當處，其屬訴願有無理由之決定。

三、須損害權利或法律上利益

行政處分須有權利或法律上利益受有損害，始得提起著作訴願，否則欠缺權利保護要件[3]。訴願人僅要主觀上認為處分有損害其權利或法律上利益，即可提起訴願。至於是否確有損害其權利或利益，係實體上應審究之事項[4]。所謂損害其權利或法律上利益，係指處分所生之具體效果，直接損害其權利或法律上利益而言[5]。行政處分與損害結果間，具有直接因果關係。

貳、怠為行政處分之訴願要件

一、須智慧財產局怠為行政處分

經濟部智慧財產局怠為行政處分，僅限於著作權人或權利人對智慧財產局依著作權法申請之案件，並不含智慧財產局應依職權辦理之著作事項。

二、須損害權利或法律上利益

訴願人僅要主觀上認為智慧財產局怠為行政處分，致有損害其權利或法律上利益，即可提起訴願。至於是否確有損害其權利或利益，其屬訴願

---

[3] 大法官釋字第469號解釋。
[4] 最高行政法院69年度判字第234號行政判決。
[5] 最高行政法院48年度判字第67號行政判決。

有無理由之決定。

三、須著作權法無特別規定

　　訴願人對於智慧財產局怠為行政處分，認為違法或不當，致損害其權利或利益者，得依本法提起訴願。例外情形，著作權法另有規定者，從其規定（訴願法第1條第1項）。

參、例題解析—變更新費率之限制

　　集管團體於利用人提起審議後，再次公告新費率，新公告之費率，將被原費率審議結果所變更，依著作權集體管理條例第25條第6項及第7項規定，自使用報酬率生效日起3年內，集管團體不得變更，利用人亦不得申請審議。準此，智慧財產局否准甲音樂著作權協會之新公告費率，倘甲音樂著作權協會不服行政處分，得於處分書送達之次日起30日內，備具訴願書正、副本及附件，並檢附本處分書影本，經由智慧財產局向經濟部提起訴願[6]。

第二項　著作訴願之程序

　　有關著作權之訴願管轄採上級管轄原則，應由智慧財產局之上級機關經濟部，作為受理著作訴願之機關。是智慧財產局依著作權法規定所為之行政處分，倘因主觀上認為處分違法或不當，致損害其權利或法律上利益者，自可提起訴願救濟。經濟部對於著作訴願應先為程序之審查，有程序不合而其情形可補正者，應酌定相當期間，通知著作訴願人補正。其無不應受理之情事者，進而為實體之審理[7]。經濟部就訴願之審理原則，先程序後實體，先審查訴願之提起是否合法，倘提起訴願不合法者，應從程序

---

[6]　經濟部智慧財產局2012年11月6日智著字第10116005340號函。

[7]　李震山，行政法導論，三民書局股份有限公司，1999年10月，頁430。

上為不受理決定。提起訴願合法者，繼而審議實體上有無理由。訴願有無理由，係以原處分是否違法或不當為斷。

例題3

社團法人甲音樂著作權協會前於2019年8月11日召開會員大會，會中決議修正通過衛星電視台、購物頻道及有線電視公開播送概括授權使用報酬率，嗣於2019年9月3日函報經濟部智慧財產局備查，並於2020年1月1日公告。乙衛星廣播電視事業商業同業公會對概括授權使用報酬率異議，以甲音樂著作權協會訂定過程及內容，未與利用人協商，且收費計算方式不合理等事由，依著作權集體管理團體條例第25條第1項規定，而於2020年1月至2月間向智慧財產局申請審議。案經智慧財產局依同條第2項規定，先於2020年2月14日公告於網站，並依同條第4項規定，召開著作權審議及調解委員會，針對概括授權使用報酬率進行諮詢。智慧財產局參酌委員會決議、國內經濟狀況、利用人產業現狀及音樂利用情形，依據同條第4項規定，審議決定變更甲音樂著作權協會所定之使用報酬率計算基準與數額，並以行政處分，將審議結果通知乙衛星廣播電視事業商業同業公會。試問乙衛星廣播電視事業商業同業公會不服處分，應向何行政機關提起訴願？

壹、訴願人

自然人、法人、非法人之團體或其他受行政處分之相對人及利害關係人，均具有訴願當事人能力或資格，得提起著作訴願（訴願法第18條）。至於具體有關著作權之訴願事件，是否具有訴願之當事人適格，應視其是否為處分之相對人或利害關係人而定，能獨立以法律行為負義務者，有訴願能力（訴願法第19條）。無訴願能力人應由其法定代理人代為訴願行為，而地方自治團體、法人、非法人之團體，應由其代表人或管理人為訴願行為（訴願法第20條第1項、第2項）。關於訴願之法定代理，依民法規

定（第3項）。具備訴願能力，為訴願之合法要件，受理有關著作權訴願之經濟部，應依職權調查。

貳、訴願參加

一、利害關係相同

　　有與訴願人利害關係相同之人，由經濟部允許，得為訴願人之利益參加訴願。經濟部認有必要時，亦得通知其參加訴願（訴願法第28條第1項）。申請參加訴願應以書面提出，以供經濟部審酌（訴願法第29條）。再者，訴願決定對於參加人亦有效力，經濟部已通知其參加或允許其參加而未參加者，亦為訴願決定之效力所及（訴願法第31條）。

二、原處分撤銷或變更足以影響權益

　　訴願決定因撤銷或變更原處分，足以影響第三人權益者，經濟部應於作成著作訴願決定前，通知其參加訴願程序，表示意見（訴願法第28條第2項）。例如，處分撤銷或變更，其足以影響著作權集體管理團體或利用人之權利，是經濟部得依職權通知著作權集體管理團體或利用人參加著作訴願程序。

參、訴願代理人與輔佐人

一、訴願代理人

　　所謂訴願代理人，係指依訴願人或參加人之授權，以訴願人或參加人之名義，為訴願行為與受訴願行為之第三人。訴願人或參加人得委任代理人進行訴願，是訴願代理人制度，係採任意訴願代理主義或本人訴願主義。每一著作訴願人或參加人委任之訴願代理人，不得超過3人（訴願法第32條）。有關著作權之訴願代理人資格如後：(一)律師；(二)依法令取得與訴願事件有關之代理人資格者；(三)具有該訴願事件之專業知識者；

(四)因業務或職務關係為訴願人之代理人者；(五)與訴願人有親屬關係者（訴願法第33條第1項）。前項第3款至第5款之訴願代理人，經濟部認為不適當時，得禁止之，並以書面通知訴願人或參加人，經濟部應依職權調查訴願代理人之權限範圍。例如，普通權限之訴願代理人或特別權限之訴願代理人（訴願法第35條）。

二、訴願輔佐人

　　因有關著作權之訴願案件，具有高度之技術性與專業性，非訴願人、參加人或一般訴願代理人所能知悉與瞭解，為使訴願程序得順利進行，由輔佐人輔佐著作訴願人、參加人或代理人為訴願上之陳述。訴願人、參加人或訴願代理人經受理訴願機關之許可，得於期日偕同輔佐人到場（訴願法第41條第1項），受理訴願機關認為必要時，亦得命訴願人、參加人或訴願代理人偕同輔佐人到場（第2項）。前2項之輔佐人，受理訴願機關認為不適當時，得廢止其許可或禁止其續為輔佐（第3項）。輔佐人到場所為之陳述，訴願人、參加人或訴願代理人不即時撤銷或更正者，視為其所自為（訴願法第42條）。

肆、受理訴願機關

　　不服中央各部、會、行、處、局、署所屬機關之行政處分者，向各部、會、行、處、局、署提起訴願（訴願法第4條第6款）。著作法之主管機關為經濟部（著作法第2條第1項）。著作業務，由經濟部指定專責機關辦理（第2項）。經濟部係指定其所屬之智慧財產局辦理，故對智慧財產局所為之有關著作權處分不服者，應以經濟部為受理訴願之機關。再者，有鑑於人民對訴願制度並非熟悉，故訴願人誤向經濟部或智慧財產局以外之機關作不服原處分之表示者，視為自始向經濟部提起訴願（訴願法第61條第1項）。前開收受之機關應於10日內將該事件移送於智慧財產局，並通知訴願人（第2項）。

伍、提起訴願之期間

一、法定不變期間

(一)處分達到或公告期滿之次日起30日內

訴願之提起，應自有關著作權處分達到或公告期滿之次日起30日內為之（訴願法第14條第1項）。該30日為法定不變期間。利害關係人提起訴願者，前項期間之計算，自知悉時起算，利害關係人對於何時知悉處分，應負證明責任[8]。但自行政處分達到或公告期滿後，已逾3年者，不得提起（第2項）。訴願之提起，以智慧財產局或經濟部收受訴願書之日期為準（第3項）。訴願人誤向智慧財產局或經濟部以外之機關提起著作訴願者，以該機關收受之日，視為提起著作訴願之日（第4項）。

(二)應於30日內補送訴願書

訴願人在第14條第1項所定期間向經濟部或智慧財產局作不服原處分之表示者，雖視為已在法定期間內提起訴願，然應於30日內補送訴願書（訴願法第57條）。例如，有關著作權之處分訴願人曾向智慧財產局陳情，已有不服之表示，視為法定不變期間之遵守[9]。

二、扣除在途期間

訴願人不在經濟部所在地住居者，計算法定期間，應扣除其在途期間。但有訴願代理人住居智慧財產局或經濟部所在地，得為期間內應為之訴願行為者，不扣除在途期間（訴願法第16條第1項）。前項扣除在途期間辦法，由行政院定之（第2項）。公司提起訴願之情形，應以其主事務所認定有無扣除在途期間之適用，不以代表人或負責人之住居所為據（公司法第3條）。

---

[8] 最高行政法院45年度判字第58號、55年度判字第316號行政判決。
[9] 最高行政法院81年度判字第58號行政判決。

陸、訴願之決定

一、不受理決定

(一)定　義

訴願駁回分為程序駁回與實體駁回兩種類型，程序駁回為不受理決定，係指程序不合法規定而予駁回，不進行實體審理。例如，著作權人於收受有關著作權之不利處分，其逾30日後，始提起訴願，提起訴願逾法定期間（訴願法第14條第1項、第77條第2款前段）。

(二)事　由

訴願事件有下列各款情形之一者，應為不受理之決定，經濟部應依職權調查之（訴願法第77條）：1.訴願書不合法定程式不能補正，或經通知補正逾期不補正者（第1款）；2.提起訴願逾法定期間，或未於第57條但書所定期間內補送訴願書者（第2款）；3.訴願人不符合第18條之訴願人適格規定者（第3款）；4.訴願人無訴願能力而未由法定代理人代為訴願行為，經通知補正逾期不補正者（第4款）；5.地方自治團體、法人、非法人之團體，未由代表人或管理人為著作訴願行為，經通知補正逾期不補正者（第5款）；6.處分已不存在者（第6款）[10]；7.對已決定或已撤回之著作訴願事件，重行提起訴願者（第7款）；8.對於非處分或其他依法不屬訴願救濟範圍內之事項，提起訴願者（第8款）。

二、訴願無理由決定

所謂訴願無理由，係指著作訴願所提出之主張，在實體上無理由。故訴願無理由者，經濟部應以決定駁回之（訴願法第79條第1項）。原處分所憑理由雖屬不當，但依其他理由認為正當者，應以訴願為無理由（第2項）。

---

[10] 最高行政法院76年度判字第1184號行政判決：行政處分不存在，係指原行政處分經撤銷之情形而言。

三、訴願有理由決定

(一)決定撤銷原著作處分

　　訴願人主張原著作處分違法或不當為理由，而其事證明確，經濟部認為訴願有理由者，應以決定撤銷原處分之全部或一部，回復至未為處分之狀態，無須命智慧財產局另為處分（訴願法第81條第1項本文前段）。

(二)決定變更原處分

　　事證已臻明確，原處分確有違法或不當，且不涉及智慧財產局之第一次判斷權時，經濟部認為訴願有理由者，得視訴願事件之情節，逕為變更之決定（訴願法第81條第1項本文後段）[11]。經濟部於訴願人表示不服之範圍內，不得為更不利益之變更或處分（訴願法第81條第1項但書）。

(三)決定發回智慧財產局另為處分

　　經濟部審議結果，認原處分有違法或不當，因事實未臻明確或涉及智慧財產局之權責，應由智慧財產局重新處分者，經濟部不逕為變更處分之決定，而將案件發回智慧財產局另為適法或適當之處分（訴願法第81條第1項本文後段）。智慧財產局於訴願人表示不服之範圍內，不得為更不利益之變更或處分（訴願法第81條第1項但書）[12]。該訴願決定撤銷原處分，發回智慧財產局另為處分時，應指定相當期間命其為之（第2項）。

四、命智慧財產局為一定之著作處分

　　對於依第2條第1項提起怠為處分之訴願，經濟部認為有理由者，應指定相當期間，命智慧財產局速為一定之處分（訴願法第82條第1項）。經濟部未為前開決定前，智慧財產局已為處分者，原未為處分之情形不復存

---

[11] 張自強、郭介恆，訴願法釋義與實務，瑞興圖書股份有限公司，2002年2月，頁328。

[12] 最高行政法院62年度判字第298號行政判決：依行政救濟之法理，除原處分適用法律錯誤外，申請復查之結果，不得為更不利於行政救濟人之決定。

在，是訴願標的已消失，經濟部應認訴願為無理由，以決定駁回之[13]。

柒、訴願決定之效力

　　訴願決定為行政處分之一種，而具有存續力、拘束力及執行力。是訴願之決定確定後，就該著作權事件有拘束各關係機關之效力（訴願法第95條）。訴願決定，應適用一事不再理原則（訴願法第77條第7款）。原行政處分經撤銷後，智慧財產局須重為處分者，應依訴願決定意旨為之，並將處理情形以書面告知經濟部（訴願法第96條）。

捌、例題解析─使用著作報酬率計算基準與數額

　　著作財產權人為行使權利、收受及分配使用報酬，經著作權專責機關之許可，得組成著作權集體管理團體（著作權法第81條第1項）。專屬授權之被授權人，亦得加入著作權集體管理團體（第2項）。第1項團體之許可設立、組織、職權及其監督、輔導，另以法律定之。本條例依著作權法第81條第3項規定制定之（著作權集體管理團體條例第1條）。本條例主管機關為經濟部（著作權集體管理團體條例第2條第1項）。著作權集體管理團體之設立許可、輔導及監督業務，由經濟部指定專責機關辦理（第2項）。智慧財產局依著作權集體管理團體條例第25條第4項規定，審議決定變更甲音樂著作權協會所定之使用報酬率計算基準與數額，並以行政處分，將審議結果通知乙衛星廣播電視事業商業同業公會，乙衛星廣播電視

---

[13] 最高行政法院89年度判字第1211號行政判決：人民對於行政機關應作為而不作為之消極行為，認損害其權益者，固得依法提起行政爭訟，惟訴願及行政訴訟之提起，以有行政機關之行政處分存在為前提要件，倘行政機關之行政處分已不復存在，則訴願及行政訴訟之標的即已消失，自無許其提起訴願及行政訴訟之餘地。原行政機關已另為處分，故原未為處分之情形已不復存在，即訴願標的業已消失，自不得提起訴願及行政訴訟。

事業商業同業公會不服處分提起訴願，應由智慧財產局之上級機關經濟部審理訴願事件[14]。

---

[14] 最高行政法院108年度判字第421號行政判決；智慧財產法院101年度行著訴字第5號行政判決。

第三章　著作行政訴訟

　　行政訴訟之類型，分為撤銷訴訟（行政訴訟法第4條）、確認訴訟（行政訴訟法第6條）、一般給付訴訟（行政訴訟法第8條）、課予義務訴訟（行政訴訟法第5條）及再審之訴（行政訴訟法第273條第1項）。行政訴訟之類型，有須經訴願程序與不必先經訴願程序之分。提起撤銷訴訟與課予義務訴訟，須經訴願程序，此為訴願前置主義。而提出確認訴訟與一般給付訴訟，不必先經訴願程序。因有關著作權之行政訴訟類型，主要為撤銷訴訟與課予義務訴訟，是本章僅論述撤銷訴訟與課予義務訴訟。

第一節　撤銷訴訟

　　提起撤銷訴訟應以客觀上有行政處分存在為前提，所謂客觀上有處分存在，係指具有行政程序法第92條或訴願法第3條定義之行政處分存在而言。撤銷訴訟為有關著作權行政訴訟，最典型之權利防禦的訴訟類型。

例題1

　　甲無線廣播電台有關營利性頻道之概括授權公開播送使用報酬，前經智慧財產局審定，該費率已屆滿3年。中華民國廣播商業同業公會向智慧財產局審議甲無線廣播電台營利性頻道之使用報酬。智慧財產局受理申請後，依著作權集體管理團體條例第25條第2項規定，公告於智慧財產局網站，並召開意見交流會與重新公告費率，中華民國民營廣播電台聯合會向智慧財產局申請審議其中之AM調幅電台費率，並以參加人身分參加審議，經智慧財產局召開著作權審議及調解委員會，參酌相關意見後，作成審議決定，甲無線廣播電台不服審議決定之地方性調幅網使用報酬率部分而提起訴願，經濟部作成訴願決定駁回。試問甲無線廣播電台不服訴願決定，應如何救濟？

壹、定義與要件

一、定　義

　　人民因智慧財產局之違法著作處分，認為損害其權利或法律上之利益，經依訴願法提起訴願而不服經濟部決定，或提起訴願逾3個月而經濟部不為決定，或延長訴願決定期間逾2個月不為決定者，得向智慧財產及商業法院提起撤銷訴訟（行政訴訟法第4條第1項；智慧財產及商業法院組織法第2條第1款、第3條第3款；智慧財產案件審理法第31條第1項；智慧財產案件審理細則第4條）。逾越權限或濫用權力之處分，以違法論（行政訴訟法第4條第2項）。

二、要　件

　　原告提起撤銷訴訟之要件如後：(一)須有處分或訴願決定存在，原告訴請撤銷之；(二)原告須主張處分或訴願決定違法，並損害其權利或法律上利益，此為撤銷訴訟之訴訟標的；(三)須經訴願程序而未獲救濟；(四)須於法定期間內提起（行政訴訟法第106條）。提起撤銷訴訟，應於訴願決定書送達後2個月之不變期間內為之。而訴願人以外之利害關係人知悉在後者，自知悉時起算（行政訴訟法第106條第1項）。撤銷訴訟自訴願決定書送達後，已逾3年者，不得提起（第2項）。

貳、撤銷訴訟之當事人

　　提起撤銷訴訟與課予義務訴訟，須經訴願程序，此為訴願前置主義。就撤銷訴訟而言，倘經濟部作成駁回訴願決定，以智慧財產局之違法著作處分，認為損害其權利或法律上之利益之訴願人及其他利害關係人，係適格之原告，而智慧財產局為適格之被告（行政訴訟法第4條第1項、第3項、第24條第1款）。反之，經濟部作成撤銷或變更原處分之訴願決定，以經濟部之違法決定，認為損害其權利或法律上之利益之相對人及其他利

害關係人，係適格之原告，而以經濟部為適格之被告（行政訴訟法第4條第1項、第3項、第24條第2款）。

參、例題解析─撤銷之訴聲明

中華民國廣播商業同業公會向智慧財產局審議甲無線廣播電台營利性頻道之使用報酬，智慧財產局依著作權集體管理團體條例第25條第2項規定，重新公告費率，中華民國民營廣播電台聯合會向智慧財產局申請審議其中之AM調幅電台費率，並以參加人身分參加審議，智慧財產局作成審議決定，甲無線廣播電台不服審議決定之地方性調幅網使用報酬率部分而提起訴願，經濟部作成訴願決定駁回。因甲無線廣播電台僅不服地方性調幅網使用報酬率部分，其得向智慧財產法院起訴，訴之聲明應為：訴願決定及原處分關於無線廣播電台營利性頻道概括授權公開播送地方性調幅網部分撤銷，其性質為撤銷之訴[1]。

第二節 課予義務訴訟

課予義務訴訟之功能，在於使人民對於違反作為義務之智慧財產局或經濟部，經由行政法院之判決，課予智慧財產局作成行政處分之義務（行政訴訟法第5條）[2]。撤銷訴訟與課予義務訴訟之主要差異，在於撤銷訴訟僅請求撤銷違法之著作處分，而課予義務訴訟則有請求智慧財產局應為至有關著作權處分或應為特定內容之處分。

---

[1] 智慧財產法院108年度行著訴字第1號行政判決。

[2] 吳庚，行政法之理論與實用，三民書局股份有限公司，1999年6月，增訂5版，頁558。

例題2

　　社團法人甲有聲出版錄音著作權管理協會經智慧財產局許可設立，而甲有聲出版錄音著作權管理協會公開播送概括授權衛星電視台，有關營利性之部分，按實際使用著作數量計收，每曲次單價70元費率，經著作權審議及調解委員會一併審定。乙衛星廣播電視事業商業同業公會因對費率有異議，依著作權集體管理團體條例第25條第1項規定，提出2021年1月7日衛廣字第1號函申請審議，智慧財產局受理後，業依同條例第25條第2項規定，在智慧財產局網站公布，並召開意見交流會後，雖邀請甲有聲出版錄音著作權管理協會與乙衛星廣播電視事業商業同業公會到智慧財產局陳述意見，惟雙方對於費率架構及金額未有明確共識。案經智慧財產局行文請雙方提供單曲計費等相關參考資料後，認欠缺審議事實之基礎資料、當事人未補正相關資料及欠缺具體審議理由等，依集管條例第25條第5項規定，為駁回審議申請之處分。乙衛星廣播電視事業商業同業公會，提起訴願，經濟部為訴願駁回之決定。試問乙衛星廣播電視事業商業同業公會，不服訴願決定，應如何救濟？

壹、定義與要件

一、定　義

　　課予義務訴訟分為怠為處分之訴與拒絕申請之訴兩種類型。申言之：(一)所謂怠為處分之訴，係指人民因智慧財產局對其依法申請之著作案件，而於法令所定期間內應作為而不作為，認為其權利或法律上利益受損害者，經依訴願程序後，得向智慧財產及商業法院提起請求該機關應為行政處分或應為特定內容之行政處分之訴訟（行政訴訟法第5條第1項；智慧財產及商業法院組織法第2條第1款、第3條第3款；智慧財產案件審理法第31條第1項；智慧財產案件審理法審理細則第4條）；(二)所謂拒絕申請之訴，係指人民因智慧財產局對其依法申請之著作案件，予以駁回，認為其

權利或法律上利益受違法損害者，經依訴願程序後，得向智慧財產及商業法院提起請求智慧財產局應為著作處分或應為特定內容之有關著作處分之訴訟（行政訴訟法第5條第2項）。

二、要 件

（一）怠為處分之訴

原告提起怠為處分之訴的要件如後：1.智慧財產局對原告之申請，而於法令所定期間內應為著作處分或應為特定內容之著作處分；2.原告須主張智慧財產局應作為而不作為，損害其權利或法律上利益；3.須經著作訴願程序而未獲救濟；4.須於法定期間內提起（行政訴訟法第106條）。

（二）拒絕申請之訴

原告提起拒絕申請之訴的要件如後：1.智慧財產局作成駁回原告申請之處分；2.原告須主張智慧財產所為之駁回處分，損害其權利或法律上利益；3.須經著作訴願程序而未獲救濟；4.須請求智慧財產局應為著作處分或應為特定內容之著作處分；5.須於法定期間內提起（行政訴訟法第106條）。

貳、撤銷訴訟之當事人

一、怠為處分之訴

課予義務訴訟分為怠為處分之訴與拒絕申請之訴兩種類型。先就怠為處分之訴而言，倘經濟部作成駁回訴願決定，以智慧財產局於法令所定期間內應作為而不作為，認為損害其權利或法律上之利益之訴願人，係適格之原告，而智慧財產局為適格之被告（行政訴訟法第5條第1項、第24條第1款）。反之，經濟部作成訴願有理由之決定，以經濟部之違法決定，認為損害其權利或法律上之利益之相對人，係適格之原告，而以經濟部為適格之被告（行政訴訟法第5條第1項、第24條第2款）。

二、拒絕申請之訴

就拒絕申請之訴而論，倘經濟部作成駁回訴願決定，以智慧財產局對其依法申請之有關著作權案件，認為其權利或法律上利益受違法損害者，係適格之原告，而智慧財產局為適格之被告（行政訴訟法第5條第2項、第24條第1款）。反之，經濟部作成訴願有理由之決定，以經濟部之違法決定，認為其權利或法律上之利益受違法損害之相對人，係適格之原告，而以經濟部為適格之被告（行政訴訟法第5條第2項、第24條第2款）。

參、例題解析─課予義務之訴之聲明

乙衛星廣播電視事業商業同業公會，提起訴願，經濟部為訴願駁回之決定。其向智慧財產法院起訴，其訴之聲明應為：撤銷訴願決定及原處分，並請求命被告智慧財產局依原告乙衛星廣播電視事業商業同業公會2021年1月7日衛廣字第1號函申請審議事項作成行政處分，其性質為課予義務之訴[3]。

第三節　著作行政訴訟制度

智慧財產法院組織及商業法與智慧財產案件審理法之規定，智慧財產及商業法院為著作行政訴訟之第一審法院，最高行政法院為第二審法院（智慧財產及商業法院組織法第2條第1款、第3條第3項；智慧財產案件審理法第31條第1項）。

---

[3] 智慧財產法院107年度行著訴字第1號行政判決。

例題3

　　甲錄音發行有限公司檢具申請書等相關文件，依著作權法第69條第1項規定向經濟部智慧財產局申請音樂著作強制授權許可。案經智慧財產局審查，為准予強制授權許可之處分，並於處分說明告知甲公司使用報酬之計算方式及許可利用之方式。乙視聽有限公司為強制授權許可處分之著作財產權人，丙影音企業股份有限公司為著作之被專屬授權人。乙公司對於著作之強制授權許可處分不服，提起訴願，經濟部以訴願決定駁回，乙公司向智慧財產及商業法院提起行政訴訟。試問乙公司應如何救濟？理由為何？

壹、訴訟當事人

一、當事人範圍

　　訴訟當事人範圍有原告、被告及依第41條與第42條參加訴訟之人（行政訴訟法第23條）。是行政訴訟之參加人為當事人，為判決效力所及。自然人、法人、中央及地方機關、非法人之團體，有訴訟當事人能力（行政訴訟法第22條）。經訴願程序之行政訴訟，倘為駁回訴願者，以智慧財產局為被告（行政訴訟法第24條第1款）。而為撤銷或變更原處分之決定者，應以經濟部為被告（行政訴訟法第24條第2款）。

二、共同訴訟

　　2人以上於下列各款情形，得為共同訴訟人，一同起訴為共同原告或一同被訴為共同被告：(一)為訴訟標的之行政處分係二以上機關共同為之者（行政訴訟法第37條第1項第1款）；(二)為訴訟標的之權利、義務或法律上利益，為其所共同者。是共有人得一同起訴為同原告（第2款）；(三)為訴訟標的之權利、義務或法律上利益，於事實上或法律上有同一或同種類之原因者（第3款）。

貳、訴訟能力

能獨立以法律行為負義務者，有訴訟能力（行政訴訟法第27條第1項）。法人、中央及地方機關、非法人之團體，應由其代表人或管理人為訴訟行為（第2項）。前項規定於依法令得為訴訟上行為之代理人準用之（第3項）。例如，民法第555條之經理人。

參、訴訟參加

一、定　義

所謂訴訟參加者，係指原告或被告以外之第三人，參與他人間已繫屬之訴訟。參加人與共同訴訟人之最大差異處，在於前者係以第三人身分參與他人訴訟，而共同訴訟人為訴訟程序之原告與被告。

二、參加之類型

(一)必要共同訴訟之獨立參加訴訟

訴訟標的對於第三人及當事人一造必須合一確定者，智慧財產及商業法院就訴訟標的之法律關係，對當事人一造與第三人所為之裁判，不得有相異內容時，應以裁定命第三人參加訴訟（行政訴訟法第41條；智慧財產案件審理法第1條）。

(二)利害關係人之獨立參加訴訟

智慧財產及商業法院認為撤銷訴訟之結果，第三人之權利或法律上利益將受損害者，得依職權命其獨立參加訴訟，並得因第三人之聲請，裁定允許其參加（行政訴訟法第42條第1項）。因獨立參加訴訟係為自己利益而參加訴訟，參加人自得提出獨立之攻擊或防禦方法（第2項）。訴願人已向智慧財產及商業法院提起撤銷訴訟，利害關係人就同一事件再行起訴者，視為有參加訴訟（第4項）。以避免同一著作處分或著作訴願決定有

二個以上訴訟，導致判決發生歧異[4]。

三、告知訴訟

　　行政訴訟之輔助參加，準用民事訴訟法之告知訴訟（行政訴訟法第44條、第48條）。當事人得於訴訟繫屬中，將訴訟告知於因自己敗訴而有法律上利害關係之第三人，以促其參加訴訟（民事訴訟法第56條第1項）。受訴訟之告知者，得遞行告知（第2項）。所謂有法律上利害之關係之第三人，係指本訴訟之裁判效力及於第三人，第三人私法上之地位，因當事人之一造敗訴，而將致受不利益；或者本訴訟裁判之效力雖不及於第三人，而第三人私法上之地位因當事人之一造敗訴，而於法律上或事實上依該裁判之內容或執行結果，將致受不利益者而言[5]。

四、參加之效力

　　參加訴訟制度係經由參加人參加訴訟之機會，達成紛爭解決一回性之目的，故判決除對第32條規定之訴訟當事人發生效力外，倘經行政法院或智慧財產法院依第41條及第42條規定，裁定命其參加或許其參加而未為參加者，判決對獨立參加訴訟人亦有效力（行政訴訟法第47條）。

肆、訴訟代理人與輔佐人

一、訴訟代理人

　　當事人得委任代理人為訴訟行為。但每一當事人委任之訴訟代理人不得逾3人（行政訴訟法第49條第1項）。有關著作權之行政訴訟，應以律師為訴訟代理人。當事人為公法人、中央或地方機關、公法上之非法人團體時，其所屬專任人員辦理法制、法務、訴願業務或與訴訟事件相關業務者

---

[4]　智慧財產法院108年度行著訴字第2號、第3號行政裁定。
[5]　最高法院51年度台上字第3038號民事判決。

經審判長許可後，得為訴訟代理人或複代理人（第2項第3款、第3項、第4項）。

二、輔佐人

因著作行政訴訟內容常涉及專門技術或知識，並非當事人或一般訴訟代理人所熟悉。是當事人或訴訟代理人經智慧財產及商業法院之許可，得於期日偕同輔佐人到場（行政訴訟法第55條第1項）。智慧財產及商業法院認為必要時亦得命當事人或訴訟代理人偕同輔佐人到場（第2項）。智慧財產及商業法院認為輔佐人不適當時，得撤銷其許可或禁止其續為訴訟行為（第3項）。

伍、管轄法院

智慧財產及商業法院依法掌理關於智慧財產之民事訴訟、刑事訴訟及行政訴訟之審判事務（智慧財產及商業法院組織法第2條第1款）。因著作法、商標法、著作權法、光碟管理條例、積體電路電路布局保護法、植物品種及種苗法或公平交易法涉及智慧財產權所生之第一審行政訴訟事件及強制執行事件，由智慧財產及商業法院管轄。其他依法律規定或經司法院指定由智慧財產及商業法院管轄之案件（智慧財產及商業法院組織法第3條第3款、第4款）。智慧財產及商業法院管轄下列行政訴訟事件：(一)因著作法、商標法、著作權法、光碟管理條例、積體電路電路布局保護法、植物品種及種苗法或公平交易法，有關智慧財產權所生之第一審行政訴訟事件及強制執行事件（智慧財產案件審理法第31條第1項第1款）；(二)其他依法律規定由智慧財產及商業法院管轄之行政訴訟事件（第2款）；(三)其他行政訴訟與第1項各款訴訟合併起訴或為訴之追加時，應向智慧財產及商業法院為之（第2項）；(四)不當行使智慧財產權妨礙公平競爭所生行政訴訟事件；(五)海關依海關緝私條例第39條之1規定，對報運貨物進出口

行為人侵害智慧財產權標的物之行政處分，所提起之行政訴訟事件[6]。

陸、著作行政訴訟要件

一、訴訟要件之定義

　　訴訟要件除為起訴之形式要件外，亦為實體判決之要件，此為程序上之合法要件。原告提起著作行政訴訟，應具備訴訟要件，智慧財產及商業法院始進行權利保護要件之調查，欠缺具備訴訟要件者，智慧財產及商業法院應以裁定駁回原告之訴。

二、訴訟要件之審查與補正

　　原則上原告之訴，倘未具備訴訟要件，不得為實體判決之要件，智慧財產及商業法院固應以裁定駁回之。例外情形，可補正者，審判長應定期間先命補正，有關著作權之行政訴訟要件如後（行政訴訟法第107條第1項）：(一)訴訟事件不屬行政訴訟審判之權限者。但本法別有規定者，從其規定（第1款）；(二)訴訟事件不屬受訴智慧財產法院管轄而不能請求指定管轄，亦不能為移送訴訟之裁定者（第2款）；(三)原告或被告無當事人能力者（第3款）；(四)原告或被告未由合法之法定代理人、代表人或管理人為訴訟行為者（第4款）；(五)由訴訟代理人起訴，而其代理權有欠缺者（第5款）；(六)起訴逾越法定期限者（第6款）；(七)當事人就已起訴之事件，而於訴訟繫屬中更行起訴者（第7款）；(八)本案經終局判決後撤回其訴，復提起同一之訴者（第8款）；(九)訴訟標的為確定判決或和解之效力所及者（第9款）；(十)起訴不合程序或不具備其他要件者（第10款）。

---

[6] 司法院2008年4月24日院台廳行一字第0970009021號函。

柒、言詞審理與直接審理

　　智慧財產及商業法院審理著作行政訴訟，應本於言詞辯論而為裁判。原則上為言詞審理主義，例外始採書面審理主義（行政訴訟法第188條第1項）。故當事人不得引用文件以代言詞陳述。如以舉文件之詞句為必要時，得朗讀其必要之部分（行政訴訟法第122條第3項）。法官非參與裁判基礎之辯論者，不得參與裁判，其為直接審理主義（行政訴訟法第188條第2項）。違反直接審理主義，屬判決法院之組織不合法，其判決違背法令（行政訴訟法第243條第2項第1款）。當事人得持本事由，作為上訴最高行政法院之理由（行政訴訟法第242條）。

捌、調查事實與證據

一、調查事實

　　當事人應就訴訟關係為事實上及法律上之陳述，以支持其聲明之理由（行政訴訟法第122條第2項）。為保障人民權益、維護公益及貫徹依法行政合法性之審查，行政訴訟採職權調查主義[7]，故行政法院應依職權調查事實關係，不受當事人主張之拘束（行政訴訟法第125條第1項）。審判長除使當事人得為事實上及法律上適當完全之辯論外，審判長應向當事人發問或告知，令其陳述事實、聲明證據，或為其他必要之聲明及陳述；其所聲明或陳述有不明瞭或不完足者，應令其敘明或補充之（第2項、第3項）。

二、調查證據

　　著作行政訴訟程序採直接審理與言詞審理主義，是智慧財產及商業法

---

[7] 翁岳生主編，行政訴訟法逐條釋義，五南圖書出版股份有限公司，2003年5月，初版2刷，頁427。

院調查證據，除別有規定外，應於言詞辯論期日行之（行政訴訟法第123條第1項）。行政訴訟之舉證責任，雖準用民事訴訟之舉證責任分配（行政訴訟法第136條）。然因行政程序具有公共利益之性質，故行政訴訟法採實質真實發現主義，在調查證據上採用職權探知主義。準此，智慧財產及商業法院於撤銷訴訟或其他訴訟為維護公益者，應依職權調查證據（行政訴訟法第133條）。基於職權調查證據主義，當事人主張之事實，雖經他造自認，行政法院仍應調查其他必要之證據（行政訴訟法第134條）。期能發現實質之真實。當事人因妨礙他造使用，故意將證據滅失、隱匿或致礙難使用者，行政法院得審酌情形認他造關於該證據之主張或依該證據應證之事實為真實（行政訴訟法第135條第1項）。前開情形，應於裁判前令當事人有辯論之機會（第2項）。

玖、智慧財產及商業法院裁判類型

　　法院裁判依其方式，分為裁定與判決兩種類型。著作行政訴訟裁判，除依本法應用判決者外，以裁定行之（行政訴訟法第187條）。行政訴訟除別有規定外，應本於言詞辯論而為裁判（行政訴訟法第188條第1項）。法官非參與裁判基礎之辯論者，不得參與裁判（第2項）。裁定得不經言詞辯論為之，其程序與判決不同（第3項）。

一、撤銷訴訟判決

　　撤銷訴訟之判決，倘係變更原處分或訴願決定者，不得為較原處分或訴願決定不利於原告之判決（行政訴訟法第195條第2項）。此為不利益變更禁止之規定，以保護原告之訴訟權。

二、課予義務訴訟

　　智慧財產及商業法院對於人民依第5條規定請求應為行政處分或應為特定內容之行政處分之訴訟，應先審查程序是否合法，符合法要件後，繼

而探究實體有無理由。

(一)裁　定

原告之訴不合法者，無須審究實體上是否有理由，智慧財產及商業法院，得不經言詞辯論程序，而以行政裁定駁回原告之訴（行政訴訟法第188條第3項、第200條第1款）。

(二)判　決

1.原告之訴無理由

原告起訴合法，智慧財產及商業法院繼而審查原告之訴是否有理由，倘原告之訴雖合法，惟原告之訴無理由者，應以判決駁回原告之訴（行政訴訟法第200條第2款）。

2.原告之訴有理由

(1)命智慧財產局決定之判決

原告之訴有理由，且案件事證明確者，智慧財產及商業法院應判命行政機關作成原告所申請內容之行政處分，此為命決定之判決，智慧財產局應受拘束（行政訴訟法第200條第3款）。

(2)命智慧財產局依判決之法律見解作成決定

原告之訴雖有理由，惟有關著作權案件事證尚未臻明確或涉及智慧財產局之行政裁量決定者，應判命智慧財產局遵照其判決之法律見解，對於原告作成決定（第4款）。例如，智慧財產及商業法院以行政訴訟法第200條第4款之方式判決，雖於主文併諭知原告其餘之訴駁回，然其係單一課予義務訴訟事件之裁判，在事物本質上仍屬單一裁判權之行使，具有裁判上不可分之性質，當事人就原審判決不利於己之部分，提起上訴時，上訴審法院基於單一課予義務訴訟事件，具有裁判上一致性及單一裁判權之行使，而具有裁判上不可分之理由，仍應就事件之全部予以審酌[8]。

---

[8] 最高行政法院104年度判字第559號行政判決。

拾、不服未確定之終局判決

一、上訴最高行政法院

　　對於智慧財產及商業法院之終局判決，除法律別有規定外，得上訴於最高行政法院（行政訴訟法第238條第1項）。因最高行政法院為法律審，以審查智慧財產及商業法院之判決適用法律是否適當為其主要之目的。故於上訴審程序，不得為訴之變更、追加或提起反訴（第2項）。提起上訴，應於智慧財產及商業法院判決送達後20日之不變期間內為之。但宣示或公告後送達前之上訴，亦有效力（行政訴訟法第241條）。

二、上訴之理由

　　因最高行政法院為法律審，對於智慧財產及商業法院判決之上訴，非以其違背法令為理由，不得為之（行政訴訟法第242條）。判決不適用法規或適用不當者，為違背法令，本項為概括違背法令之規定（行政訴訟法第243條第1項）。有下列各款情形之一者，其判決當然違背法令，此為列舉違反程序法之重要規定（第2項）：(一)判決法院之組織不合法者（第1款）；(二)依法律或裁判應迴避之法官參與裁判者（第2款）；(三)行政法院於權限之有無辨別不當或違背專屬管轄之規定者（第3款）；(四)當事人於訴訟未經合法代理或代表者（第4款）；(五)違背言詞辯論公開之規定者（第5款）；(六)判決不備理由或理由矛盾者（第6款）。

三、審理範圍

　　基於處分主義之適用，最高行政法院應於上訴聲明不服之範圍內調查之，對於兩造不爭執事項，無須審究之（行政訴訟法第251條第1項）。因適用法規為法院之職務，最高行政法院調查智慧財產及商業法院判決有無違背法令，不受上訴理由之拘束，應依職權為調查（第2項）。

四、最高行政法院審理方式

(一)法律審與書面審理

最高行政法院為法律審，原則上採書面審查，法院判決不經言詞辯論為之。例外有下列情形之一者，得依職權或依聲請行言詞辯論：1.法律關係複雜或法律見解紛歧，有以言詞辯明之必要者；2.涉及專門知識或特殊經驗法則，有以言詞說明之必要者；3.涉及公益或影響當事人權利義務重大，有行言詞辯論之必要者（行政訴訟法第253條第1項）。言詞辯論應於上訴聲明之範圍內為之（第2項）。

(二)審查智慧財產及商業法院判決有無違背法令

原則上最高行政法院僅審查智慧財產及商業法院判決有無違背法令，無須調查新事實，故應以智慧財產及商業法院判決確定之事實為判決基礎（行政訴訟法第254條第1項）。例外情形有二：1.以違背訴訟程序之規定為上訴理由時，所舉違背之事實，及以違背法令確定事實或遺漏事實為上訴理由時，所舉之該事實，最高行政法院得斟酌之，此係違法認定事實之調查（第2項）；2.依第253條第1項但書行言詞辯論所得闡明或補充訴訟關係之資料，最高行政法院亦得斟酌之，不受原判決所確定之事實拘束，俾能發揮言詞辯論之功能（第3項）。

(三)裁 判

1.上訴無理由之判決

最高行政法院認上訴為無理由者，應為駁回之判決（行政訴訟法第255條第1項）。基於訴訟經濟原則，原判決依其理由雖屬不當，而依其他理由認為正當者，應以上訴為無理由（第2項）。

2.上訴有理由之判決

最高行政法院認上訴為有理由者，就該部分應廢棄原判決（行政訴訟法第256條第1項）。因違背訴訟程序之規定廢棄原判決者，其違背之訴訟程序部分，視為亦經廢棄（第2項）。除第243條第2項第1款至第5款之判決違背法令情形外，智慧財產及商業法院判決違背法令而不影響裁判之結

果者，不得廢棄原判決（行政訴訟法第258條）。最高行政法院廢棄原判決，除自為判決外，應作成發回或發交判決。

3.自為判決之情形

最高行政法院廢棄原判決者，其應就該事件自為判決之情形有三：(1)因其於確定之事實或依法得斟酌之事實，不適用法規或適用不當廢棄原判決，而事件已可依該事實為裁判者；(2)因事件不屬智慧財產及商業法院之權限，而廢棄原判決者；(3)依第253條第1項行言詞辯論者（行政訴訟法第259條）。除有特別規定者，經廢棄原判決者，最高行政法院應將該事件發交智慧財產及商業法院（行政訴訟法第260條第1項；智慧財產案件審理法施行細則第5條第1項）。前項發回或發交判決，就智慧財產及商業法院應調查之事項，應詳予指示（行政訴訟法第260條第2項）。受發回或發交之智慧財產及商業法院，應以最高行政法院所為廢棄理由之法律上判斷，為其判決基礎（第3項）。

拾壹、不服確定之終局判決

一、再審事由

再審為對確定終局判決聲明不服之方法，為避免輕易動搖確定判決之效力，必須有法定事由，始得提起再審。準此，有下列各款情形之一者，得以再審之訴對於確定終局判決聲明不服，其為訴訟程序或判決基礎有重大瑕疵。但當事人已依上訴主張其事由或知其事由而不為主張者，其可歸責於當事人之過怠，自不許以再審之訴為救濟之必要（行政訴訟法第273條第1項）：(一)適用法規顯有錯誤者；(二)判決理由與主文顯有矛盾者；(三)判決法院之組織不合法者；(四)依法律或裁判應迴避之法官參與裁判者；(五)當事人於訴訟未經合法代理或代表者；(六)當事人知他造之住居所，指為所在不明而與涉訟者。但他造已承認其訴訟程序者，不在此限；(七)參與裁判之法官關於該訴訟違背職務，犯刑事上之罪者；(八)當事人之代理人、代表人、管理人或他造或其代理人、代表人、管理人關於該訴

訟有刑事上應罰之行為，影響於判決者；(九)為判決基礎之證物係偽造或變造者；(十)證人、鑑定人或通譯就為判決基礎之證言、鑑定或通譯為虛偽陳述者；(十一)為判決基礎之民事或刑事判決及其他裁判或專利處分，依其後之確定裁判或專利處分已變更者；(十二)當事人發見就同一訴訟標的在前已有確定判決或和解或得使用該判決或和解者；(十三)當事人發見未經斟酌之證物或得使用該證物者。但以如經斟酌可受較有利益之裁判者為限；(十四)原判決就足以影響於判決之重要證物漏未斟酌者。

二、管轄法院

　　再審之訴專屬為判決之原行政法院管轄（行政訴訟法第275條第1項）。對於審級不同之行政法院就同一事件所為之判決提起再審之訴者，由最高行政法院合併管轄之（第2項）。對於最高行政法院之判決，本於第273條第1項第9款至第14款事由聲明不服者，因其涉及事實審所確定之事實為基礎，雖有前2項之情形，仍專屬智慧財產及商業法院管轄（第3項）。

三、再審期間

　　再審之訴應於30日之不變期間內提起（行政訴訟法第276條第1項）。前項期間自判決確定時起算，判決於送達前確定者，自送達時起算；其再審之理由發生或知悉在後者，均自知悉時起算（第2項）。再審之訴自判決確定時起，倘已逾5年者，不得提起。但以第273條第1項第5款、第6款或第12款情形為再審之理由者，不在此限（第4項）。

拾貳、例題解析—強制授權許可之處分

　　智慧財產局函為准予強制授權許可之處分，處分告知甲錄音發行有限公司使用報酬之計算方式及許可利用之方式，乙視聽有限公司為強制授權許可處分之著作財產權人，丙影音企業股份有限公司為著作之被專屬授權

人。乙公司對於著作之強制授權許可處分不服，提起訴願，經濟部以訴願決定駁回，乙公司向智慧財產及商業法院提起行政訴訟，原告乙公司之起訴聲明為訴願決定及原處分應予撤銷。因智慧財產及商業法院判決結果，倘認訴願決定及原處分應予撤銷，甲公司、丙公司之權利或法律上之利益將受有損害，智慧財產及商業法院依職權命甲公司、丙公司為參加人獨立參加智慧財產局之訴訟[9]。

---

[9] 智慧財產法院106年度行著訴字第6號行政判決。

參考文獻

一、書籍

吳庚，行政法之理論與實用，三民書局股份有限公司，1999年6月，增訂5版。

李震山，行政法導論，三民書局股份有限公司，1999年10月。

林三欽，智慧財產專業法官培訓課程—行政訴訟中商標案件之違法判斷基準，司法院司法人員研習所，2004年6月。

林洲富，法官辦理民事事件參考手冊15，專利侵權行為損害賠償事件，司法院，2006年12月。

林洲富，專利侵害之民事救濟制度，國立中正大學法律學研究所博士論文，2007年1月。

林洲富，專利法—案例式，五南圖書出版股份有限公司，2020年11月，9版1刷。

林洲富，商標法—案例式，五南圖書出版股份有限公司，2021年7月，5版1刷。

林洲富，著作權法—案例式，五南圖書出版股份有限公司，2020年6月，5版1刷。

徐宏昇，高科技專利法，翰蘆圖書出版有限公司，2003年7月。

陳文吟，商標法論，三民書局股份有限公司，2001年4月，初版2刷。

陳國成，專利行政訴訟之研究，司法院研究年報，25輯，18篇，2005年11月。

張自強、郭介恆，訴願法釋義與實務，瑞興圖書股份有限公司，2002年2

月。

張澤平、張桂芳,商標法,書泉出版社,2004年3月,4版1刷。

翁岳生主編, 行政訴訟法逐條釋義,五南圖書出版股份有限公司,2003年5月,初版2刷。

曾陳明汝,商標法原理,學林文化事業有限公司,2004年1月,修訂再版。

楊建華,民事訴訟法問題研析2,三民書局股份有限公司,1991年10月。

陳計男,行政訴訟法釋論,三民書局股份有限公司,2000年1月。

楊崇森,專利法理論與應用,三民書局股份有限公司,2003年7月。

廖建彥,專利法上受僱人發明權益歸屬之研究,中國文化大學法律學研究所碩士論文,2001年6月。

鄭凱文,專利行政救濟制度之研究,國立台灣大學法律研究所碩士論文,2001年1月。

劉瀚宇,智慧財產權法,中華電視股份有限公司,2004年8月。

劉江彬編著,智慧財產法律與管理案例評析(2),政大科技政策與法律研究中心,2004年11月。

劉新發,專利行政救濟程序,經濟部智慧財產局,2007年2月。

專利侵害鑑定要點,司法院,2005年版。

經濟部智慧財產局,專利審查基準,2004年版。

經濟部智慧財產局,專利法逐條釋義,2005年3月。

經濟部智慧財產局,商標法逐條釋義,2005年12月。

二、期刊論文

王錦寬,韓國新型專利改採註冊制,智慧財產權月刊,14期,2000年2月。

王美花,韓國專利制度現況與新型不審查制介紹,智慧財產權月刊,15期,2000年3月。

李鎂,新專利法講義補充資料,經濟部智慧財產局,2004年10月1日。

李鎂,新型專利形式審查制度下的一些政策抉擇,智慧財產專業法官培訓

課程，司法院司法人員研習所，2006年3月。

周仕筠，新型專利形式審查，智慧財產權月刊，63期，2004年3月。

周仕筠，新型專利形式審查回顧與現況分析，智慧財產權月刊，80期，2005年8月。

林國塘，智慧財產專業法官培訓課程—專利審查基準及實務發明及新型，經濟部智慧財產局，2006年3月，33頁。

黃文儀，我國與日本新型技術報告制度之比較，智慧財產權月刊，63期，2004年，3月。

徐瑞晃，行政訴訟法第一審程序，智慧財產專業法官培訓課程，司法院司法人員研習所，2006年4月。

陳計男，行政訴訟法總則，智慧財產專業法官培訓課程，司法院司法人員研習所，2006年4月。

鄭中人，專利說明書記載不明確之法律效果—評最高行政法院91年度判字第2422號判決，月旦法學雜誌，126期，2005年11月。

智慧財產局，「新型專利技術報告」答客問，智慧財產權月刊，88期，2006年4月，

謝銘洋，新型、新式樣專利採取形式審查之發展趨勢，律師雜誌，237期，1999年6月。

索 引

國家圖書館出版品預行編目資料

智慧財產行政程序與救濟：案例式／林洲富
　著. -- 四版. -- 臺北市：五南, 2021.08
　　面；　　公分
　ISBN 978-626-317-097-1 (平裝)

1.智慧財產權　2.行政程序　3.行政救濟
4.判例解釋例

553.433　　　　　　　　　110013473

1S25

智慧財產行政程序與救濟—案例式

作　　　者 ─ 林洲富(134.2)

發 行 人 ─ 楊榮川

總 經 理 ─ 楊士清

總 編 輯 ─ 楊秀麗

副總編輯 ─ 劉靜芬

責任編輯 ─ 林佳瑩

封面設計 ─ 王麗娟

出 版 者 ─ 五南圖書出版股份有限公司

地　　　址：106台北市大安區和平東路二段339號4樓

電　　　話：(02)2705-5066　　傳　　真：(02)2706-6100

網　　　址：https://www.wunan.com.tw

電子郵件：wunan@wunan.com.tw

劃撥帳號：01068953

戶　　　名：五南圖書出版股份有限公司

法律顧問　林勝安律師事務所　林勝安律師

出版日期　2009年1月初版一刷
　　　　　2009年9月初版二刷
　　　　　2013年8月二版一刷
　　　　　2020年3月三版一刷
　　　　　2021年8月四版一刷

定　　　價　新臺幣420元

經典永恆・名著常在

五十週年的獻禮——經典名著文庫

五南，五十年了，半個世紀，人生旅程的一大半，走過來了。

思索著，邁向百年的未來歷程，能為知識界、文化學術界作些什麼？

在速食文化的生態下，有什麼值得讓人雋永品味的？

歷代經典・當今名著，經過時間的洗禮，千錘百鍊，流傳至今，光芒耀人；

不僅使我們能領悟前人的智慧，同時也增深加廣我們思考的深度與視野。

我們決心投入巨資，有計畫的系統梳選，成立「經典名著文庫」，

希望收入古今中外思想性的、充滿睿智與獨見的經典、名著。

這是一項理想性的、永續性的巨大出版工程。

不在意讀者的眾寡，只考慮它的學術價值，力求完整展現先哲思想的軌跡；

為知識界開啟一片智慧之窗，營造一座百花綻放的世界文明公園，

任君遨遊、取菁吸蜜、嘉惠學子！